Mosaik

Christine Brasch
Inga-Maria Richberg

Die Angst aus heiterem Himmel

Panikattacken und wie man sie überwindet

Mosaik Verlag

Unseren Töchtern

Überarbeitete und aktualisierte Ausgabe

Der Mosaik Verlag ist ein Unternehmen
der Verlagsgruppe Bertelsmann

Zeichnungen: Sabine Müller
Redaktion: Monika König
Satz: Filmsatz Schröter GmbH, München
Druck und Bindung: Wiener Verlag, Himberg
Printed in Austria · ISBN 3-576-10344-9

Inhalt

Danksagung

Unser besonderer Dank gilt vor allem den Menschen, die uns für dieses Buch die Geschichte ihrer Angst anvertrauten und es damit auf sich nahmen, schmerzhafte Zeiten aus der Vergangenheit in Gedanken noch einmal zu durchleben.

Wir danken auch den Expertinnen und Experten, die uns mit Rat und Tat zur Seite standen: Dr. Thea Bauriedl, Psychoanalytikerin in München, Dr. Peter Buchheim, Oberarzt an der Psychiatrischen Klinik und Poliklinik der Universität München, Dipl. Psych. Renate Frühmann, Gestalttherapeutin in Salzburg, Prof. Klaus Grawe von der Universität Bern, Dr. Lydia Hartl vom Max-Planck-Institut für Psychiatrie in München, Privatdozent Dr. med. Alexander Kurz, Oberarzt an der Psychiatrischen Klinik und Poliklinik der Technischen Universität München, Dipl. Psych. Burkhard Peter in München, Dipl. Psych. Cornelia Wilke von der verhaltenstherapeutischen Ambulanz der Universität Eppendorf in Hamburg.

Wichtige Anregungen zur Abfassung des Manuskripts gaben uns außerdem Beate Diele, Jutta Fey, Michael Lommel und Dr. Christian Rohnke.

Warum wir dieses Buch geschrieben haben

Es begann mit einem Hilferuf in der Zeitschrift ELTERN. Eine Leserin schrieb: »Seit über einem Jahr gehe ich (24) kaum noch aus dem Haus, und wenn, dann nur in Begleitung meines Mannes. Ich leide an Angstzuständen. Besonders schlimm ist es, wenn ich allein zu Hause bin. Da ich zwei kleine Kinder habe, ist die Situation für uns alle unerträglich. Wir brauchen dringend Hilfe!«

Die Reaktion auf diesen veröffentlichten Leserbrief war überwältigend. Fast 200 Leserinnen und einige Leser schrieben über ihre Angst, boten Hilfe an oder fragten selbst um Rat. Grund genug für die ELTERN-Redakteurin Christine Brasch, mehrere Artikel über Panikattacken zu schreiben. Wieder war die Reaktion der Leserinnen enorm: Hunderte von Briefen und Anrufen kamen, Hilferufe und immer wieder die gleichen Fragen: Gibt es tatsächlich noch andere Menschen, die unter Angstzuständen leiden? Woher kommen Panikattacken? Was kann ich tun, um die furchtbare Angst wieder loszuwerden? Und wie bekomme ich Kontakt zu anderen Betroffenen? Bei der weiteren Recherche stellte sich heraus: Obwohl das Phänomen der Panikattacken in den USA bei Ärzten und Bevölkerung weithin bekannt ist, ist es hier erst unter Fachleuten ein Begriff. Und ein Buch, das umfassend und klar über diese seelische Störung und ihre Heilungsmöglichkeiten berichtet, gab es hier auch noch nicht. Christine Brasch tat sich mit der Wissenschaftsjournalistin Inga-Maria Richberg zusammen, um solch ein Buch zu schreiben. Beide haben nicht nur fachliches Interesse an diesem Thema – sie haben beide erlebt, was es heißt, unter Panikattacken zu leiden. Aber sie haben auch erfahren, daß die Angst eine Chance für ein erfüllteres Leben sein kann.

PANIKATTACKEN UND AGORAPHOBIE – WENN DIE ANGST ZUR KRANKHEIT WIRD

Wie ein Blitz aus heiterem Himmel

»... und plötzlich wurde mir schlecht. Mein Herz klopfte mir bis zum Hals, ich konnte kaum noch atmen, der Schweiß rann mir in Strömen übers Gesicht. Meine Hände und Beine wurden taub, es kam mir alles so merkwürdig unwirklich vor, ich dachte, jetzt werd' ich verrückt. Ich bin dann schnell rechts ran gefahren und raus aus dem Auto. Nach zehn Minuten war der Spuk vorbei.«

Was diese Patientin beschreibt, ist eine typische Panikattacke. Tausende Menschen in der Bundesrepublik leiden unter solchen Attacken, aber kennen ihren Namen nicht. Das ist auch kein Wunder. Denn der Begriff der Panikattacke ist noch neu: Erst vor 14 Jahren erkannte die Medizin Panikattacken im Rahmen des »Paniksyndroms« oder der »Panikstörung« als eigenständiges Krankheitsbild an. Und bis heute sind vielen, viel zu vielen Ärzten diese Begriffe noch völlig fremd. Für sie heißt es meist schlicht: Vegetative Dystonie. Auch in der neuesten Ausgabe (1993) des berühmten »Pschyrembels«, des wichtigsten »Klinischen Wörterbuchs« für (angehende) Ärzte, sucht man die Stichwörter ›Panikattacke‹, ›Panikstörung‹ und ›Paniksyndrom‹ immer noch vergebens.

In Deutschland leiden nach vorsichtigen Schätzungen derzeit mindestens 300000 Menschen an Panikattacken. Weitere 650000 werden im Laufe ihres Lebens immer wieder einmal von Panikattacken heimgesucht. Das heißt: In jeder vollbesetzten U- oder Straßenbahn sitzt oder steht mindestens ein Panikpatient. Wenn er überhaupt noch mit öffentlichen Verkehrsmitteln fährt. Denn es ist ein weiteres Kennzeichen von Panikpatienten, daß sich viele von ihnen völlig zurückziehen. Sie trauen sich kaum noch alleine aus dem Haus, aus Angst vor einem neuen Panikanfall. Auch dafür gibt es einen medizinischen Fachausdruck: Agoraphobie oder phobisches Vermeidungsverhalten.

Ein wichtiger Hinweis
Doch bevor wir weiter in die (medizinischen und psychologischen) Details gehen, ein wichtiger Hinweis: Panikattacken, so beängstigend und bedrohlich sie auch erscheinen, sind in aller Regel weder das Anzeichen einer lebensbedrohlichen Krankheit noch der Vorbote einer Geisteskrankheit. Panikattacken sind eine Überreaktion der Seele und des Körpers. Sie zeigen den Betroffenen lediglich, daß sie aus ihrem seelischen und/oder körperlichen Gleichgewicht geraten sind. Warum das passiert und welche Wege es gibt, sein Gleichgewicht wiederzufinden, davon handelt dieses Buch.

Panikattacken: die Angst ohne erkennbaren Grund

Eine Panikattacke ist ein Angstanfall. Die Betroffenen spüren urplötzlich starke Angst, können aber nicht sagen, wovor sie sich ängstigen. Im Verlauf der Attacke, und das geht meist sehr schnell, treten die körperlichen Symptome des Angstanfalles in den Vordergrund und verursachen nicht selten Todesangst. Die Menschen wissen gar nicht mehr, wie ihnen geschieht, sie fürchten, schwerkrank zu sein oder durchzudrehen. Die Angst aufgrund der massiven körperlichen Beschwerden verdeckt dabei die »wahre«, die zugrundeliegende Angst. Oft meinen die Patienten, daß sich eine schwere körperliche Erkrankung ankündigt, etwa ein Herzinfarkt oder eine Gehirnblutung, und suchen meist sofort einen Arzt oder die Notaufnahme eines Krankenhauses auf.

Doch bis sie dort angekommen sind, ist die Attacke fast immer schon vorbei. Meist schütteln die Ärzte schon beim ersten Gespräch den Kopf: »Eine junge, gesund aussehende Frau von 25 Jahren will einen Herzinfarkt erlitten haben. Das kann doch nicht sein.« Die Untersuchung ergibt dann auch keinerlei Hinweise auf eine körperliche Erkrankung. »Es ist alles in Ordnung, schlafen Sie sich doch mal richtig aus«, mit solchen Worten werden die Patienten nach Hause geschickt. Auch der Hausarzt kann nichts finden: »Sie sind körperlich völlig gesund, spannen

Sie mal richtig aus, fahren Sie in Urlaub. Das geht nicht? Na, dann schreibe ich Ihnen mal einige Tabletten auf, die helfen Ihnen sicher.« Diese »Tabletten« sind meist Beruhigungs- oder Kreislaufmittel.

Doch es dauert nicht lange, und die nächste Panikattacke kommt – trotz Pillen. Die Patienten gehen wieder zum Arzt, er schüttelt erneut seinen Kopf und meint: »Na ja, die Tabletten wirken eben erst langfristig.« Einige schreiben auch bekümmert eine Überweisung zum Nervenarzt. Doch da gehen die wenigsten Patienten freiwillig hin. »Ich bin doch nicht verrückt«, sagen sie. Tatsächlich aber fürchten sie, daß ihnen der Nervenarzt genau das bestätigen könnte.

Von nun an trauen viele Betroffene keinem Arzt mehr und versuchen, mit ihren Beschwerden alleine fertigzuwerden. Andere rennen zunächst von Arzt zu Arzt, dann von Heilpraktiker zu Heilpraktiker und landen oft genug bei selbsternannten Therapeuten, die mit obskuren Wässerchen, Tinkturen, Handauflegen oder angeblicher Hypnosetherapie die Beschwerden wegzaubern wollen. Es ist fast überflüssig zu erwähnen, daß diese »Therapien« einzig dem Geldbeutel Erleichterung verschaffen. Am Ende fühlen sich viele Patienten als völlige Versager. Sie trauen sich kaum mehr aus dem Haus, aus Angst vor einer neuen Panikattacke. Sie schränken ihr soziales Leben völlig ein, es sei denn, sie finden jemanden, der sie begleitet. Nicht wenige Patienten geben auch ihre Arbeit auf. Manche suchen Erleichterung im Alkohol oder werden tablettensüchtig.

»Meine Krankheit hatte endlich einen Namen«

In der Regel dauert es zwischen fünf und acht Jahren, bis die Patienten erfahren, woran sie leiden, berichtet die Münchner Neurologin und Psychologin Dr. Lydia Hartl. Es gibt sogar Patienten, die jahrzehntelang an ihre Wohnung gefesselt waren. Oft sind es Zeitungsartikel oder Berichte in Funk und Fernsehen, die den Anstoß geben: »Ich war überwältigt, als ich in einer Zeitung einen Bericht über eine Frau las, die dieselben Beschwerden hatte wie ich und geheilt worden war«, schrieb der amerikanische Unternehmensberater Robert Handly 1985 in seinem Buch über sein Leben als Panikpatient. »Meine Krankheit hatte endlich einen Namen.« Handly, der seine Wohnung schon seit mehr als einem halben Jahr nicht mehr verlassen hatte, setzte sich sofort mit der in dem Artikel genannten Spezialambulanz für Panikpatienten in Verbindung. Binnen weniger Monate konnte er wieder seiner Arbeit nachgehen, die er wegen der Panikattacken aufgegeben hatte. Heute arbeitet er übrigens als Laienhelfer in der Ambulanz mit und macht Vortragsreisen quer durch die Vereinigten Staaten und Europa.

Woran erkennt man Panikattacken?

Die ersten Panikattacken treten meist ohne erkennbaren Anlaß auf, eben wie ein Blitz aus heiterem Himmel. Meist gehen die Patienten gerade einer völlig alltäglichen Beschäftigung nach: Sie fahren Auto, Straßenbahn, U-Bahn oder Bus, sitzen am Schreibtisch, im Kino, im Restaurant, in der Badewanne, oder sie sind gerade beim Einkaufen. In der Regel beginnt die Attacke mit plötzlichem Unwohlsein, Herzklopfen, Atmungsproblemen, Übelkeit, Schweißausbrüchen, Hitzewallungen oder Kälteschauern, Taubheitsgefühlen in Armen und Beinen, manchmal auch in den Lippen. Spätestens dann geraten die Betroffenen in Panik, sie fühlen sich unwirklich, fürchten die Kontrolle über sich zu verlieren, in Ohnmacht zu fallen, verrückt zu werden oder gar zu sterben. Sie überfällt der panische Drang, sofort aus der Situation zu fliehen und/oder schnellstens Hilfe herbeizuholen.

Zum ersten Mal treten Panikattacken hauptsächlich zwischen dem zwanzigsten und dem dreißigsten Lebensjahr auf. Manche Patienten berichten jedoch auch, daß sie schon in ihrer Kindheit Angstzustände gehabt haben, die aber nicht als Panikattacken benannt wurden. Das liegt vor allem daran, daß dieser Begriff erst vor wenigen Jahren klar definiert wurde.

Der Begriff der Panikattacke ist erst zehn Jahre alt

Erst seit zehn Jahren gibt es in der Medizin eine klare Definition, was unter einer Panikattacke zu verstehen ist und wann eine Panikstörung vorliegt. Diese Definition stammt von der Amerikanischen Psychiatriegesellschaft, die mit dem »Diagnostic and Statistical Manual for Mental Disorders – DSM« (zu deutsch etwa: Handbuch für Diagnose und Statistik mentaler Störungen) die aktuelle wissenschaftliche Richtung innerhalb der Psychiatrie und Psychologie angibt. 1980 veröffentlichte die Gesellschaft die dritte Auflage des DSM, in der erstmals Panikattacken berücksichtigt wurden. Schon sieben Jahre später wurde dieser Teil (siehe S. 36) aufgrund der zwischenzeitlich vorgelegten neuen Erkenntnisse der Angstforschung überarbeitet und ergänzt. Daher spricht man heute von der DSM-III-R-Klassifikation (III steht für 3. Auflage, R für revidiert).

Nach dieser Einteilung liegt eine Panikattacke vor, wenn der Angstanfall mindestens vier der folgenden 13 Symptome oder Symptomgruppen aufweist, die Beschwerden innerhalb von zehn Minuten ihren Höhepunkt erreichen und nach längstens zwei Stunden abgeklungen sind. Im allgemeinen dauern Panikattacken jedoch nur zehn bis 30 Minuten, nur in wenigen Fällen halten sie länger an.

ERSCHEINUNGSBILD VON PANIKATTACKEN NACH DSM-III-R

1. Atemnot (Dyspnoe: Kurzatmigkeit, subjektiv verschiedene Atemprobleme, auch plötzliches Bewußtwerden der Atmung und Vorstellen möglicher Probleme), Beklemmungsgefühl
2. Benommenheit, Schwindel, Gefühl der Unsicherheit oder Ohnmacht (Synkope)
3. Herzklopfen (Palpitationen) oder beschleunigte Herzfrequenz (Tachykardie)
4. Zittern oder Beben (Tremor)
5. Schwitzen (Hyperhidrosis)
6. Erstickungsgefühle (Globusgefühl)
7. Übelkeit oder Magen-Darm-Beschwerden
8. Gefühl der Unwirklichkeit und der Persönlichkeitsauflösung (Derealisation, Depersonalisation)
9. Taubheit oder Kribbelgefühl (Parästhesie)
10. Hitzewallungen oder Kälteschauer
11. Schmerzen oder Unwohlsein in der Brust
12. Furcht zu sterben
13. Furcht, verrückt zu werden oder die Kontrolle zu verlieren.

Nicht alle Symptome treten gleichzeitig auf. Auch empfinden die Patienten nicht alle Symptome als gleich bedrohlich. So nimmt der eine vielleicht Atemprobleme nicht so schwer, gerät dafür aber wegen eines anderen, etwa Herzklopfen, in Panik. Dem anderen ergeht es gerade umgekehrt. Dennoch gibt es bestimmte Symptome, die besonders häufig auftreten, wie die nachfolgende Tabelle zeigt:

HÄUFIGKEITEN DER BESCHWERDEN IN DER PANIKATTACKE*

Herzklopfen	83,5%
Hitzewallungen, Kälteschauer	81,4%
Erstickungs-, Beklemmungsgefühle	78,4%
Zittern, Beben	78,4%
Benommenheit, Schwindel	75,3%
Schwitzen	72,2%
Schmerzen in der Brust	62,9%
Atemnot	55,7%
Angst zu sterben	51,5%
Angst, verrückt zu werden oder die Kontrolle zu verlieren	49,5%
Magen-Darm-Beschwerden	45,4%
Ohnmachtsgefühle	43,3%
Taubheitsgefühle (Parästhesie)	42,3%
Gefühle der Depersonalisation und Derealisation	37,1%

Für diese Studie wurden 97 Patienten untersucht, die innerhalb von drei Wochen mindestens drei Panikattacken gehabt hatten.

* zitiert nach Buller, R. / Maier, W. / Benkert, O., *Das Paniksyndrom: Symptome, Verlauf, Prädiktoren*, in: Hippius, Hanns (Hg), *Angst; Leitsymptom psychiatrischer Erkrankungen*, Berlin 1988, S. 62.

Nicht jede Panikattacke ist auch behandlungsbedürftig

Panikattacken sind sehr viel verbreiteter, als man zunächst glauben mag. Fast jeder zehnte Bundesbürger hat schon mindestens einmal in seinem Leben eine Panikattacke gehabt. Das hat eine Studie des Münchner Max-Planck-Instituts für Psychiatrie ergeben (siehe S. 45). Doch nicht jeder zehnte Bundesbürger ist auch ein Panikpatient, bzw. muß wegen seiner Attacken behandelt werden. Oft treten Panikattacken auf, wenn ein Mensch körperlich und/oder seelisch völlig erschöpft ist, sich überarbeitet hat oder eine andere extreme Lebenssituation durchlebt. In diesen Fällen, und das sind prozentual die meisten, sind Panikattacken eine einmalige oder höchstens kurzfristige Erscheinung; Körper und Seele des Betroffenen sind in diesem Moment überfordert, die Attacke zeigt dies an. Ist die Überforderungssituation vorüber, hat sich der Mensch erholt, dann bleiben auch die Panikattacken aus.

So berichtet die Neurologin Hartl von einer Studentin, deren beste Freundin durch Selbstmord aus dem Leben geschieden war. Die junge Frau reagierte völlig fassungslos und machte sich größte Vorwürfe, ob sie nicht das Geschehen doch noch hätte verhindern können. Innerhalb kurzer Zeit erlitt die Frau mehrere spontane Panikattacken hintereinander. Nach einigen Wochen hörten die Panikattacken ohne jegliche ärztliche Behandlung auf, die Frau hatte gelernt, den Tod der Freundin anzunehmen und um sie zu trauern. »In diesem Fall hätte ich niemals die Diagnose Panikstörung gestellt«, erläutert Hartl. »Hier handelte es sich um eine völlig normale Anpassungsreaktion an eine extreme Lebenssituation.«

Ohne Angst wäre die Menschheit verloren

Angst ist grundsätzlich ein ganz »normales« Gefühl, sie gehört zum Leben wie Freude, Liebe, Trauer, Wut. Aber Angst ist noch mehr als das: Sie schützt uns Menschen davor, daß wir uns in Situationen begeben, die wir unter Umständen mit dem Leben bezahlen würden; sie veranlaßt uns zu lernen, mit Gefahren umzugehen, uns für das richtige Verhalten zu entscheiden. Ohne die Angst hätte die Menschheit sicherlich nicht überlebt. Das gleiche, wenn auch in etwas einfacherer Form, gilt auch für die Tierwelt. Denn die Fähigkeit, Angst empfinden zu können, ist nicht nur uns Menschen, sondern auch den Tieren angeboren.

Wie tief verwurzelt die Schutzfunktion der Angst im Menschen ist, zeigt zum Beispiel die »Angst vor Gewitter«, die wir heute höchstens noch kleinen Kindern zubilligen. Unsere modernen Behausungen sind bestens gegen Blitzschlag geschützt, Gewitter bedeuten kaum noch eine Gefahr für unser Leben. Dennoch haben die meisten Menschen Angst vor Gewitter oder fühlen sich zumindest unwohl, wenn es am Himmel blitzt und kracht. Diese Angst ist eine Ur-Angst, oft auch »archetypische« Angst genannt, die wir von unseren Vorfahren geerbt haben, die noch den Unbilden der Natur schutzlos ausgeliefert waren. Genauso ist es auch mit der Angst vor Abgründen: Nähern wir uns beispielsweise der Kante einer Steilküste, verlangsamen wir unwillkürlich unseren Schritt und bleiben schließlich stehen. Der englische Angstforscher Isaac M. Marks nennt diesen Reflex den »visual cliff reflex«. Diese automatische Bremse ist übrigens im Ansatz auch schon bei ganz kleinen Kindern vorhanden.

Die Reihe solcher Beispiele ließe sich unbegrenzt fortsetzen. Eines ist ihnen jedoch gemeinsam: Die Angst hat einen ganz konkreten Grund, ihre Stärke richtet sich nach dem Grad der Gefahr, sie ist ihr angemessen. Angst, die keinen konkreten Grund hat oder einen konkreten Grund überschätzt, ist übersteigerte Angst. Sie kann krankhafte Ausmaße annehmen. »Krankhaft« meint hier, daß die Angst die Betroffenen daran hindert, ihr Leben wie gewünscht zu leben. Und nicht nur das: Die Angst kann auch so stark sein, daß der Betroffene völlig von ihr gefangen wird und nicht mehr in der Lage ist, ihre Ursachen herauszufinden.

Von der schützenden zur hemmenden Angst

Das folgende Beispiel verdeutlicht, wie sich aus einer angemessenen Angstreaktion eine übersteigerte Angst entwickeln kann. Nehmen wir an, ein Mensch schwimmt in einem See, den er nicht kennt. Plötzlich bemerkt er eine starke Strömung, die ihm die Beine wegzieht. Er bekommt große Angst und rettet sich schnell ans Ufer. Seine Angst war völlig angemessen: Ein unbekanntes Gewässer mit starker Strömung bedeutet Lebensgefahr. Angemessen ist auch die Lehre, die der Mensch aus seinem Erlebnis zieht: Er erkundigt sich künftig stets, bevor er in einen ihm unbekannten See steigt, ob man dort gefahrlos baden kann.

Übersteigert bis krankhaft wäre die Reaktion, wenn sich der Mensch fortan weigerte, überhaupt zu schwimmen und im Extremfall sogar die Badewanne miede, weil er ja auch dort ertrinken könnte. Diese übersteigerte Angst vor Wasser schränkt den Menschen in seinem Leben ein, er kann Dinge nicht mehr tun, die ihm früher großen Spaß gemacht haben und die er eigentlich vermißt. Die Angst hat eine negative Wirkung, sie hemmt, wo kein Grund für eine Hemmung besteht. Nicht viel anders ergeht es auch Panikpatienten.

Das Schlimmste ist die Angst vor der Angst

Wenn möglich, verlassen die meisten Betroffenen bei den ersten Panikattacken fluchtartig Auto, Bahn, Bus, Restaurant, Kino, Kaufhaus. Im Freien läßt die Attacke oft bald nach. Sind bestimmte Symptome wie Erstickungsgefühle und Brustschmerzen besonders stark ausgeprägt, wird oft auch der Krankenwagen gerufen. Patienten, die zu Hause von Panikattacken heimgesucht werden, flüchten sich meist zu ihren Angehörigen, manche auch zu Nachbarn oder rufen selbst den Notarzt.

Viele Patienten berichten auch, daß zwischen der ersten und der zweiten Attacke mehrere Tage oder Wochen, ja sogar Jahre lagen, sie die erste schon fast vergessen hatten. Aber spätestens nach der zweiten oder dritten beginnt die Suche nach den Ursachen und damit die Rennerei von Arzt zu Arzt.

Und je länger die erfolglose Suche nach den Ursachen für die Attacken dauert, desto ängstlicher werden die Patienten. Sie ängstigen sich vor der nächsten Attacke und meiden die Situationen, in denen die Attacken bislang hauptsächlich auftraten und in denen sie keinesfalls von einer Panikattacke überrascht werden wollen. Überfallen sie die Attacken hauptsächlich außerhalb der Wohnung, kann das Vermeidungsverhalten so weit führen, daß sich die Betroffenen kaum oder gar nicht mehr alleine aus der Wohnung trauen. Treten die Attacken dagegen auch oder sogar hauptsächlich zu Hause auf, fürchten sich die Patienten meist besonders vor dem Alleinsein. Im Extremfall brauchen sie ständig einen Menschen um sich herum. Es sind zwar wenige, aber es gibt auch Panikpatienten, die es überhaupt nicht mehr zu Hause aushalten, ständig auf Achse sind, um ja nicht nach Hause gehen zu müssen. »Am schlimmsten ist die Angst vor der Angst«, kaum eine Lebensgeschichte von Panikpatienten, in der dieser Satz nicht vorkommt.

Der Wunsch, die Panikattacken zu vermeiden, kann so übermächtig werden, daß es den Betroffenen gar nicht mehr gelingt, den möglichen Gründen für die Attacken nachzuspüren (siehe S. 53, Kapitel: Ursachen der Angst). Viele Menschen kommen auch zunächst gar nicht auf die Idee, daß die Panikattacken einen anderen als einen organischen Grund haben könnten.

Panikattacke und Panikstörung

Wenn die Panikattacken und/oder das Vermeidungsverhalten eine bestimmte Stärke erreichen, sprechen Medizin und Psychologie von einer »Panikstörung« oder einem »Paniksyndrom«. Der Begriff der Panikstörung stammt ebenfalls aus der amerikanischen DSM-Klassifikation, er heißt dort »panic disorder«.

Um eine Panikstörung handelt es sich nach dieser Definition dann, wenn:

- drei Panikattacken innerhalb von drei Wochen aufgetreten sind

oder

- die Betroffenen sich nach einer Attacke mindestens vier Wochen lang vor der nächsten ängstigen.

Außerdem müssen ausgeprägte körperliche Erschöpfung, lebensbedrohliche Situationen (Krankheit, Unfall, Katastrophen) sowie bestimmte andere organische und psychische Ursachen (Drogenmißbrauch, Psychosen) ausgeschlossen sein (siehe S. 38).

Leiden die Patienten nur an regelmäßig wiederkehrenden

Panikattacken, handelt es sich um eine »einfache Panikstörung«. Vermeiden dagegen die Patienten aus Angst vor erneuten Panikattacken auch bestimmte Situationen, spricht man je nach Ausprägung des Vermeidungsverhaltens von einer »Panikstörung mit leichtem oder mit ausgeprägtem ängstlichen Vermeidungsverhalten« (panic disorder with limited or extensive phobic avoidence). Bezieht sich das phobische Vermeidungsverhalten besonders auf öffentliche Örtlichkeiten und Menschenansammlungen im Freien und in geschlossenen Räumen, dann bezeichnet man dies als Agoraphobie oder Platzangst.

Dieser Begriff ist aus den beiden altgriechischen Wörtern Agora (Marktplatz) und Phobie (Angst) zusammengesetzt und bedeutete ursprünglich »Angst vor dem Marktplatz«, das heißt vor der Öffentlichkeit. Lange Zeit wurde dieser Begriff sowohl in der Medizin als auch in der Psychologie nur als Angst vor dem Überqueren großer offener Plätze und Straßen interpretiert. Diese Angst ist jedoch nur ein Teilaspekt der Agoraphobie, die tatsächlich die Angst vor der Öffentlichkeit und vor Menschenansammlungen meint. In Zusammenhang mit Panikattacken und der Panikstörung wird heutzutage meist ein erweiterter Agoraphobie-Begriff verwendet: Er umfaßt das gesamte ängstliche Vermeidungsverhalten und den allgemeinen Rückzug aus dem sozialen Leben.

Vereinzelt wird heute auch von »multipler (mannigfacher) Situationsphobie« gesprochen. Dieser Begriff trifft das Vermeidungsverhalten von Panikpatienten eigentlich am besten. Er hat sich jedoch in der Medizin und auch in der Psychologie noch nicht durchsetzen können.

Panikattacken und Agoraphobie: eine typische Frauenkrankheit?

Auf den ersten Blick scheint es so: Die überwiegende Zahl der von einer Panikstörung Betroffenen sind nach der vorliegenden Literatur Frauen. Die Zahlenangaben schwanken zwischen 60 und 75 Prozent. Von den Panikpatienten, die agoraphobisches Vermeidungsverhalten entwickeln, sollen bis zu 90 Prozent Frauen sein.

Diese Zahlen werden aber inzwischen von verschiedenen

Forschern angezweifelt. »Obwohl die meisten Kliniker der Meinung sind, daß das Panik-Syndrom und die Agoraphobie häufiger bei Frauen als bei Männern vorkommen, gibt es für diese Annahme keine eindeutigen Belege«, schreiben zum Beispiel die amerikanischen Angstforscher Jack Gorman, Michael R. Liebowitz und Donald F. Klein. Andere Kritiker argumentieren, der hohe Anteil von Frauen resultiere daraus, daß erstens Frauen sowieso eher zum Arzt gingen als Männer und zweitens Frauen auch eher wegen seelischer Probleme therapeutische Hilfe suchten. Männer versuchten dagegen aufgrund ihrer Erziehung und der gesellschaftlichen Wertvorstellungen, seelische Probleme auf eigene Faust, durch »Flucht nach vorne«, aber auch durch Alkohol und/oder anderes süchtiges Verhalten, etwa Arbeitssucht, zu meistern. Daher könnte es durchaus sein, daß sich Männer unbewußt durch Flucht nach vorne praktisch selbst desensibilisieren und zumindest ihre Agoraphobie löschen.

Ein sehr prominenter Vertreter der Selbsthilfe durch die Flucht nach vorne war übrigens der berühmte Neurologe und Psychiater Sigmund Freud. Auch er litt, wie der englische Autor Marks schreibt, zwischen seinem 30. und 40. Lebensjahr an Agoraphobie: Er fürchtete sich davor, mit der Bahn zu fahren und Straßen zu überqueren. Freud zwang sich jedoch dazu, die angstbesetzten Situationen auszuhalten und verlor so im Laufe der Zeit seine Angst.

Noch bis vor wenigen Jahren nahmen Medizin und Psychologie zudem an, daß agoraphobische Frauen vor allem Töchter »überbehütender« Mütter/Eltern seien oder aber aus zerrütteten Elternhäusern stammten. Im ersten Fall seien die Panikattacken und die Agoraphobie Ausdruck dafür, daß sich die Patientinnen weigerten, erwachsen, selbständig und unabhängig zu werden. Im zweiten Falle spiegele die Angst die Sehnsucht der Patientinnen nach Liebe und Geborgenheit wider. Neuere Untersuchungen, so eine Studie an 1000 Agoraphobikern in England, haben jedoch ergeben, daß sich Patientinnen mit Agoraphobie im Hinblick auf ihre soziale Herkunft wie auch Schulbildung, Familienstand und Berufstätigkeit nicht grundlegend vom Bevölkerungsdurchschnitt unterschieden. Panikattacken und Agoraphobie scheinen also grundsätzlich eine seelische Störung zu sein, die jeden Menschen treffen kann.

Die beiden Hauptängste von Agoraphobikern

Wieviele der Patienten mit einer Panikstörung nach der amerikanischen DSM-Definition auch ein phobisches Vermeidungsverhalten entwickeln, ist nicht genau bekannt. Man kann aber davon ausgehen, daß etwa zwei Drittel von ihnen eine mehr oder weniger stark ausgeprägte Angst vor der Angst entwickeln und daraus resultierend ein ängstliches Vermeidungsverhalten. Fast alle von ihnen werden zu Agoraphobikern.

Patienten mit einer Agoraphobie fürchten sich vor allem vor zwei Ereignissen, bei denen jeweils eine Panikattacke im Mittelpunkt steht: Sie haben Angst, daß ihnen im Falle einer Panikattacke die Fluchtwege abgeschnitten sein könnten und schnelle Hilfe nicht erreichbar ist. Und sie ängstigt der Gedanke, sie könnten sich durch die Panikattacke in der Öffentlichkeit lächerlich machen und die Kontrolle verlieren.

So meinen die meisten Agoraphobiker, die Umstehenden oder Gegenübersitzenden müßten doch genau mitbekommen, wenn sie von einer Panikattacke geschüttelt werden: Verzerrte Gesichtszüge, zittrige Arme und Beine, geistesabwesender Blick, kurz, sie gäben eine merkwürdige Figur ab. Aber nichts von alledem stimmt. Den Menschen, die gerade eine Panikattacke erleiden, sieht man so gut wie nichts davon an. Auch wenn sie selbst das Gefühl haben, sie zitterten wie Espenlaub: Die Panikpatienten zittern und beben nur innerlich. Der einzige Unterschied zu anderen Menschen, so berichten übereinstimmend Psychologen, Neurologen und Psychiater, besteht darin, daß die Patienten während der Panikattacke etwas blaß aussehen und vielleicht noch ein paar Schweißperlen auf der Stirn haben. Eine Verhaltenstherapeutin, die mit vielen Agoraphobikern gearbeitet hat, berichtet: »Obwohl mir Patienten zum Beispiel bei den U-Bahn-Übungen immer wieder versichert haben, daß sie gerade im Moment einen starken Panikanfall hatten, habe ich das selbst nie erkennen können, obwohl ich doch neben ihnen saß.«

Agoraphobie ist nicht gleich Agoraphobie
Nicht alle Agoraphobiker fürchten sich vor denselben Situationen, doch die Übereinstimmung der hauptsächlich angstmachenden Situationen ist sehr groß. So verglich der Psychiater Friedrich Strian mehrere Studien über die Hauptängste von Agoraphobikern:

ANGSTBESETZTE SITUATIONEN FÜR AGORAPHOBIKER*

In einem Geschäft Schlange stehen	96%
Eine Verabredung einhalten	91%
Gefühl des Festgehaltenseins (z. B. beim Frisör, in Bus und Bahn)	89%
Zunehmende Entfernung von der Wohnung	87%
Bestimmte Plätze und Örtlichkeiten (z. B. Kaufhaus, Tunnel, Restaurant, Kino)	66%

Eine Agoraphobie entwickelt sich in der Regel schrittweise: Treten die Panikattacken beispielsweise zuerst in Kaufhäusern auf, so werden die Betroffenen zunächst wahrscheinlich Kaufhäuser meiden und statt dessen im näher gelegenen Supermarkt einkaufen. Folgen ihnen die Panikattacken oder die Angst vor der Angst auch dorthin, wird die nächste Station das kleine Geschäft an der Ecke sein. Manche Patienten berichten auch, daß sie nur noch am Kiosk einkaufen konnten.

Mit jeder neuen Panikattacke verkleinert sich der Aktionsradius der Betroffenen, jeder »Mißerfolg« verstärkt die Agoraphobie – ein Teufelskreis. Zum Schluß trauen sich viele Agoraphobiker kaum noch ohne Begleitung aus der Wohnung. »Schon auf der Treppe spürte ich, wie die Angst langsam in mir hochkroch, ich ging wie auf Watte und bin schleunigst wieder umgekehrt.« Oder: »Schon alleine die Vorstellung, ich müßte einkaufen gehen, versetzte mich in Angst und Schrecken.« Fast jeder Agoraphobiker kann über diese oder ähnliche Erfahrungen berichten.

* nach Strian, Friedrich, *Angst: Grundlagen und Klinik*, Berlin 1983, S. 133.

Mit tausend Tricks durch den Alltag

Um ihre Angst vor der Angst im Zaum zu halten, entwickeln die meisten Menschen mit einer Agoraphobie ein ausgeklügeltes System zur Bewältigung ihres Alltags. Aber nicht nur des Alltags, denn Agoraphobiker wollen ja am sozialen Leben teilnehmen, ins Kino oder ins Theater gehen, ein Restaurant oder eine Kneipe besuchen, in Urlaub fahren. Im Mittelpunkt des Hilfssystems steht für gewöhnlich die Begleitung durch den (Ehe) Partner. An seiner Stelle fühlen sich die Patienten sicher. Eine Liste angstmindernder Situationen und Techniken hat ebenfalls Strian zusammengestellt:

ANGSTMINDERNDE SITUATIONEN FÜR AGORAPHOBIKER*

Begleitung durch (Ehe)Partner	85%
Sitzplatz in Türnähe	76%
Konzentration auf andere Dinge	63%
Nähe vertrauter Objekte (Haustier, Spazierstock)	62%
Begleitung durch Freunde	60%

Der Sitzplatz in Türnähe, sei es im Kino, im Restaurant oder auch in der Bahn, gibt Agoraphobikern vor allem die Sicherheit, schnell fliehen zu können, wenn die Angst zu groß wird. Leicht erreichbare Fluchtwege sind ohnehin für Agoraphobiker ganz wichtige Voraussetzungen für die Teilnahme am sozialen Leben. So können zwar viele von ihnen noch Auto fahren, aber nicht mehr mit der Bahn oder dem Bus – einfach, weil sie diese nicht anhalten können. Andere Agoraphobiker dagegen müssen auf ihr Auto verzichten, weil sie sich panisch davor ängstigen, in einem Stau steckenzubleiben und das womöglich noch in einem Tunnel oder auf einer hohen Brücke. Sie benutzen deswegen nur öffentliche Verkehrsmittel. Viele von ihnen, das zeigt eine englische Studie, bevorzugen Züge mit Abteilen und Waschräumen, in die sie sich im Notfall flüchten können. Großraumwagen umgehen sie dagegen. Manche Agoraphobiker fahren auch auf

* nach Strian, a. a. O., S. 133.

Langstrecken grundsätzlich nur mit Eil- oder sogar Nahverkehrszügen, da diese relativ häufig anhalten.

Andere Agoraphobiker schwören dagegen auf die Medikamente, die ihnen ihr Arzt verschrieben hat. Dabei ist es meist ziemlich gleichgültig, um welche Medikamente es sich handelt, ob Kreislauftropfen, Baldrianpillen oder stärkere Arzneimittel. Die Hauptsache ist, daß die Medizin immer verfügbar ist. Oft halten die Patienten das Arzneifläschchen – ohne aber die Tropfen oder Pillen einzunehmen – stets festumklammert in der Manteltasche. Auch Jahre nach dem Abklingen der Agoraphobie tragen viele Menschen immer noch das Fläschchen in der Hand- oder Aktentasche bei sich. Viele Agoraphobiker kauen außerdem ständig Kaugummi oder lutschen Bonbons, um einem trockenen Mund und damit Schluckbeschwerden vorzubeugen.

Als besonders hilfreich empfinden Menschen mit einer Agoraphobie auch die Nähe vertrauter Gegenstände oder Haustiere. So nehmen manche stets ein Fahrrad oder einen Einkaufswagen mit, um sich daran festzuhalten. Andere tragen auch bei Sonnenschein einen Regenschirm mit sich herum. Auch das Kind an der Hand oder der Hund an der Leine lindern die Angst vor der Angst.

Und nicht zuletzt, auch das ergaben zwei Studien aus England und Australien, bevorzugen Agoraphobiker bestimmte Tages- und Jahreszeiten. Viele Agoraphobiker fühlen sich in der Dämmerung und in der Nacht am wohlsten (34 Prozent). Auch schlechtes, regnerisches Wetter erleichtert den Betroffenen den Aufenthalt außerhalb der Wohnung (26 Prozent). Helles Sonnenlicht sowie Neonlicht und flackernde Leuchtreklamen empfinden die meisten Agoraphobiker als äußerst unangenehm. Fast 75 Prozent der Studienteilnehmer gaben an, deswegen eine Sonnenbrille oder dunkle Gläser zu tragen.

Daher verwundert es auch nicht, daß Panikattacken und die daraus folgende Agoraphobie vorzugsweise im Sommer zum ersten Mal auftreten. Eine ebenfalls aus Australien stammende Studie kommt zu dem Erghebnis, daß 57 Prozent der befragten Patienten ihre erste Panikattacke im Sommer erlitten, dagegen nur elf Prozent im Winter. Eine weitere englische Untersuchung ergab, daß sich die Agoraphobie bei 35 Prozent der Patienten immer dann verschlimmerte, wenn es draußen heiß war. Das läßt darauf schließen, daß Agoraphobiker möglicherweise sensibler auf die erhöhte körperliche Belastung durch heiße Außentemperaturen reagieren als andere Menschen (siehe S. 84, Kapitel: Ursachen der Angst).

Die australische Ärztin Claire Weekes hat das typische Verhalten agoraphober Patienten in der folgenden Figur zusammengefaßt, die sie »Archetypus Aggie« nennt: »Eine Frau mit Sonnenbrille eilt nachts bei Regen einen schmalen dunklen Weg zwischen zwei Häuserreihen entlang, lutscht heftig an seltsam sauren Bonbons und hält mit der einen Hand einen Hund an der Leine, während sie sich mit der anderen auf einen Einkaufswagen stützt.«* Ein agoraphobischer Mann würde in diesem Bild wahrscheinlich statt des Einkaufswagens einen Regenschirm oder einen Spazierstock benutzen und einen Hut tragen.

Die Angst vor der Angst ist immer dabei

Agoraphobiker müssen also einen erheblichen Teil ihrer Zeit und Energie darauf verwenden, ihr Hilfssystem in Gang zu halten, das heißt, angstmindernde Techniken und Umstände zu entwickeln und zu schaffen. Und selbst wenn es ihnen gelingt: Die Angst vor der Angst ist fast immer trotzdem mit dabei. Viele Patienten können das Essen im Restaurant oder den Kinofilm gar nicht genießen. Selbst in anfallsfreien Zeiten können sie sich nicht entspannen, weil sie dem Frieden doch nicht so recht trauen mögen oder sich in Gedanken schon auf die nächste Hürde, etwa den Nachhauseweg mit der U-Bahn, vorbereiten. Das soziale Leben von Agoraphobikern ist also ganz erheblich eingeschränkt, wenn es überhaupt noch stattfindet.

Das gilt auch für das Berufsleben: Die bereits erwähnte englische Studie stellte fest, daß sich etwa drei Viertel der über 1000 befragten Agoraphobiker in ihrem Berufsleben durch die Phobie beträchtlich behindert fühlten. 48 Prozent hätten sich gerne beruflich verändert und verbessert, fürchteten aber, die Bewerbungs- und Vorstellungsprozedur nicht durchstehen zu können.

* zitiert nach Marks, Isaac M., *Fears, Phobias and Rituals*, New York – Oxford 1987, S. 338.

Ferner ergab die Untersuchung, daß nur 23 Prozent der Agoraphobikerinnen berufstätig waren. Von der nach Alter und Familienstatus vergleichbaren weiblichen Durchschnittsbevölkerung gingen dagegen 38 Prozent einer Erwerbstätigkeit nach.

Ganz besonders schwierig wird es für die Patienten, die sich niemandem anvertrauen können oder wollen, zum Beispiel, weil sie fürchten, sich dadurch lächerlich zu machen. Für sie kommt zu der Angst vor der Angst auch noch die »Angst vor der Entdeckung« hinzu. Die Vermutung liegt zwar nahe, daß gerade diese Menschen besonders zu Alkohol- und Medikamentenmißbrauch neigen, Beweise dafür liegen jedoch noch nicht vor.

Aber auch Agoraphobiker, die auf die Unterstützung ihrer Angehörigen und Freunde bauen können, leben in einer Zwangslage. Einerseits sind sie stets angewiesen auf andere, also abhängig, andererseits fürchten sie, daß irgendwann einmal die Belastung für die Familie zu groß werden könnte und sie sie daher im Stich lassen könnte. Und tatsächlich: Obwohl viele Angehörige zunächst intuitiv richtig auf ihre agoraphobischen Partner/Familienmitglieder reagieren, wird es manchen von ihnen mit den Jahren dann doch zuviel. Sie fühlen sich oft überfordert und werfen dem Angstkranken in ihrer Unsicherheit »Faulheit und Bequemlichkeit« oder »Willensschwäche und Feigheit« vor. Übrigens reagieren einige von ihnen dann aber völlig paradox, wenn die Agoraphobiker schließlich therapeutische Hilfe suchen. Kommentare wie »Was kann der Therapeut, was ich nicht kann?« sind gar nicht so selten. Deswegen sollten auch die Angehörigen von Agoraphobikern soweit wie möglich in die Therapie einbezogen sein (siehe S. 180, Kapitel: Therapien).

Nicht jeder Panikpatient wird auch zum Agoraphobiker

Obwohl viele Panikpatienten die Angst vor der Angst als das Schlimmste an den Panikattacken empfinden, werden nicht alle zu Agoraphobikern. Es gibt eine ganze Reihe von Patienten, die mit dieser Krankheit ganz gut leben können – und das jahrelang. Offenbar haben sie erkannt, daß die Attacken zwar mehr oder minder regelmäßig auftreten, aber auch wieder vorübergehen und ihnen eigentlich nichts dabei passiert. Sie bauen sie in ihr Leben ein.

Dazu entwickeln sie ähnlich wie Agoraphobiker individuell verschiedene Techniken und Vorwände (zum Beispiel ausgeprägter Bedarf an frischer Luft »wegen Asthma« und daher stets geöffnete Fenster im Büro – auch im Winter), um die Panikattacken zu vermeiden. Die Kollegen nehmen diese »kleinen Schrullen« meist belustigt hin, keiner ahnt, daß in dem eiskalten Zimmer ein Panikpatient sitzt. Und wenn wieder eine Panikattacke naht, verschwindet die eine schnell im Waschraum, der andere rennt geschäftig im Treppenhaus auf und ab und die dritte teilt ihren Kollegen mit, sie müsse mal kurz dringend an die frische Luft. Im Gegensatz zu Agoraphobikern lassen sich diese Menschen aber kaum von den Panikattacken in ihrem Leben beirren und vertreten bestimmte Ängste (zum Beispiel vor dem Fahrstuhl oder dem Schlangestehen in der Kantine) ganz offen als persönliche Note nach dem Motto »Ich mag das halt nicht«.

Allerdings gibt es auch Patienten (die medizinische Literatur spricht vorsichtig von fünf bis zehn Prozent aller Panikpatienten), die ein besonders tragisches Vermeidungsverhalten wählen: Sie suchen Erleichterung in Alkohol und/oder Medikamenten und werden so über kurz oder lang süchtig. Vor allem beim Alkohol ist es so, daß zwar die Panikattacken aufhören, solange die Patienten trinken. Setzen sie den Alkohol jedoch ab, dann kommen die Attacken in sehr viel stärkerem Ausmaß als je zuvor. Die Patienten greifen schleunigst wieder zur Flasche. Deswegen raten heute viele Angstforscher Ärzten und Suchttherapeuten, Alkoholkranke auch stets danach zu fragen, ob sie wegen Angstbeschwerden mit dem Trinken angefangen haben. Für die Medikamentenabhängigkeit gilt das gleiche.

Auslöser von Panikattacken: eine lange Liste

Die Auslöser von Panikattacken und Agoraphobie sind so zahlreich wie bei kaum einer anderen organischen oder psychischen Störung. Die Liste reicht von massiven traumatischen Erlebnissen bis hin zu scheinbar völlig unbedeutenden alltäglichen Ereignissen. Dabei stehen die »unbedeutenden Ereignisse« an erster Stelle. Bemerkenswert ist auch, daß nicht nur überraschende Erlebnisse Panikattacken auslösen können, sondern auch vorhergesehene Ereignisse.

Medizin und Psychologie unterscheiden bei den Auslösern zwischen Stressoren (körperliche und/oder seelische Belastungsfaktoren), die direkt mit Angst verbunden sind, bei denen Angst also schon ein Bestandteil ist (spezifische Stressoren) und Stressoren, die mit Angst zunächst überhaupt nichts zu tun haben (nicht-spezifische Stressoren). Der Übergang zwischen beiden ist in der Regel fließend. Zu den spezifischen und nichtspezifischen Stressoren gehören:

- Tod eines nahestehenden Angehörigen
- Trennung vom (Ehe)Partner
- Trennung von den Eltern
- Trennung von den Kindern
- Schwere Krankheit, Unfall oder Operation eines nahestehenden Angehörigen
- Geburt eines Kindes (während der Schwangerschaft scheinen Frauen jedoch gegen Panikattacken geschützt zu sein)
- Verlust des Arbeitsplatzes
- Finanzielle Probleme
- Umzug
- Berufliche Veränderung
- Streit mit dem (Ehe)Partner
- Streit am Arbeitsplatz
- Unangenehme Erlebnisse in der Öffentlichkeit und im Straßenverkehr (rabiates Verhalten, Anpöbeleien)
- Miterleben eines Unfalls
- Erleben der Hilflosigkeit anderer (unbekannte Person fällt im Supermarkt in Ohnmacht)

- Plötzliche Kreislaufschwäche und Unwohlsein
- Hyperventilation (zu schnelle und zu flache Atmung)
- Neonlicht und flackernde Leuchtreklamen
- Schlafentzug
- Alkohol- und sonstiger Drogenmißbrauch (insbesondere von Kokain, Haschisch und Amphetaminen, aber auch von Medikamenten wie pseudoephedrin- oder phenylpropanolaminhaltige Erkältungsmittel und coffeinhaltigen Schmerzmittel).

Auch übermäßiger Kaffee- und Teegenuß – mehr als acht Tassen täglich – soll Panikattacken auslösen können. Dagegen hat die Angstforschung bislang keine Hinweise darauf finden können, daß auch niedrige Blutzuckerwerte (Hypoglykämie) bei ansonsten gesunden Menschen zu Panikattacken führen. Anders ist es dagegen bei Diabetikern (siehe S. 38). Trotzdem meinen immer noch viele Panikpatienten, die vermeintliche Kreislaufschwäche, die sie während der Attacken spüren, sei auf zu geringe Blutzuckerwerte zurückzuführen, und haben deswegen immer Traubenzucker oder etwas anderes zum Essen in der Tasche. Die mäßige Einnahme von Zucker kann zwar nicht schaden, sie nutzt aber nach den vorliegenden wissenschaftlichen Erkenntnissen auch nichts. Bei größeren Zukkermengen ist dagegen Vorsicht geboten. Sie können genau das Gegenteil des beabsichtigten Effekts bewirken.

Mehrere Auslöser verstärken sich gegenseitig

Oft sind es mehrere Ereignisse, die gemeinsam die erste Panikattacke auslösen. Die bereits mehrfach erwähnte englische Studie an 1000 Agoraphobikern kam zu folgendem Ergebnis: 70 Prozent der Befragten gaben an, sich nur an ein auslösendes Ereignis erinnern zu können, 26 Prozent, das heißt immerhin jeder vierte Patient, machten mindestens zwei Situationen für ihre erste Panikattacke verantwortlich.

In 32 Prozent der auslösenden Situationen waren die Patienten selbst von einem schwerwiegenden Ereignis – etwa Trennung vom Partner, Arbeitsplatzverlust – betroffen, in 27 Prozent handelte es sich um den Tod oder eine schwere Erkrankung eines Angehörigen oder Freundes, in sechs Prozent waren die Patienten Zeugen, wie einem anderen Unglück widerfuhr.

Eine andere, ebenfalls englische Untersuchung stellte fest, daß die Patienten im Jahr vor ihrer ersten Panikattacke zweimal häufiger von widrigen und unglücklichen Lebensumständen betroffen waren als Kontrollpersonen ohne Panikstörung. Zu den unglücklichen Ereignissen zählt die Untersuchung eigene Krankheit, Unfall und/oder Operation, Trennung vom Partner und finanzielle Schwierigkeiten.

Auslöser ist nicht gleich Ursache

Obwohl eine ganze Reihe von Auslösern, insbesondere die spezifischen Stressoren bereits auch auf die Ursachen der Panikattacken hinweisen, so besteht doch grundsätzlich ein wesentlicher Unterschied zwischen beiden Begriffen. Auslöser sind der aktuelle Anlaß für eine Panikattacke. Die Ursachen von Panikattacken sind dagegen meist in komplizierteren seelischen und körperlichen Zusammenhängen und Prozessen zu suchen. Allerdings sind bisweilen, vor allem bei schweren aktuellen traumatischen Ereignissen wie Unfalltod, Katastrophen oder Verbrechen, Auslöser und Ursache identisch. In anderen Fällen aktiviert ein bestimmter Stressor einen bereits seit längerem schwelenden Konflikt, der sich in der Panikattacke entlädt. Mit den möglichen Ursachen von Panikattacken, abgesehen von den aktuellen traumatischen Erlebnissen, befassen wir uns ausführlich im Kapitel: Ursachen der Angst.

Agoraphobie ohne Panikattacken: Ist das möglich?

Eine eindeutige Antwort auf diese Frage gibt es derzeit nicht. Es deutet jedoch einiges darauf hin, daß die Antwort »Nein« lautet. Das würde heißen: Jede Agoraphobie beginnt mit mehr oder weniger ausgeprägten Panikattacken, von denen der Betroffene aber unter Umständen gar nichts merkt oder sie nicht als Panikattacken identifiziert. Verschiedene Angstforscher haben in den letzten Jahren herausgefunden, daß Patienten, die zum Teil seit

Jahren, ja sogar seit Jahrzehnten an einer Agoraphobie litten, zuvor Panikattacken gehabt hatten. Sie konnten sich jedoch entweder überhaupt nicht mehr daran erinnern, oder sie hielten sie für unbedeutend.

So beschreibt der schwedische Angstforscher Mats Humble die Geschichte einer 55jährigen Patientin, die bereits 30 Jahre lang an einer ausgeprägten Agoraphobie gelitten hatte, als sie zu ihm kam. Humble befragte sie, ob sie vielleicht vor Beginn der Agoraphobie eine Panikattacke gehabt hätte. Die Frau verneinte und »schwor« außerdem, auch niemals Symptome gehabt zu haben, die einer Panikattacke im entferntesten ähnelten.

Nachdem die Patientin ein trizyklisches Antidepressivum und ein Benzodiazepin-Präparat (siehe S. 144ff., Kapitel: Therapien) erhalten hatte, verschwand die Agoraphobie. Nach einigen Monaten wurden die Medikamente abgesetzt. Kurze Zeit später klagte die Patientin über, wie sie sagte, Kreislaufbeschwerden und niedrigen Blutdruck, genau die Beschwerden, unter denen sie als junge Frau gelitten hatte, bevor sich die Agoraphobie entwickelte. Ihr Arzt, so berichtete sie, habe damals die Diagnose Kreislaufbeschwerden und Blutdruckabfall gestellt. Auf intensives Nachfragen erinnerte sich die Patientin plötzlich, daß diese Beschwerden auch schon damals begleitet waren von Herzklopfen, dem Gefühl, in Ohnmacht zu fallen, Atemproblemen und dem unwiderstehlichen Drang, sofort das Fenster zu öffnen. Nachdem sie die Medikamente wieder einnahm, verschwanden die Symptome.

Dieses und zahlreiche gleichartige Beispiele belegen nach Ansicht vieler Angstforscher, daß Panikattacken zuerst auftreten, gefolgt von der Angst vor der Angst, die schließlich in (agora)phobischem Vermeidungsverhalten mündet. Aufgrund dieser Forschungsergebnisse wurde auch bereits 1987 die amerikanische Definition der Panikstörung geändert. Nach der DSM-III-Klassifikation von 1980 trennte die Medizin noch zwischen Paniksyndrom auf der einen Seite und Agoraphobie mit/ohne Panikattacken auf der anderen Seite. Seit 1987 wird zwischen Panikstörung einerseits und Panikstörung mit leichtem bzw. ausgeprägtem phobischen Vermeidungsverhalten andererseits unterschieden. Da aber die Forschungsergebnisse immer noch nicht eindeutig sind, wurde noch eine dritte Gruppe hinzugefügt: Sie umfaßt die Patienten, die nur unter Agoraphobie (ohne Panikattacken) leiden. Etliche Forscher erwarten jedoch, daß diese Gruppe bei der nächsten Änderung der Klassifikation entfallen wird.

Einige Krankheiten verursachen panikähnliche Symptome

Unter einer Panikstörung oder einem Paniksyndrom verstehen Medizin und Psychologie (siehe S. 18) plötzliche und gehäuft auftretende Panik- oder Angstattacken, für die kein sichtbarer aktueller Grund besteht oder die eine Überreaktion auf eine tatsächliche, aber wesentlich geringere Bedrohung darstellen. Es gibt allerdings eine Reihe hauptsächlich organischer Erkrankungen, die panikähnliche Symptome verursachen und die daher vor Beginn einer jeden Angsttherapie ausgeschlossen werden müssen. Erfreulicherweise leiden aber nur sehr wenige Panik- und Agoraphobiepatienten tatsächlich an einer dieser Grunderkrankungen, die jedoch mit der richtigen Therapie – meist durch einen Spezialisten – oft geheilt oder zumindest gelindert werden können.

Daher sollten alle Patienten mit Panikattacken und Agoraphobie von ihrem Arzt abklären lassen, ob nicht möglicherweise eine der folgenden Erkrankungen für die Panikstörung verantwortlich sein könnte. Besteht Grund für diese Annahme, wird der Arzt eine Reihe von Untersuchungen veranlassen, um dem Verdacht auf den Grund zu gehen. Möglicherweise wird er seine Patienten auch an einen Spezialisten oder eine Klinik überweisen, die über die notwendigen medizinisch-technischen Geräte verfügen. Dort müssen sich die Patienten oft sehr aufwendigen Diagnoseverfahren unterziehen und sind dann manchmal richtig enttäuscht, wenn die Ärzte gratulieren: »Sie sind vollkommen gesund.« Andere Patienten möchten das gar nicht glauben, denn warum sonst haben die Ärzte alle diese aufwendigen Verfahren angewendet? »Entweder haben sie etwas übersehen, oder sie wollen mir nicht die Wahrheit sagen«, fürchten sie, anstatt erleichtert aufzuatmen, daß sie »nur« an einer Panikstörung leiden. Denn Panikattacken und Platzangst, so beängstigend und quälend sie auch sind, sie sind beide in der Regel recht einfach und schnell zu lindern und zu heilen.

ERKRANKUNGEN, DIE VOR BEGINN EINER ANGSTTHERAPIE AUSGESCHLOSSEN WERDEN MÜSSEN:

- Über- und auch Unterfunktion der Schilddrüse (Hyper- und Hypothyreose). Während die Überfunktion panikähnliche Symptome hervorrufen kann, tritt bei der Unterfunktion eine Antriebsschwäche auf, die mit den Symptomen einer Agoraphobie verwechselt werden könnte.
- Herzerkrankungen wie zum Beispiel Angina pectoris und Herzrhythmusstörungen. Diese Erkrankungen können panikähnliche Angstgefühle verursachen.
- Erkrankungen der Atmungsorgane sowie dadurch bedingte Hyperventilation (zu schnelle und zu flache Atmung). Dazu gehören insbesondere Asthma und chronische Bronchitis.
- Phäochromozytom, ein seltener Tumor im Nebennierenmark. Er führt zu einer übergroßen Ausschüttung insbesondere von Adrenalin. Die dadurch verursachte Überaktivierung des Körpers zeigt sich ebenfalls in panikähnlichen Symptomen.
- Extrem niedrige Blutzuckerwerte bei Diabetikern wegen falsch eingestellten insulinpflichtigem Diabetes (Hypoglykämie).
- Wiederkehrende Schwindelanfälle mit Verdacht auf Hirnverletzungen oder -erkrankungen sowie Verdacht auf organisch bedingten zu niedrigen Blutdruck.
- Alkohol-, Medikamenten- und sonstiger Drogenmißbrauch sowie -entzug.
- Psychiatrische Erkrankungen wie Schizophrenie und sonstige Psychosen.
- Neurologische Erkrankungen wie Epilepsie.

Wie reagiert der Körper, wenn der Mensch Angst empfindet?

Mit dieser Frage beschäftigen sich vor allem die Neurophysiologen und die Neurobiologen unter den Angstforschern. Obwohl die einzelnen Prozesse noch nicht bis ins kleinste erforscht und analysiert sind, hat man heute doch schon eine ziemlich genaue Vorstellung davon, wie das Gefühl der Angst entsteht und was es im Körper bewirkt.

Im Mittelpunkt des Geschehens stehen das Gehirn, insbesondere das Zentrum der Emotionen oder Gefühle, in der Fachsprache »limbische Strukturen« genannt, und das »vegetative Nervensystem«. Das vegetative Nervensystem ist zuständig für alle unbewußten oder nicht durch den Willen steuerbaren Körperfunktionen und wird daher auch als »autonomes Nervensystem« bezeichnet. Es besteht aus zwei getrennten Systemen: dem sympathischen Nervensystem, das vereinfacht gesagt für die Aktivierung der Körperfunktionen zuständig ist, und dem parasympathischen Nervensystem, das die Aktivierung reguliert, also eher dämpfende Funktionen hat.

Das Gefühl der Angst kommt nun dadurch zustande, daß die Sinnesorgane einen Reiz aus der Umwelt oder dem eigenen Körper aufnehmen und an das Gehirn weiterleiten (siehe Graphik). Dort wird dieser Reiz, zum Beispiel ein lautes Geräusch, von einer Art Verteilerstation im Zwischenhirn (Thalamus) an die Großhirnrinde (cerebraler Kortex) weitergeleitet. Der Thalamus gilt als das »Tor zum Bewußtsein«, der cerebrale Kortex als der »Ort der bewußten Wahrnehmung und des Denkens«. In der Großhirnrinde werden die Sinnesreize zu Bildern bzw. zu Begriffen zusammengesetzt und an die limbischen Strukturen »gefunkt«. Sie wählen für die empfangenen Informationen das Gefühl Angst. Auch die Reaktionen auf dieses Gefühl werden zum großen Teil von den limbischen Strukturen festgelegt. Sie wählen aus den vorhandenen Verhaltensprogrammen – diese Programme sind sowohl angeboren als auch erlernt – das ihrer Ansicht nach passende aus und geben diese Wahl an den Hypothalamus weiter. Der Hypothalamus als Steuerungszentrum aller vegetativen und hormonellen Prozesse ruft dieses Pro-

Angst alarmiert den Körper

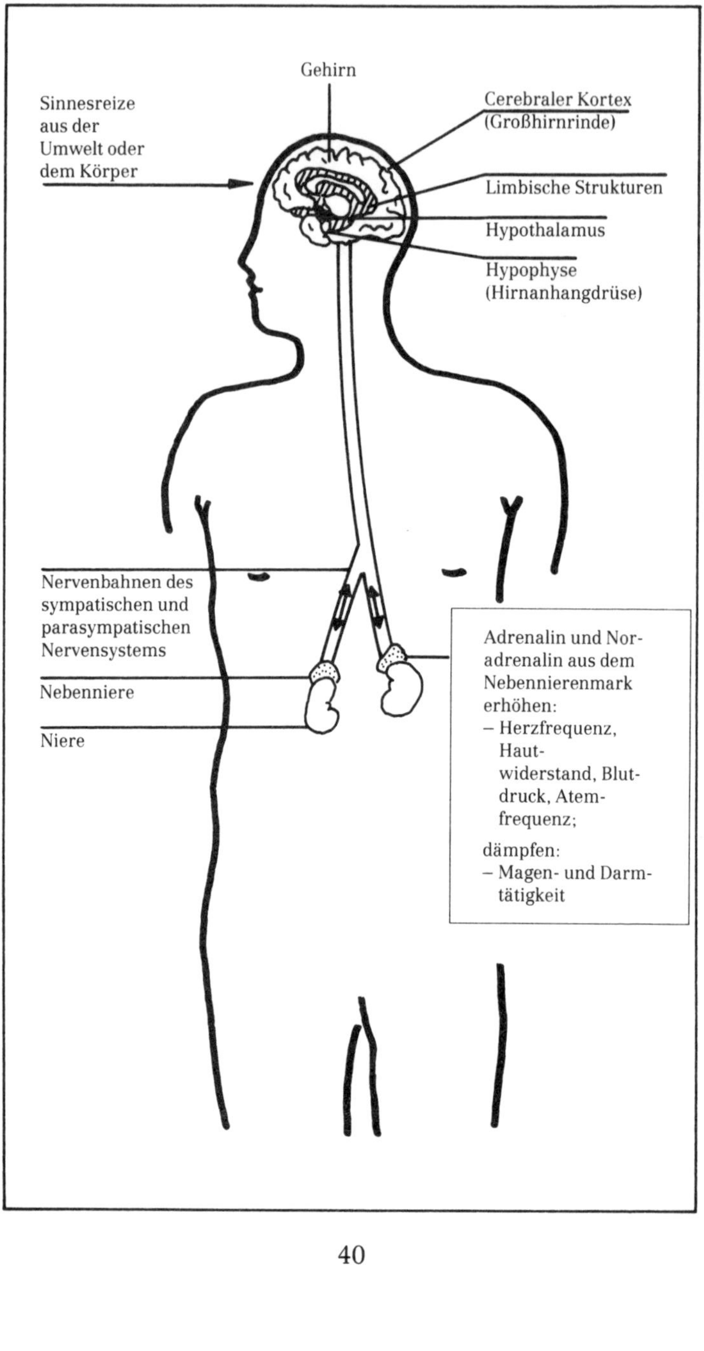

gramm ab und setzt es in Gang. Hat nun der Hypothalamus von den limbischen Strukturen die Programmwahl »Alarm« oder »Abwehr von Bedrohung« erhalten, so zieht er das Programm wie ein Computer aus seinem Archiv und sendet seine Befehle aus: Sie betreffen beim Programm »Alarm« und »Abwehr« besonders die Nebennieren und die Hirnanhangdrüse (Hypophyse). Ziel dabei ist, die Körperkräfte des Menschen zu aktivieren, damit er sich gegen die drohende Gefahr wehren kann.

So befiehlt der Hypothalamus den Nebennieren, genauer dem Nebennierenmark, die Hormone Adrenalin und Noradrenalin auszuschütten.

Beide sorgen zwar dafür, daß der Körper seine Kräfte aktiviert, haben aber dabei verschiedene Aufgaben: Adrenalin sorgt insbesondere für die Erhöhung der Muskeldurchblutung und -spannung, Steigerung des Blutdrucks und Beschleunigung der Atmung. Noradrenalin kontrolliert und reguliert diese Aktivierung und sorgt auch dafür, daß der Körper ansonsten nicht unnötig Energie verbraucht. Dazu dämpft es zum Beispiel die Magen-Darm-Tätigkeit.

Außerdem sorgen Adrenalin und Noradrenalin dafür, daß der aktivierten Muskulatur ausreichend Nahrung, das heißt Brennstoffe wie Fette und Zucker zur Verfügung gestellt werden. Und nicht zuletzt melden sie dem Hypothalamus zurück, wenn bestimmte Energiespeicher leer sind und wieder aufgefüllt werden müssen. Dazu läßt der Hypothalamus wiederum andere Hormone ausschütten.

Aber nicht nur die Nebennieren erhalten Befehle vom Hypothalamus. Auch die Hirnanhangdrüse bekommt Aufgaben zugewiesen: Sie muß bestimmte Hormone ausschütten, zum Beispiel das ACTH, das die Nebennierenrinde zur Ausschüttung des Hormons Kortisol veranlaßt. Kortisol dient dazu, bei großem Adrenalinbedarf im Nebennierenmark Noradrenalin in Adrenalin umzuwandeln.

All diese Prozesse laufen in Sekunden, ja in Sekundenbruchteilen ab. Jeder von uns kennt den Begriff der »Schrecksekunde«. Das ist genau die kurze Zeitspanne, die das Gehirn benötigt, die Gefahr zu identifizieren und die Körperkräfte zur Abwehr zu aktivieren. Grundsätzlich hat der Mensch bei Gefahr zwei Möglichkeiten: Angriff oder Flucht. Welche von beiden er wählt, hängt von vielen Faktoren ab, unter anderen von der Art und Stärke der Bedrohung, seiner Erfahrung mit derartigen Gefahren, seiner körperlichen und seelischen Verfassung und seiner Erziehung. Wir wollen hier jedoch nicht im einzelnen darauf eingehen, sondern nur skizzieren, welche biochemischen und neurophysiologischen Prozesse bei der Angstentstehung und Angstabwehr beteiligt sind.

Inwiefern diese Prozesse störungsanfällig sind und einen Fehlalarm, das heißt übersteigerte Angst bzw. Angstsymptome ohne tatsächliche Bedrohung, auslösen können, damit beschäftigen sich ebenfalls viele neurobiologisch orientierte Angstforscher. (Ihre Theorien und Forschungsergebnisse werden ab Seite 73, im Kapitel: Ursachen der Angst dargestellt.)

Panikstörung und Depression

Viele Patienten, die unter Panikattacken und Agoraphobie leiden, klagen auch über Depressionen oder depressive Phasen. Das führte zunächst zu großer Verwirrung in der Angstforschung. So meinten die einen Wissenschaftler, Panikattacken, Agoraphobie und Depressionen gehörten zusammen, Angstanfälle und Platzangst seien nur Symptome der Depression. Dagegen vertraten andere Wissenschaftler die Ansicht, Panikstörung und Depression seien zwei grundsätzlich verschiedene Krankheitsbilder, die aber möglicherweise eine gemeinsame zentralnervöse und biochemische Ausgangsbasis haben.

Diese Sichtweise hat sich inzwischen in der Angstforschung weitgehend durchgesetzt. Ihre Vertreter konnten auf vielfältige Untersuchungen verweisen, wonach zwischen depressiven Patienten und Patienten mit einer Panikstörung wesentliche Unterschiede bestehen: So leiden Panikpatienten zumindest zu Beginn ihrer Erkrankung nicht ständig an einer depressiven, mutlosen Stimmung, Interesselosigkeit, Antriebsschwäche und Freudlosigkeit. Auch Schlafstörungen, Appetitmangel und Gewichtsverlust, ständige Konzentrationsschwierigkeiten, das typische »Morgentief« sowie Schuldgefühle und Selbstmordgedanken wurden bei Patienten mit einer erst kurz andauernden Panikstörung gar nicht oder nur selten beobachtet.

Allerdings treten beide Störungen häufig gemeinsam auf. Etwa 30 Prozent der Patienten mit einer Panikstörung, das heißt jeder dritte, leiden auch an einer akuten Depression bzw. haben in früheren Jahren eine Depression durchgemacht, erläutert die Neurologin Hartl. Manche Forscher geben noch höhere Prozentsätze bis zu 60 Prozent an. Diese Zahlen sind jedoch nur eingeschränkt aussagekräftig, da oft nicht feststellbar ist, welche Störung zuerst auftrat. Das wäre aber insofern wichtig, als die Depression durchaus auch die Folge des durch Panikattacken und Agoraphobie eingeschränkten Lebensbereiches und Lebensfreude sein könnte.

Ärzte und Patienten berichten immer wieder übereinstimmend, daß sich besonders Patienten mit einer schon länger bestehenden Agoraphobie sehr schnell entmutigen lassen. Dadurch könnte sich ein Teufelskreis aus Panikattacken, Agoraphobie und Depression ergeben: Panikattacken führen zu Platzangst, Platzangst zu Isolation, Ausbruchsversuche enden mit erneuten Panikattacken, die Betroffenen verlieren den Mut, fühlen sich als Versager und entwickeln eine Depression. Am Ende kann dann die Depression sogar die Panikstörung überdecken.

Allerdings ist dieser Prozeß auch umgekehrt denkbar, daß zuerst eine Depression auftrat und sich Panikattacken und Agoraphobie erst als Folge mißlungener Bewältigungsversuche einstellten. In diesem Falle würde der Teufelskreis mit der Depression beginnen: Sie führt zu Mutlosigkeit, Ausbruchsversuche enden mit Panikattacken, daraus entwickelt sich eine Agoraphobie, diese vergrößert die Isolation. Die Depression wird entweder verstärkt oder die Panikstörung überdeckt sogar die Depression.

Beides sind jedoch nur theoretische Modelle, in der Praxis sind Panikstörung und Depression oft zunächst nur sehr schwer voneinander abzugrenzen. Das besonders deswegen, weil sich viele Patienten nicht genau daran erinnern können, wann die ersten Panikattacken auftraten. Und das hat wiederum auch damit zu tun, daß es die Begriffe Panikattacke und Panikstörung erst seit wenigen Jahren gibt und sie bislang nicht einmal überall Eingang in die medizinische und psychologische Literatur gefunden haben – von der Praxis ganz zu schweigen. Der Begriff der Depression dagegen ist jedem Experten und jedem Laien geläufig.

Als Faustregel für die Praxis gilt trotz all dieser Schwierigkeiten: Auf die Reihenfolge kommt es an. Traten zuerst Panikattacken auf, und entwickelten sich die depressiven Verstimmungszustände erst infolge einer ängstlichen Erwartungshaltung und phobischem Vermeidungsverhalten, dann deutet dies auf eine Panikstörung hin. Litten die Patienten dagegen zuerst an Schuldgefühlen, Schlaf- und Interesselosigkeit, Appetitmangel und Gewichtsverlust, Antriebs- und Konzentrationsschwäche, und traten die Panikattacken erst später auf, dann sollte von einer Depression ausgegangen werden.

Sind beide Störungen nicht voneinander abzugrenzen, so sollten beide Diagnosen gestellt werden, also Panikstörung und Depression. Die Behandlung muß dann jedoch auf jeden einzelnen Patienten abgestimmt werden, allgemeinverbindliche Hinweise gibt es dazu nicht. Es hat sich bei vielen Patienten gezeigt, daß in dem Maße, wie die Panikattacken und die Agoraphobie etwa durch eine Verhaltenstherapie gelindert wurden und schließlich verschwanden, auch die Depression verschwand. Leider gilt das aber nicht für alle Patienten.

Wie viele Menschen leiden an Panikattacken und Agoraphobie?

Auch auf diese Frage fehlt derzeit eine genaue Antwort. Das liegt zum einen daran, daß Panikstörungen eben erst seit Anfang der achtziger Jahre im Mittelpunkt des wissenschaftlichen Interesses stehen und deshalb auch vorher keine Zahlen erhoben wurden. Zum anderen verloren die wenigen bis 1987 vorgelegten Zahlen durch die Änderung der DSM-III-Klassifikation ihre Gültigkeit. Sie müssen durch neue Studien überprüft und bestätigt werden. Erste neuere Untersuchungen zeigen jedoch, daß möglicherweise wesentlich mehr Menschen an Panikattacken und Agoraphobie leiden, als bisher angenommen, auch wenn die Beschwerden nicht immer ein behandlungsbedürftiges Ausmaß erreichen.

Das zeigen auch die Daten der sogenannten »Münchner Follow-up-Studie« des Max-Planck-Instituts für Psychiatrie. Diese repräsentative Studie dauert zwar noch an, ein Zwischenergebnis liegt jedoch seit 1988 vor. Danach haben 9,3 Prozent der Bevölkerung, das heißt jeder zehnte Bundesbürger, in seinem Leben schon einmal eine Panikattacke erlebt. Die Verteilung zwischen den Geschlechtern ist dabei zwar deutlich, aber nicht außerordentlich verschieden: 11,1 Prozent aller Bundesbürgerinnen und 7,1 Prozent aller Bundesbürger wissen aus Erfahrung, was eine Panikattacke ist. Unter einer Panikstörung im Sinne der DSM-III-R-Klassifikation (drei Panikattacken in drei Wochen) litten der Studie zufolge jedoch nur 4,3 Prozent der Bundesbürger. Hier ist das Verhältnis zwischen den Männern und Frauen mit 1:2 stark unterschiedlich. Bezogen auf eine Einwohnerzahl von knapp 81 Millionen Menschen bedeuten diese Zahlenangaben: Etwa 3,5 Millionen Bundesbürger leiden irgendwann einmal in ihrem Leben an einer Panikstörung. Inwiefern diese Störungen auch behandlungsbedürftig sind, dazu gibt es derzeit keine Angaben.

Allerdings handelt es sich, wie gesagt, um ein vorläufiges Zwischenergebnis, auch wenn vergleichbare Studien in anderen Ländern zu fast identischen Zahlen kommen. Genauere und vor allem verläßliche Angaben werden erst aus der Fortschreibung der Studie in den nächsten Jahren erwartet. Eines jedoch läßt sich mit Sicherheit sagen: Ängste sind eine der häufigsten seelischen Beschwerden. Das beweisen nicht nur die Zahlen, wonach etwa 30 Prozent aller Patienten beim Allgemeinarzt über seelische Probleme und Angst klagen. Auch die Menge der jährlich verordneten Psychopharmaka, insbesondere der Beruhigungsmittel, spricht eine deutliche Sprache (siehe S. 144, Kapitel: Therapien).

URSACHEN
DER
ANGST

Angst ist eine Botschafterin

Übersteigerte Angst kommt wie jedes andere Krankheitssymptom immer dann zustande, wenn der Mensch aus seinem seelischen und/oder seinem körperlichen Gleichgewicht geraten ist. Während bei den seelischen Gleichgewichtsstörungen die bewußten und unbewußten Abläufe nicht in Einklang stehen, verweigern beim körperlichen Ungleichgewicht ein oder mehrere Organe (Organsysteme) teilweise oder vollständig ihren Dienst. Tritt also Angst auf, bedeutet das zunächst einmal nichts anderes, als daß irgend etwas nicht in Ordnung, nicht im Gleichgewicht ist. Angst hat also die Funktion einer Botschafterin. Aber welche Botschaft will sie überbringen? Dazu gibt es eine fast unüberschaubare Zahl von Theorien, sogenannte Angsttheorien.

Diese Angsttheorien lassen sich grob vereinfacht in zwei große Gruppen einteilen: erstens die psychologischen, die sich mit den seelischen Gleichgewichtsstörungen befassen; zweitens die biologischen oder organischen, die Angst als Botschafterin rein körperlicher Gleichgewichtsstörungen betrachten. Keiner dieser Ansätze, das sei hier vorweggenommen, kann aber alleine die Entstehung von übersteigerter Angst zufriedenstellend erklären.

Viele Theorien – aber keine eindeutige Erklärung

Diese Erfahrung machte auch schon Sigmund Freud, der 1895 die erste umfassende Angsttheorie im deutschsprachigen Raum entwickelte. Zwar legte Freud den Schwerpunkt auf die unbewußten seelischen Ursachen von Angstanfällen. Er mußte jedoch feststellen, daß bestimmte Ängste mit seiner Theorie nicht zu erklären waren. Aus diesem Dilemma rettete er sich mit der Vorstellung, daß es auch angeborene körperliche Störungen geben müsse. Zwar gab Freud diesen Erklärungsansatz später zugunsten einer rein psychologischen Theorie wieder auf. Die beiden Gegenpole – seelisch kontra körperlich – in den Theorien zur Angstentstehung waren damit jedoch erstmals umrissen.

Ein kurzer Überblick über die Geschichte der Angsttheorien zeigt, daß ihre Schwerpunkte beständig wechselten. Zunächst dominierte die psychologische Sichtweise, wonach seelische Störungen körperliche Beschwerden hervorrufen, aber nicht die Organe selbst schädigen (funktionelle Störungen). Die Weiterentwicklung dieser Theorien führte dann in den dreißiger Jahren dieses Jahrhunderts zur psychosomatischen Sichtweise der Angst: Sie besagt, daß seelische Faktoren nicht nur die Funktionen der Organe durcheinanderbringen und dadurch Beschwerden verursachen, sondern auch die Organe selbst auf längere Sicht schädigen.

Mit der Entdeckung angstlösender Medikamente in den fünfziger Jahren verloren die psychologischen Erklärungen an Bedeutung. Von nun an konzentrierte sich die Medizin darauf, Angstzustände exakt zu beschreiben und die damit verbundenen Beschwerden zu erfassen. Das war notwendig, um festzustellen, welche Patienten für die Behandlung mit den angstlösenden Medikamenten in Frage kamen.

In den sechziger und siebziger Jahren traten die psychologischen Theorien in der Medizin vollends in den Hintergrund. Die Wissenschaft verlegte sich darauf, biochemische Abläufe und ihre Störungen vor allem im Zentralen Nervensystem zu erforschen. Gesucht wurde sozusagen nach dem Schaltfehler im Gehirn, der die Angst verursachte. Die Ergebnisse dieser Forschungen führten, wie bereits erwähnt, 1980 in den USA zur Neueinteilung der Angststörungen in der DSM-III-Klassifikation.

Die Ansicht, daß übersteigerte, krankhafte Angst nur durch Störungen des körperlichen Gleichgewichts zustande kommt, blieb jedoch nicht lange unwidersprochen. Sowohl Vertreter der psychoanalytischen als auch der lerntheoretischen Ansätze kritisierten die Lehre von den ausschließlich biochemischen Ursachen als zu platt und eindimensional. Auch zeigte es sich, daß die Ergebnisse der biochemischen Forschung so eindeutig gar nicht waren.

Inzwischen rücken mehrdimensionale Erklärungsansätze langsam in den Vordergrund. Daher scheint die Hoffnung berechtigt, daß die Angstforschung der neunziger Jahre tatsächlich Vertreter aller verschiedenen Forschungsrichtungen, von der Psychologie über die Psychiatrie und Neurologie bis zur Biochemie an einem Tisch versammeln wird. Denn, so schrieb schon 1983 der Angstforscher Detlev Ploog*: »Ohne Kenntnis der komplexen Zusammenhänge zwischen der neurobiologischen Ausstattung des Menschen und seiner jeweiligen Lern- und Lebensgeschichte bleiben die individuellen Phänomene der Angst dem Zugang verschlossen.« Vereinfacht formuliert bedeutet das: Jeder Mensch ist anders und reagiert anders.

Auf den folgenden Seiten werden zunächst die bekanntesten psychologischen und organischen Erklärungsansätze dargestellt. Dabei wird sich zeigen, daß kaum ein Ansatz wirklich »rein« ist, fast alle greifen auf andere Modelle zurück. Angesichts der unüberschaubaren Zahl von Theorien (ein Forscher = eine neue Theorie) werden nur die Grundzüge der Ansätze erläutert. Im Anschluß daran folgt ein sogenanntes integriertes psychobiologisches Modell, das alle Ansätze in sich vereint und nach Ansicht vieler Experten als zukunftsweisend gilt.

* Detlev Ploog, Geleitwort zu: Strian, Friedrich (Hg): *Angst. Grundlagen und Klinik*, Berlin 1983.

Psychologische Erklärungen der Angst oder: Angst hat seelische Ursachen

Die zahlreichen psychologischen Modelle zur Erklärung krankhafter Ängste haben eine Gemeinsamkeit: Sie gehen alle davon aus, daß übersteigerte Ängste seelische Ursachen haben und nicht etwa organische. Damit scheiden sich dann aber auch schon die Geister. Während die große Gruppe der psychodynamischen oder psychoanalytischen Modelle die Verdrängung schmerzhafter oder unangenehmer Gedanken und Erfahrungen als Ursache für übersteigerte Angst ansieht, geht die Lern- und Verhaltenstheorie davon aus, daß übersteigerte Ängste erlernt sind. Dazwischen stehen die Modelle der Humanistischen und der Transpersonalen Psychologie. Sie erklären übersteigerte Angst zwar auch mit Verdrängungs- und Lernprozessen, gehen aber über die Persönlichkeit des einzelnen hinaus und beziehen weltanschauliche sowie spirituelle Einflüsse mit ein.

Psychodynamische Modelle

Die psychodynamischen (früher: psychoanalytischen) Modelle gehen alle auf die umfangreichen Arbeiten Sigmund Freuds zurück. Der berühmte Wiener Neurologe und Psychiater ist der Begründer der Psychoanalyse. Obwohl seine Theorie über seelische Vorgänge und Erkrankungen in den vergangenen Jahrzehnten mehrfach weiterentwickelt wurde, blieb ihr Grundgerüst weitgehend unverändert.

Übersteigerte Angst, so die zentrale Aussage der klassischen und der modernen psychodynamischen Theorien, wird durch Verdrängung unangenehmer und/oder unakzeptabler Wünsche, Gefühle und Erfahrungen in den unbewußten Teil unseres Gedächtnisses verursacht. Ziel der psychodynamischen Theorie ist es, herauszufinden, was im allgemeinen vorzugsweise verdrängt wird. Die aus der Theorie abgeleitete psychoanalytische Therapie kümmert sich dagegen um die individuell verdrängten Inhalte.

Der Vater der Psychoanalyse: Sigmund Freud

Bereits 1895 hatte Freud seine erste Angsttheorie vorgelegt. Wie auch in seinen späteren Modellen – Freud arbeitete mehr als vierzig Jahre an dem Thema Angst – steht schon in diesem ersten Modell zur Erklärung krankhafter Angst die sexuelle Begierde (die Libido) im Mittelpunkt. Da Freud diesen ersten Ansatz jedoch einige Jahre später selbst zurückzog (er betrachtete ihn als erste Fingerübung zum Thema Angst), verzichten wir auf eine Darstellung und konzentrieren uns auf den zweiten Ansatz.

Realangst und neurotische Angst

In seinem neuen Modell, das er zwischen 1916 und 1933 schrittweise entwickelte, ordnete Freud zunächst die Begriffe. Er unterschied zwischen der normalen, der überlebensnotwendigen Angst und der unangemessenen, krankhaften Angst. Die erste bezeichnete er als Realangst, weil sie sich auf eine tatsächliche Bedrohung oder Gefahr bezieht. Sie ist zielgerichtet und führt zu zielgerichtetem Handeln: Angriff oder Flucht. Je konkreter die Gefahr, desto klarer die Reaktionen. Undurchschaubare, unklare Gefahr vermindert nach Freud dagegen die Fähigkeit des Menschen, klare Entscheidungen zur Abwehr der Gefahr zu treffen. Der Mensch weiß nicht mehr, woran er ist, wie er sich wehren soll. Er fühlt sich hilflos und ausgeliefert. Und genau das macht ihm jetzt Angst. Für Freud steckt in dieser Form der Angst der Keim für übersteigerte, krankhafte Angst. Die Psychoanalyse nennt sie »neurotische« Angst.

Hilflosigkeit verursacht Angst und Verdrängung

Freud geht davon aus, daß schmerzhafte oder unakzeptable libidinöse und sexuelle Vorstellungen und Erfahrungen neurotische Angst verursachen: Die schmerzhaften oder nicht akzeptablen Gedanken bedrohen den Menschen. Sie stellen für ihn eine undurchschaubare Gefahr dar, gegen die er kein Mittel weiß. Er fühlt sich unsicher und ängstlich. Um diesen unangenehmen Zustand zu mildern, versucht der Mensch, die gefährlichen Gedanken wegzuwischen, sie zu vergessen. Aber das funktioniert nur teilweise: Der Mensch kann sie zwar aus seinem Bewußtsein verdrängen, im unbewußten Teil seines Gedächtnisses leben sie aber weiter.

Gelingt die Verdrängung nicht oder bricht sie wieder zusammen, erlebt der Mensch heftige Angst. Sie beruht wiederum auf dem starken Gefühl der Hilflosigkeit, der Mensch weiß sich wieder nicht zu wehren. Angstanfälle, wie sie jeder Panikpatient kennt, sind die Folge.

Krankhafte Angst sucht sich unverfängliche Objekte

Freud hatte bei seinen Patienten beobachtet, daß die Angstanfälle meist zu einem Zeitpunkt und in einer Umgebung auftraten, die mit dem ursprünglichen Angstanlaß scheinbar gar nichts mehr zu tun hatten. Er nahm daher an, daß sich die Angst an ein unverfängliches Objekt heftet, sie verbirgt sich hinter einer Maske. Von da an meidet der Mensch den plötzlich unerklärlicherweise angstbesetzten Gegenstand oder die angstbesetzte Situation, er entwickelt phobisches Verhalten. Tatsächlich meidet er aber die Konfrontation mit den verdrängten Wünschen und Gedanken, die inzwischen aber schon so weit verdrängt sind, daß sie ohne therapeutische Hilfe nicht mehr aufzudecken sind. Als Beispiel für eine solche Angstverschiebung nennt Freud die Agoraphobie, hier im ursprünglichen Sinne verstanden als Angst vor der Öffentlichkeit und Menschenansammlungen. Grund für eine solche Phobie, so Freud, könnte der verdrängte, weil moralisch nicht akzeptable Wunsch des Patienten sein, sich zu prostituieren. (Prostitution meint hier nicht Käuflichkeit, sondern die Zurschaustellung der eigenen Sexualität in der Öffentlichkeit zum Beispiel durch betonende Kleidung.)

Verdrängung beginnt schon in der Kindheit

Den Grundstein für das Reaktionsmuster der Verdrängung sieht Freud bereits in der Kindheit. Während der Geburt erlebt das Neugeborene erstmals eine lebensbedrohliche Situation. Es empfindet starke Hilflosigkeit und damit heftige Angst. Dabei besteht die Bedrohung nicht darin, daß es während der Geburt zu Komplikationen kommen könnte, vielmehr wird die Trennung von der Mutter durch die Geburt vom Kind als lebensbedrohlich empfunden.

Auch alle weiteren natürlichen Entwicklungsschritte in Richtung Selbständigkeit erlebt das Kind zunächst als angstmachend, denn sie stellen eine Gefahr für sein körperliches und seelisches Wohlbefinden dar: Die Abwesenheit der Mutter, der Verlust des Schutzes und der Geborgenheit lassen das Kind unerfüllte Bedürfnisse und damit Hilflosigkeit fühlen. Wird das Kind tatsächlich oft allein gelassen, entwickelt es eine ängstliche Grundhaltung. Es nimmt dann die Angst vorweg, bevor überhaupt etwas passiert, um sich zu schützen. Das Kind verdrängt seine Bedürfnisse, um nicht enttäuscht zu werden. Wird diese ängstliche Grundhaltung nicht durch Zuwendung überwunden, wird sich das Kind auch später als Erwachsener stets hilflos fühlen, die Auseinandersetzung scheuen und alle unangenehmen Dinge schleunigst verdrängen. Bis dann irgendwann die Verdrängungskapazität erschöpft ist und sich das Unbewußte in einem akuten Angstanfall, einer Panikattacke entlädt.

Die Neue Psychoanalyse

Obwohl Freuds Theorie Anfang dieses Jahrhunderts in der Psychologie eine Revolution auslöste, wurde ihr bald die einseitige Betonung von Libido und Sexualität vorgeworfen. Aus dieser Kritik entwickelte sich ab den dreißiger Jahren die sogenannte Neo-Psychoanalyse (Neue Psychoanalyse). Sie greift zwar das Freudsche Verdrängungskonzept auf, verzichtet aber auf die Betonung der Sexualität. Eine prominente Vertreterin dieser Neuen Psychoanalyse ist Karen Horney, eine in die USA ausgewanderte Schülerin Freuds.

Verdrängte Aggressionen machen Angst

Nach Ansicht Horneys entsteht Angst durch Gefühle und Gedanken, die die geltenden kulturellen und gesellschaftlichen Normen verletzen. Das sind in erster Linie feindselige, aggressive Regungen. Sobald beispielsweise ein Mensch feindselige Gefühle gegen eine ihm nahestehende Person empfindet, was ja nach den herrschenden Normen nicht sein darf, unterdrückt er sie automatisch aus Angst vor dem »Gesetzesbruch«.

Diese Unterdrückung ist aber – wie bei Freud – nicht perfekt. Die verdrängten feindseligen Gefühle und die damit verbundene Angst richten sich ebenfalls auf andere, unverfängliche Objekte, ohne daß es dem Menschen bewußt wäre. Diese Verschiebung erfolgt nach Ansicht Horneys, weil Angst vor unverfänglichen Objekten oder Situationen psychisch leichter zu ertragen ist. Gleichzeitig kann aber die verschobene Angst wiederum Feindseligkeit und Aggressionen hervorrufen, beispielsweise wenn der Partner die plötzliche unerklärliche Angst nicht ernstnimmt. Der Kreislauf aus Angst, phobischem Vermeiden und wiederum Angst findet ohne therapeutische Hilfe kein Ende mehr.

Ein Beispiel: die Messerphobie

In der psychoanalytischen Literatur wird immer wieder die Messerphobie als Beispiel für verdrängte Aggressionen beschrieben: Eine Frau, die gewisse Gewohnheiten ihres Partners stören, erleidet plötzlich angesichts eines Messers ihren ersten Panikanfall. In der Folge entwickelt sie eine Messerphobie, weil sie glaubt, ansonsten andere mit dem Messer verletzen zu müssen. Das Messer symbolisiert in der psychoanalytischen Interpretation die Aggressionen der Frau gegen ihren Partner. Da sie diese aber aufgrund ihrer Angst, die ungeschriebenen Gesetze der Gesellschaft zu verletzen, nicht auslebt, explodiert die Angst plötzlich im Anblick des Messers. Die Folge ist Vermeidungsverhalten. Wie sie die Auseinandersetzung mit ihrem Partner vermeidet, meidet die Frau auch künftig scharfe Gegenstände.

Dieses Beispiel zeigt überdeutlich die Beziehungen zwischen zugrundeliegenden Aggressionen und der Übertragung der Angst auf einen scheinbar unverfänglichen Gegenstand. In der

Regel ist aber dieser Zusammenhang nicht so klar und symbolträchtig wie bei der Messerphobie. Im Gegenteil, meist verkleidet sich die Angst so perfekt, daß es ausgesprochen schwierig ist, ihre Ursachen aufzudecken.

Erziehung prägt ängstliche Grundhaltungen

Ebenso wie Freud sehen auch seine Nachfolger den Grundstein für ängstliches Verhalten und die Neigung zu unangemessener Angst bereits in der Kindheit gelegt. Während Freud jedoch nur die entwicklungsbedingten Trennungsängste gelten ließ, sehen die Vertreter der modernen Psychoanalyse auch erziehungsbedingte Ängste. Sie gehen davon aus, daß Kinder ein bestimmtes Maß an Sicherheit, Wärme, Geborgenheit, aber auch Freiheit brauchen, um sich gesund entwickeln zu können. Fehlen diese Bedingungen, dann besteht die Gefahr, daß sich das Kind nicht im Gleichgewicht mit seinen Fähigkeiten und Bedürfnissen entwickelt, es verkümmert seelisch.

Den Hauptgrund für Angst im Kleinkindalter sieht beispielsweise Karen Horney in fehlender Geborgenheit, Wärme und Liebe. Sind die Eltern unberechenbar, gereizt und erteilen fortwährend Verbote, dann reagiert das Kind über kurz oder lang mit Feindseligkeit. Es kann sich nicht mehr auf seine Eltern verlassen, es fühlt sich eingeschränkt. Die gleiche Reaktion kann übrigens auch bei überfürsorglichen Eltern entstehen. Diese feindselige Haltung muß das Kind jedoch unterdrücken und zwar aus mehreren Gründen: Erstens aus Hilflosigkeit, denn es ist ja auf seine Eltern angewiesen. Zweitens aus Furcht, denn auf aggressives Verhalten folgt Bestrafung. Und drittens aus Schuldgefühlen, denn man darf ja seine Eltern nicht hassen.

Aus der Unterdrückung der gegen die Eltern gerichteten Aggressionen entsteht langfristig ein Gefühl, das Horney als Grundangst bezeichnet: Das Kind empfindet große Unsicherheit, Einsamkeit, Hilflosigkeit und Furcht vor einer feindlichen Welt. Gleichzeitig versucht es aber, sich vor dieser Welt zu schützen, ihr zu entkommen. Dazu hat es drei Möglichkeiten: Es wendet sich anderen Menschen zu (Hilfesuche), es wendet sich gegen die Menschen (Feindseligkeit) oder es wendet sich ganz von den Menschen ab (Isolation).

Je nachdem welche Möglichkeit die Oberhand gewinnt, wird die Persönlichkeit des Kindes geprägt. Entsprechend dieser Persönlichkeit entwickelt das Kind dann bestimmte übersteigerte Bedürfnisse, man könnte auch sagen Techniken, um mit dem Leben fertig zu werden, seine Grundangst im Zaum zu halten. Diese übersteigerten Bedürfnisse nennt Horney »neurotische Tendenzen«. Sie sind weitgehend unbewußt. Werden diese Bedürfnisse erfüllt, empfindet das Kind Sicherheit. Geschieht das nicht, empfindet es erneut Angst. Ändern sich die Lebensbedingungen des Kindes nicht, so verfestigt sich seine Grundangst zusammen mit seinen individuellen neurotischen Tendenzen. Sie prägen dann auch im Erwachsenenalter die Persönlichkeit.

Horney fand insgesamt zehn verschiedene neurotische Tendenzen, die bestimmte Ausprägungen der Grundangst verbergen. Beispielsweise steckt hinter dem übersteigerten Bedürfnis nach Perfektion und Stärke die Angst vor Fehlern, Kritik und Vorwürfen. Hinter dem übersteigerten Bedürfnis nach Selbständigkeit und Unabhängigkeit steckt die Angst vor Bindung und Liebe. Hinter dem übersteigerten Bedürfnis nach einem beschützenden Partner steckt die Angst vor Einsamkeit und Verlassenwerden.

Alle diese neurotischen Tendenzen bergen in sich schon eine Gefahr für das seelische Gleichgewicht des Menschen. Kann der Erwachsene seine neurotischen Bedürfnisse befriedigen, bleibt das Gleichgewicht bestehen. Erlebt er dagegen Enttäuschungen seiner Bedürfnisse, dann kann das Gleichgewicht zusammenbrechen. Die Angst gewinnt dann die Oberhand. In welcher Form sie sich äußert und mit welchen Symptomen, hängt dann von der Lebensgeschichte des Betroffenen ab. Grundsätzlich sind aber alle drei Angstformen möglich: Panikattacken, generalisierte Angst und/oder Phobien. Zur Aufdeckung und Lösung des Grundkonfliktes braucht es nach Ansicht der Neo-Psychoanalyse ebenfalls therapeutische Unterstützung.

Hemmung der Persönlichkeitsentwicklung verursacht Angst

Ein wesentlich konkreteres Modell zur Erklärung akuter Angstanfälle hat der Psychoanalytiker Harald Schulz-Hencke in den vierziger Jahren vorgelegt. Er geht kurzgefaßt davon aus, daß die Unterdrückung bestimmter angeborener Persönlichkeitsmerkmale in der Kindheit Angst verursacht. Zu diesen Merkmalen gehören drei Grundbedürfnisse: Besitzstreben, Geltungsstreben und Liebesstreben. Alle drei bestehen wiederum aus zwei gegensätzlichen Impulsen: einem aktiven nach außen gerichteten Impuls (Habenwollen) und einem passiven, nach innen gerichteten Impuls (Behaltenwollen).

Wird nun eine Seite dieses Gegensatzes durch die Erziehung während der ersten fünf Lebensjahre eines Kindes überbetont, bedeutet das eine Hemmung des anderen. Das Kind wird diese Hemmung aber mit der Zeit bemerken. Auf diese Entdeckung reagiert es mit Furcht- und Schuldgefühlen. Denn es fühlt sich einerseits hilflos und ängstigt sich vor neuen Anforderungen, die es wegen seiner Hemmung nicht bewältigen kann. Andererseits entwickelt es Schuldgefühle, weil es nicht so ist, wie offenbar von ihm erwartet wird. Daraus entstehen vorübergehend Angstanfälle. Aus den akuten Angstanfällen entwickelt sich dann ziemlich schnell durch Verdrängung ein Angstreflex, der unbewußt bleibt. Dadurch wird die Persönlichkeitsentwicklung in einer bestimmten Hinsicht nahezu völlig blockiert. Die Hemmung, wie Schulz-Hencke diesen Vorgang nennt, ist geprägt.

Allerdings ist auch sie nicht perfekt. Der gehemmte Mensch gerät immer wieder in seinem Leben in Situationen, in denen er mit seinen ursprünglichen Impulsen konfrontiert wird. Schulz-Hencke bezeichnet diese Situationen als Versuchungs- oder Versagungssituationen. Sobald der Mensch diesem Impuls am liebsten nachgeben würde, entsteht Angst, die binnen kürzester Zeit in einem akuten Angst- oder Panikanfall mündet.

Schulz-Hencke beschreibt als Beispiel den Fall einer etwa 30jährigen Patientin, die wegen heftiger Angstanfälle therapeutische Hilfe suchte. Auf den ersten Blick schien die Patientin ein ganz normales Leben zu führen. Es stellte sich jedoch recht schnell heraus, daß das nicht stimmte. Die Frau lebte hauptsächlich gegen ihre nach außen gerichteten Impulse. Sie verhielt sich passiv und versteckte ihre Meinungen und Ansichten. Über ihre Kindheit berichtete sie, sie habe aus einem Wechselbad aus Verwöhnung und harter autoritärer Erziehung bestanden. Diese Erziehung hatte augenscheinlich ihre nach außen gerichteten Impulse völlig gehemmt. Kam sie jedoch in eine Versuchungssituation, etwa wenn sie um ihre Meinung gebeten wurde, kam die Angst, die in einem Panikanfall endete.

Die Humanistische Psychologie

Noch einen Schritt weiter als der psychoanalytische Ansatz der gehemmten Persönlichkeitsentwicklung von Schulz-Hencke geht das Modell des amerikanischen Psychologen und Angstforschers Abraham A. Maslow. Er gilt zusammen mit dem Psychologen Carl R. Rogers als Begründer der »Humanistischen Psychologie«. Maslow bezieht zwar auch gesellschaftliche und kulturelle Gesetze in seine Erklärung der Angstentstehung mit ein. Er sieht die Patienten aber nicht nur als Opfer ihrer Lebensumstände, sondern auch als Verursacher, sozusagen als Täter.

Störungen der Grundbedürfnisse verursachen Angst

Maslow geht davon aus, daß jeder Mensch von Natur aus bestimmte Grundbedürfnisse hat. Diese bauen aufeinander auf, sie bilden eine Pyramide. Die Basis bildet das Grundbedürfnis nach Leben, wozu Nahrung, Wohnung und Schlaf gehören. Hier geht es um die materielle Existenzsicherung. In der nächsten Stufe kommen bereits seelische Bedürfnisse. Zuerst die nach Sicherheit und Geborgenheit, dann folgen die Grundbedürfnisse nach Zugehörigkeit und Zuneigung und schließlich die nach Achtung und Selbstachtung sowie Selbstverwirklichung. Dabei steht die Selbstverwirklichung an der Spitze der Pyramide.

Ist das Grundbedürfnis nach Leben gestört, bekommt der Mensch nackte Existenzangst. Bei Störungen der übrigen Bedürfnisse überlebt der Mensch zwar körperlich, fühlt sich aber nicht wohl und bekommt bei stärkeren Störungen Angst. Eine besonders große Bedeutung für die Entstehung von Angst sieht Maslow in Störungen der Selbstverwirklichung.

Selbstverwirklichung bedeutet, daß jeder Mensch grundsätzlich seine Fähigkeiten, Wünsche und Interessen verwirklichen, ausleben will. Und nicht nur das. Er möchte auch mehr wissen, als er bisher gelernt hat. Er ist eigentlich fürchterlich neugierig. Das kann man besonders gut bei Kindern beobachten. Sie stecken ihre Nase ungefragt überall hin. Allerdings birgt dieser Wissensdurst eine große Gefahr. Wer Neues lernt, der muß oft alte Einsichten als überholt oder falsch zu den Akten legen. Der wissensdurstige, neugierige Mensch läuft also »Gefahr«, eigene Fehler zu erkennen. Da aber der Mensch auch nach Selbstachtung strebt, müßte er seine Fehler beheben. Er müßte also handeln. Dabei droht aber schon der nächste Konflikt. Es könnte nämlich sein, daß der Mensch zwar gewillt ist, sich zu ändern, seine Umgebung das aber gar nicht gerne sieht. Damit entsteht ein Konflikt mit der Umgebung, etwa dem Partner, der Familie oder den Vorgesetzten und Kollegen.

Selbstaufgabe macht Angst

Um dem Konflikt mit seiner Umgebung zu entgehen, steckt der neugierige Mensch auf seinem Weg der Selbstverwirklichung zurück. Er bleibt stehen, lernt nicht mehr weiter und bleibt so, wie es seine Umgebung von ihm gewohnt ist und von ihm verlangt. Der Mensch verdrängt sein Bedürfnis nach Selbstverwirklichung und gibt sich damit zum Teil selbst auf. Damit gerät aber sein seelisches Gleichgewicht aus der Balance. Handelt es sich um einen anhaltenden Zustand, entsteht Angst. Sie kann sich – genauso wie nach den psychoanalytischen Modellen – als Panikanfall, generalisierte Angst und/oder Phobie zeigen.

Frauen leiden häufig am Cinderella-Komplex

Maslow fand auch eine Erklärung dafür, warum besonders Frauen an Angsterkrankungen leiden. Frauen, so sagt er, empfinden schlicht Angst davor, ihrer Neugierde auf Wissen zu frönen, weil dieses Verhalten auch in unserer modernen Gesellschaft als unweiblich gilt. Aber nicht nur das: Sie fürchten sich auch davor, Verantwortung für sich selbst zu übernehmen und verstecken sich hinter den gesellschaftlichen Normen. Tatsächlich aber leiden viele von ihnen am sogenannten Cinderella-

Komplex (deutsch: Aschenputtel-Komplex). Sie warten auf den Märchenprinzen, der sie erlöst und alles für sie tut. So begründen viele Frauen ihren Verzicht auf ein eigenständiges Engagement in Beruf und Freizeit mit Rücksicht auf ihren Partner und ihre Familie. Oder sie behaupten, sie seien nicht daran interessiert oder hätten keine Zeit. Je nach Lebenssituation der Frau führen die verdrängten Bedürfnisse nach Selbstverwirklichung und die Ängste davor irgendwann zur Explosion, beispielsweise zum Panikanfall.

Die Bezeichnung »Cinderella-Komplex« stammt übrigens von der amerikanischen Autorin Colette Dowling. Sie hatte selbst an heftigen Panikattacken und einer Agoraphobie gelitten. Diese Erfahrung nahm sie zum Anlaß, sich mit ihrem eigenen Leben und vor allem ihren Wünschen auseinanderzusetzen. Das Ergebnis war der 1981 erschienene Bestseller mit dem Titel: *»Der Cinderella-Komplex – die heimliche Angst der Frauen vor der Unabhängigkeit«*.

Die Transpersonale Psychologie

In seinen späteren Veröffentlichungen erweiterte Maslow sein Modell. Er nahm nun an, daß das Grundbedürfnis nach Selbstverwirklichung aus zwei Teilen besteht: Der erste, den wir bereits besprochen haben, ist eher intellektueller Natur. Er ist auf die Aneignung von Wissen für das praktische Leben ausgerichtet. Der zweite besteht aus philosophischen, spirituellen und mystischen Interessen. Er hat das Erkennen größerer Zusammenhänge zum Ziel.

Das klingt kompliziert, ist aber recht einfach: Dahinter steht der Gedanke, daß der Mensch mehr ist als seine individuelle Persönlichkeit. Er ist ein Teil eines weltumspannenden geistigen Prinzips. Nichts anderes meint auch die Transpersonale (über die individuelle Persönlichkeit hinausreichende) Psychologie, die wir hier allerdings nur kurz anreißen können. Sie ist ein recht neuer Zweig der modernen Psychologie, der derzeit noch um seine Anerkennung kämpft. Was aber hat sie mit Angst zu tun?

Angst entsteht nach Ansicht der Transpersonalen Psychologie durch die Trennung des einzelnen vom größeren Ganzen, von der »kosmischen Dimension«. Sie ist eine »Ur-Angst«. Daraus folgt, daß diese »Ur-Angst« ein Grundbestandteil der modernen westlichen Welt ist, die auf Beherrschen der Natur ausgerichtet ist und nicht auf Miteinander, Unterstützung und Kooperation.

Übersteigerte Angst ist für die Transpersonale Psychologie ein individuelles Persönlichkeitsdrama. Diese Sichtweise erinnert stark an östliche Lehren wie etwa den Zen-Buddhismus, der sagt: Die Ursache für alles Leiden ist das Festhalten an Dingen und Ideen. Genau das besagt auch die Transpersonale Psychologie, die eine Verbindung zwischen westlicher und östlicher Psychologie herstellen will: Der Mensch erlaubt sich den Luxus einer Krankheit, die ihn daran hindert, daß er sein Leben voll entfalten kann. Luxus deshalb, weil Krankheit bei vorhandenem Verbundenheitsgefühl mit der Natur, mit der kosmischen Dimension, gar nicht auftreten müßte.

Das klingt zwar auf den ersten Blick ziemlich hart und abwertend, ist aber nicht so gemeint. Vielmehr nimmt die Transpersonale Psychologie Krankheitssymptome sehr ernst, weist aber einen anderen Weg zur Bewältigung. Sie fragt nicht nur nach den individuellen Ursachen, so wie es die Psychoanalyse tut, indem sie die Lebensgeschichte des Patienten untersucht. Die Transpersonale Psychologie fragt die Patienten auch danach, welchen Beitrag sie selbst zu ihrer Angst geleistet haben. Sie fordert die Patienten auf, nach vorne zu blicken, sich selbst zu beobachten und sich ihrer Handlungen und Reaktionen bewußt zu werden. Die Patienten sollen lernen, ihre Persönlichkeit nicht mehr als eine Sammlung von persönlichen Dramen zu betrachten, die automatisch abgespult werden, wie es der amerikanische Psychiater Roger N. Walsh und die Psychologin Frances Vaughan formulieren. Sie sollen die Freiheit gewinnen, diese Dramen umzuarbeiten oder ganz aus dem Programm zu streichen.

Die Transpersonale Psychologie legt damit ihren Schwerpunkt nicht auf die Erklärung des Zustandekommens von seelischen Gleichgewichtsstörungen. Sondern sie nimmt die Gleichgewichtsstörungen zum Anlaß, die Patienten aufzufordern, sich ihrer selbst bewußt zu werden und ihre Wertvorstellungen zu überprüfen. Indem die Menschen ein höheres Bewußtsein erlangen und damit wieder das Gefühl der Verbundenheit mit der Natur spüren, was sie beispielsweise mit Hilfe östlicher Meditationstechniken erreichen können, können sie die Fesseln der Angst, die sie sich selbst auferlegt haben, abwerfen. Damit übernehmen sie Selbstverantwortung und stillen ihr Grundbedürfnis nach spiritueller und mystischer Selbstverwirklichung.

Kritik an den psychodynamischen Erklärungen

Die Kritik an diesen Ansätzen bezieht sich vor allem darauf, daß sie zwar das Entstehen von Ängsten erklären können, nicht aber, warum nun einige Patienten mit Panikanfällen reagieren, andere aber Phobien oder eine generalisierte Angst entwickeln. Dazu ist festzustellen, daß diese Frage gar nicht Gegenstand der Theorien ist. Die meisten wollen lediglich erklären, wie überhaupt übersteigerte Angst zustande kommt. Die Form, in der sie sich äußert, wird als eher nebensächlich und Ergebnis der individuellen Lebensgeschichte des Patienten gesehen. Daher gibt es übrigens auch kein psychoanalytisches Therapieprogramm für bestimmte Ängste.

Ein weiterer Kritikpunkt betrifft die wissenschaftliche Überprüfbarkeit der Hypothesen. Den Angstforschern wird vorgeworfen, sie könnten keinerlei empirische Belege für die Richtigkeit ihrer Erklärungsmodelle vorweisen. Daher lägen bei diesen Modellen Wissenschaft und Glaube sehr nah beieinander. Auch seien die verwendeten Begriffe oft unscharf und unklar. Gegen diese Angriffe verteidigen sich die Vertreter der drei Ansätze hauptsächlich mit dem Argument, die Angstentstehung sei an die individuellen Lebensbedingungen und -erfahrungen der Patienten gebunden. Daher könne man sie statistisch gar nicht vergleichen. Jeder geheilte Patient sei Beweis genug.

Von den Neurologen wird eingewendet, die psychodynamischen Modelle kümmerten sich nicht um die physiologischen Grundlagen und die Erkenntnisse der modernen Neurologie. Der Mensch sei nicht nur Seele, sondern – vor allem – auch Körper. Diese Kritik ist allerdings nur zum Teil berechtigt. Denn die neueren Ansätze geben zu, daß seelische Gleichgewichtsstörungen auch körperliche Symptome hervorrufen, die sich verselbständigen können (siehe S. 87).

Und nicht zuletzt kritisieren insbesondere die Lern- und Verhaltenstheoretiker, daß sich die Psychoanalyse und ihre Nachfolgemodelle in hochkomplizierten weltanschaulichen und spekulativen Modellen verstrickten und dabei das Naheliegende vergäßen: daß nämlich Ängste erlernbar seien.

Lern- und verhaltenstheoretische Modelle

Die lern- und verhaltenstheoretischen (behavioristischen) Ansätze stammen vor allem aus den USA, wo sie bereits in den fünfziger Jahren ziemlich verbreitet waren. In Europa wurde man erst in den sechziger Jahren auf sie aufmerksam. Vor allem der amerikanische Verhaltenspsychologe Burrhus Frederic Skinner war es, der der behavioristischen Theorie zu großer Popularität verhalf, indem er sie zur Grundlage seines Science-fiction-Romans »Futurum Zwei« (Walden Two) machte. Allerdings handelte es sich bei den Skinnerschen Ansätzen nur um die ersten »Gehversuche« des Behaviorismus. Mit der modernen Lern- und Verhaltenstheorie haben sie nur noch die Grundannahme gemeinsam.

Ängste und ängstliches Verhalten sind erlernt

Die Kernaussage der alten und der modernen Lern- und Verhaltenstheorie ist, daß fast jegliches menschliches Verhalten – und dazu gehört auch ängstliches Verhalten – erlernbar ist. Im Gegensatz zu der alten Theorie berücksichtigt die moderne Lern- und Verhaltenstheorie jedoch auch organische Besonderheiten des Individuums und seine Lebensgeschichte.

Sowohl berechtigte als auch unberechtigte Ängste werden nach beiden Theorien durch wiederholte Erfahrung mit bestimmten unangenehmen Situationen geprägt. Die Fachsprache bezeichnet diesen Vorgang als Konditionierung. Aus der konditionierten ängstlichen Erwartung resultiert dann Vermeidungsverhalten: Der ängstliche Mensch meidet künftig Situationen und Gegenstände, von denen er aufgrund seiner Erfahrung annimmt, daß sie ihm schaden könnten. Dieser Prozeß ist nicht mehr durch den Willen gesteuert, sondern läuft automatisch, unreflektiert ab. Er ist ebenfalls konditioniert. Solange es sich darum handelt, daß der Mensch tatsächlich gefährliche Situationen zu meiden lernt, wie etwa das Kind, das einmal und dann nie wieder auf eine heiße Herdplatte faßt, würde keiner von unberechtigten, von krankhaften Ängsten sprechen. Aber auch diese werden nach der Lern- und Verhaltenstheorie über denselben Mechanismus erlernt wie berechtigte Ängste.

Was diese Theorie aber besonders interessant macht, ist ihre Annahme, daß genauso wie es erlernt wird, Verhalten auch wieder gezielt verlernt werden kann. Eine bestimmte Konditionierung kann also gelöscht und durch eine andere ersetzt werden (siehe S. 190, Kapitel: Verhaltenstherapie).

Das berühmte Rattenexperiment

Wie funktioniert nun die Konditionierung von Angst im einzelnen? Um das zu erläutern, wird oft das berühmte und von vielen Forschern wiederholte Experiment mit der Ratte angeführt. Bei diesem Experiment lernte eine Ratte zunächst, einen Hebel zu drücken. Als Belohnung erhielt sie Futter. Nachdem sie diese Technik erlernt hatte (erste Konditionierung, Erwartung: Wohlbefinden durch Nahrungsaufnahme), wurde das Experiment verändert. Bei jedem Hebeldruck bekam nun die hungrige Ratte statt Futter einen leichten,aber schmerzhaften elektrischen Schlag, Nach jedem Schlag rannte sie zunächst aufgeregt, laut quietschend im Käfig herum. Binnen kurzer Zeit ließ sie dann den Hebel in Ruhe (Vermeidungsverhalten), da er ihr Angst signalisierte (zweite Konditionierung, Erwartung: Unwohlsein durch Schmerz).

Die Lern- und Verhaltenstheorie nimmt an, daß dieser Mechanismus beim Menschen ähnlich funktioniert. Allerdings sind es nur die Vertreter des Skinnerschen Ansatzes, die vom Lernverhalten der Ratte direkt auf das Lernverhalten des Menschen schließen. Die meisten modernen Verhaltensforscher halten Tierexperimente nicht für aussagekräftig. Denn der Mensch unterscheidet sich vom Tier vor allem dadurch, daß er denkt und eine eigene, insbesondere durch die Erziehung geprägte Lerngeschichte hat. Das zeigt das folgende Beispiel.

Überquert ein Mensch beispielsweise eine hohe Brücke und empfindet dabei plötzlich Schwindelgefühle, dann verbindet er zunächst die Brücke mit diesen Gefühlen. Sie signalisiert für ihn Gefahr und damit Angst. Im nächsten Schritt sucht der Mensch, diese Angst zu verringern, sie zu bewältigen. Dazu hat er grundsätzlich zwei Möglichkeiten: Angriff oder Flucht. Welche er wählt, hängt dabei stark von den Reaktionen seiner Umgebung ab. Belohnt sie Angriff, also Mut und Auseinandersetzung, wird er diese Möglichkeit wählen und wahrscheinlich feststellen, daß zwischen Brücke und Schwindel kein ursächlicher Zusammenhang besteht: Er war beim ersten Überqueren nur etwas unsicher. Die Angst wird gelöscht. Belohnt die Umgebung dagegen Vermeidung, wird der Mensch künftig Brücken ängstlich umgehen und annehmen, daß das Überqueren von Brücken tatsächlich Schwindelgefühle verursacht. In diesem Fall wird Angst konditioniert.

Die Erziehung kann ängstliches Verhalten fördern

Diesen starken Einfluß der Umgebung bestätigen auch immer wieder Verhaltenstherapeuten, die mit Kindern arbeiten. Wenn beispielsweise Eltern ihr Kind, das seine Umgebung erforscht, stets ängstlich zurückrufen mit den Worten »Vorsicht, Vorsicht, es könnte etwas passieren«, entwickelt das Kind schnell ängstliches Verhalten. Dasselbe gilt auch für den Fall, daß ein Kind in seinem Forschungsdrang an seine Grenzen stößt und plötzlich Angst empfindet. Wenn dann die Eltern überfürsorglich trösten, verbauen sie dem Kind den Weg, die Angst durch Auseinandersetzung zu bewältigen und zu löschen. Das Kind wird künftig unbekannte und daher angstmachende Situationen von selbst meiden, es wird die Angst vorwegnehmen. Das meint auch der Angstforscher Christian Klicpera*, wenn er schreibt: »Durch besonderes Eingehen und Zuwendung gerade dann, wenn Kinder Angst zeigen sowie dadurch, daß Mut und Selbstbehauptung ignoriert oder sogar bestraft werden, können Eltern dazu beitra-

* Christian Klicpera: *Psychologie der Angst*. In: *Angst, Grundlagen und Klinik*, (Hg) Friedrich Strian, Berlin 1983, S. 23.

gen, daß Kinder eine aktive Auseinandersetzung mit ihrer Umgebung aufgeben und sich ängstlich zurückziehen.« Und bei Eltern, die seine »kleinen Kinderängste« nicht ernst nehmen (»Stell dich nicht so an, da hat man doch keine Angst«), lernt das Kind auch noch, daß Angsthaben etwas Negatives ist. Und nicht zuletzt fand man, daß Kinder auch allein durch Beobachtungslernen, ängstliche Erwartungshaltungen und Verhaltensweisen ihrer Eltern oder Bezugspersonen übernehmen.

Aber nicht jedes Kind reagiert wie eben beschrieben. So können ängstliche, besorgte Eltern durchaus draufgängerische und furchtlose Kinder haben und umgekehrt. Könnte es daher sein, daß Menschen auch bei Ängsten eine unterschiedliche Lernbereitschaft zeigen, also unterschiedlich stark konditionierbar sind?

Introvertierte Menschen lernen schneller

Daß dem so ist, meinen zumindest die Angstforscher Hans Jürgen Eysenck und Stanley Rachman. Beide nehmen an, daß Menschen durch Vererbung und durch frühkindliche Einflüsse unterschiedliche Persönlichkeitsstrukturen entwickeln, nämlich entweder extrovertierte oder introvertierte. Extrovertierte Menschen seien eher optimistisch, gesellig, aktiv und impulsiv, introvertierte Menschen dagegen eher pessimistisch, ruhig, passiv, in sich gekehrt und leichter konditionierbar.

Als Begründung führen Eysenck und Rachman an, daß das Nervensystem introvertierter Menschen leichter und schneller erregbar sei und sie daher auch aufnahmefähiger seien als extrovertierte Menschen. Mit dieser Annahme verlassen beide Forscher allerdings die Ebene der reinen Lern- und Verhaltenstheorie und greifen Ansätze der biologischen Modelle auf.

Die kognitive Wende in der Lern- und Verhaltenstheorie

Da der Mensch aber nicht nur durch Erfahrung am eigenen Leib, sondern auch durch Denken (Kognition) lernt, wurden die Lern- und Verhaltenstheorien besonders in den siebziger Jahren durch sogenannte kognitive Modelle ergänzt und weiterentwikkelt. Daher spricht man inzwischen auch schon von der kognitiven Wende. Vor allem der amerikanische Psychologe und Lernforscher Albert Bandura, der die sozial-kognitive Richtung vertritt, leistete einen wesentlichen Beitrag zur modernen kognitiven Lerntheorie.

Bandura nimmt an, daß der Mensch einmal erlernte Verhaltensweisen auf andere Situationen gedanklich überträgt und erwartet, daß sie dort genauso erfolgreich funktionieren. Durch die wiederholte Erfahrung, daß dem so ist, entwickelt er Vertrauen in seine eigenen Fähigkeiten, auch unbekannte Situationen in den Griff zu bekommen. Angst entsteht nach Bandura erst, wenn das gewünschte Ergebnis nicht erreicht, wird, der Mensch Hilflosigkeit und Kontrollverlust erlebt. Nicht die Situation selbst, sondern die »Unfähigkeit«, die Situation zu bewältigen, wird als bedrohlich und damit angstauslösend erlebt.

Andere Lern- und Verhaltensforscher, die sogenannten Attributionsforscher, gehen noch weiter: Sie nehmen an, daß der Mensch die erfahrene Unfähigkeit als negative persönliche Eigenschaft (Attribut) bewertet, sich also selbst für das Mißlingen der Bewältigung einer Aufgabe oder Situation verantwortlich macht. Kommt das öfters vor, entwickelt der Mensch ein ausgeprägtes ängstliches Vermeidungsverhalten, um sein Selbstbewußtsein, sein Selbstwertgefühl zu schützen.

Auch dramatisierendes Denken macht Angst

Amerikanische Forscher haben zudem festgestellt, daß sich Panikpatienten schon vor ihrer ersten Panikattacke – und erst recht danach – künftige Situationen und Aufgaben in den düstersten Farben ausmalen. Sie programmieren eine negative Erwartung und damit dann auch tatsächlich die Katastrophe. Dieses »dramatisierende Denken« konditioniert also auch Angst, die dann zu Vermeidungsverhalten führt. Ein Teufelskreis.

So berichtet der Psychologe Aaron T. Beck von einem Jurastudenten, der kurz vor dem Examen stand. Obwohl der junge Mann als ein hoffnungsvolles Talent galt und ihm alle Lehrer eine glänzende Zukunft prophezeiten, plagten ihn große Sorgen: Er könne in der Prüfung versagen und sich damit vor seinen Professoren lächerlich machen. Je länger er darüber nachdachte und sich ausmalte, daß dann seine Lehrer enttäuscht, seine Karriere verpfuscht und er arbeitslos sein würde, desto schlimmer wurden seine Sorgen, bis er seinen ersten Panikanfall erlitt. Dieser Anfall und mehrere folgende bestätigten ihm, daß er unfähig sei, Belastungen zu ertragen und durchzustehen. Schließlich verließ der Student die Universität, ohne sich jemals überhaupt zur Prüfung angemeldet zu haben.

Dramatisierendes Denken bezieht sich aber nicht nur auf persönliche Eigenschaften wie Versagen, Unfähigkeit, mangelnde Belastbarkeit. Panikpatienten, das ergaben mehrere Studien aus den USA, sind auch sehr besorgt um ihr Schicksal und ihre Gesundheit: So glauben sie, daß sie grundsätzlich viel häufiger von Unglück heimgesucht werden als andere Menschen. Außerdem sind sie überzeugt, daß ihnen vor allem körperliches Unglück widerfahren wird.

Nun könnte man meinen, Panikpatienten seien »eingebildete Kranke« (Hypochonder). Doch das stimmt nicht. Denn Panikpatienten werten gesundheitliche Beschwerden als Anzeichen für die unmittelbar bevorstehende Katastrophe. Hypochonder dagegen sehen körperliche Symptome als Anzeichen und Bestätigung dafür, daß sie langfristig eine schwere Krankheit bekommen werden oder bereits haben.

Kleine Beschwerden – große Wirkung

Für den ersten Panikanfall genügen meist kleine Beschwerden: ein plötzliches Stolpern des Herzschlages, Kurzatmigkeit nach einem Spurt zur Straßenbahn, Magendrücken nach einer ausgiebigen Mahlzeit. Der künftige Panikpatient ist alarmiert. Ihm ist unheimlich. Aber anstatt sich die meist sehr naheliegenden Ursachen vor Augen zu halten, wertet er seine Symptome als untrügliches Zeichen dafür, daß nun die vorausgeahnte Katastrophe beginnt. Statt sich zu sagen: »Mein Herz stolpert, weil ich in letzter Zeit ziemlich viel gearbeitet habe«, sagt der Panikpatient: »Ich werde wie Onkel Wolfgang am Herzinfarkt sterben.« Und prompt beginnt der erste Anfall.

Der amerikanische Angstforscher Beck fand durch mehrere Untersuchungen heraus, daß Panikpatienten bei ihrem ersten Panikanfall ganz bestimmte körperliche Symptome mit ganz bestimmten Krankheiten verbinden und felsenfest überzeugt sind, jetzt daran zu erkranken oder gar daran zu sterben:

- Magendrücken, Brustschmerzen und Schwindel – Folge: Herzanfall/-infarkt
- Taubes Gefühl in den Gliedmaßen, Muskelschwäche, Frösteln und Zittern – Folge: Schlaganfall
- Einschränkung der mentalen Funktionen, zum Beispiel: Probleme einen Gegenstand mit den Augen zu fixieren, Einschränkung des Gesichtsfeldes, Gefühl der Unwirklichkeit – Folge: Gehirnblutung oder geistige Umnachtung
- Atemprobleme: Tod durch Ersticken.

Die kognitiven Modelle werden auch durch eine Untersuchung bestätigt, die die deutsche Psychologin Anke Ehlers von der Universität Marburg anstellte. Ehlers und Mitarbeiter spielten 25 Panikpatienten und 25 gesunden Kontrollpersonen zunächst den eigenen Pulsschlag per Lautsprecher vor. Danach erhöhten sie den Pulsschlag künstlich um 50 Schläge pro Minute, spiegelten also Herzjagen vor. Ergebnis laut der medizinischen Fachzeitschrift *Die Neue Ärztliche*: Fast alle Versuchsteilnehmer hielten die Beschleunigung »ihres« Herzschlages für echt. Stark beunruhigt reagierten aber nur die Panikpatienten: »Ich dachte, ich bekomme einen Herzinfarkt«, »Es erinnerte mich daran, wie meine Mutter und mein Bruder gestorben waren.« Alle Panikpatienten fühlten starke Ängste, einer erlitt sogar eine Panikattacke. Die Kontrollpersonen dagegen zeigten sich höchstens verwundert über das Herzjagen, »Es gibt doch gar keinen Grund«. Keiner bekam jedoch Beklemmungen oder Angst.

Warum sind manche Menschen auf Drama programmiert?

Während die klassische Lern- und Verhaltenstheorie meint, daß auch das dramatisierende Denken schlicht erlernt ist, behaupten viele Vertreter der kognitiven Richtung, es müsse auch organische Gründe dafür geben. So nimmt beispielsweise Beck an, daß die Angstgedanken durch eine »Störung des Denkapparates« zustande kommen. Verursacht sei diese Störung entweder durch eine allgemeine körperliche Erschöpfung oder durch angeborene neurobiologische Störungen des Gehirns. Das Gehirn sei nicht (mehr) in der Lage, Informationen richtig und angemessen zu verarbeiten. Möglicherweise sei auch die Informationsübertragung gestört, so daß falsche Signale ankommen.

Damit verlassen Beck und seine Kollegen jedoch die reine Lern- und Verhaltenstheorie und schlagen die Brücke zu den organisch/biologischen Erklärungsansätzen, die davon ausgehen, daß ängstliches Verhalten und Panikattacken rein körperliche Ursachen haben (siehe S. 73ff.).

Kritik an den lern- und verhaltenstheoretischen Erklärungen

Den lern- und verhaltenstheoretischen Modellen wird ebenfalls vor allem vorgeworfen, daß sie zwar die Entstehung von Vermeidungsverhalten und damit auch von Phobien gut erklären, das Auftreten von Panikattacken dagegen nicht.

Ein Haupteinwand gegen die Lern- und Verhaltenstheorie ist folgender: Panikpatienten stellen ja mit der Zeit selber fest, daß die Anfälle sie nicht umbringen, also eigentlich kein Grund für Angst besteht. Wenn die Lern- und Verhaltenstheorien stimmen würden, müßten die Attacken von selbst wieder aufhören, sozusagen verlernt werden. Daß dem nicht so ist, weiß ja nun jeder Patient.

Viele, vor allem die älteren Lern- und Verhaltenstheorien behaupten allerdings gar nicht, daß sie Panikanfälle erklären können. Das hängt zum einen damit zusammen, daß die Lern- und Verhaltenstheorie schon in den vierziger und fünfziger Jahren entwickelt wurde, zu einer Zeit also, da die Wissenschaft Panikattacken als eigenständiges Krankheitsbild noch nicht ernst nahm. Zum anderen gehen eine ganze Reihe von Lern- und Verhaltenstheoretikern davon aus, daß Vermeidungsverhalten und Panikanfälle höchstens gleichzeitig vorkommen, im Regelfall aber Vermeidungsverhalten zeitlich vor Panikanfällen auftritt und insofern kein gesonderter Erklärungsbedarf für Panikanfälle vorhanden sei. Wenn das Vermeidungsverhalten verlernt sei, würden auch die Panikattacken verschwinden – was zwar oft, aber nicht immer stimmt.

Mit den neueren, vor allem den um die sozial-kognitiven Gesichtspunkte erweiterten lern- und verhaltenstheoretischen Modellen lassen sich jedoch auch Panikanfälle durchaus einleuchtend erklären. Besonders dann, wenn sie mit anderen Ansätzen kombiniert werden. So ist es durchaus vorstellbar, daß dramatisierendes Denken in einer Streßsituation auf der Grundlage eines erlernten ängstlichen Verhaltensmusters, eines geringen Selbstwertgefühls und einer bestimmten körperlichen Disposition den Patienten so überfordert, daß sich sein Körper auf der Stelle durch den Panikanfall verweigert, der Patient sich also gar nicht mehr in die angstmachende Situation begeben kann. In diesem Sinne wäre ein Panikanfall tatsächlich eine Art Vermeidungsverhalten (siehe S. 87).

Organische Erklärungen der Angst oder: Angst hat körperliche Ursachen

Die Versuche, Angstanfälle und überhaupt das Gefühl der Angst mit rein körperlichen Vorgängen, also organisch oder biologisch zu erklären, sind schon recht alt. Inzwischen gibt es eine schier unübersehbare Zahl von Erklärungsmodellen, die einander zum Teil heftig widersprechen. Sie lassen sich grob in zwei Gruppen unterteilen: erstens organische Emotionstheorien und zweitens neurophysiologische und biochemische Modelle. Die Theorien der ersten Gruppe gehen davon aus, daß Angst außerhalb des Zentralen Nervensystems entsteht. So nehmen sie an, daß körperliche Veränderungen und Krankheiten Angst verursachen. Das Nervensystem leitet dann nur noch die Informationen über das Bestehen von Angst an das Gehirn und das Bewußtsein weiter. Dagegen sehen die Modelle der zweiten Gruppe Vorgänge im Zentralen Nervensystem selbst als Ursache für die Entstehung von Angstgefühlen. Sie suchen sozusagen den Schaltfehler im Gehirn.

Obwohl die Theorien der ersten Gruppe größtenteils als wissenschaftlich überholt gelten, sollen sie trotzdem kurz dargestellt werden. Denn einerseits ist die Vorstellung, daß allein körperliche Veränderungen behandlungsbedürftige Angstzustände verursachen, unter Ärzten noch weit verbreitet. Andererseits gibt es Krankheiten, die panikähnliche Symptome auslösen und die daher vor Beginn einer Angsttherapie ausgeschlossen werden müssen. Im Anschluß daran folgen die modernen biologischen Angsttheorien.

Ein chronischer Alarmzustand verursacht Angst

Nach der sogenannten James-Lange-Theorie entsteht Angst aufgrund eines Alarmzustandes des Körpers, dessen Ursache außerhalb des Zentralen Nervensystems liegt. Zudem nahmen die Vertreter dieser Theorie an, daß der Alarmzustand vor allem das sympathische Nervensystem betrifft. In zahllosen Versuchen suchten sie nachzuweisen, daß Angstpatienten beispielsweise eine höhere Herzfrequenz aufweisen, eher an Tachykardie (mehr als 100 Herzschläge pro Minute) und Herzrhythmusstörungen leiden als andere. Außerdem wurden Veränderungen der peripheren Durchblutung (Finger, Zehen, Beine, Arme) und des Hautwiderstandes als Anzeichen für einen Alarmzustand angesehen. All diese Symptome sollten der Theorie zufolge nicht durch die Angst selbst hervorgerufen werden, sondern die Angst verursachen. Genau deswegen aber konnte sich diese Theorie nicht halten. Denn es stellte sich rasch die Frage: Woher kommt es denn zu der Alarmierung des Körpers?

Die James-Lange-Theorie ist überholt

Die zahllosen Versuche zur Untermauerung der James-Lange-Theorie erbrachten zwar tatsächlich Hinweise darauf, daß sich Angstpatienten in einem Zustand chronischer Aktivierung befinden und auch bei körperlicher wie seelischer Anspannung mit stärkeren Veränderungen reagieren als Patienten ohne Angstdiagnose. Sie sind sozusagen ständig in einem Alarmzustand. Nur: Kein Experiment konnte schlüssig nachweisen, daß die chronische Erregung wie auch die starken Veränderungen tatsächlich die Ursache der Angst waren. Es konnte ebensogut möglich sein, und das ist nach den heutigen wissenschaftlichen Erkenntnissen sehr viel wahrscheinlicher, daß diese Befunde eben genau auf eine chronische Erwartungsangst zurückzuführen sind. Mit anderen Worten: Die Angst vor der Angst alarmiert den Körper und führt unter anderem zu einer höheren Herzfrequenz, Herzrhythmusstörungen und erhöhtem Blutdruck.

Noch einmal: Einige Krankheiten verursachen panikähnliche Symptome

Obwohl der Mechanismus der Angstentstehung nach der James-Lange-Theorie inzwischen nicht als zutreffend gilt, gibt es einige Krankheiten, die panikähnliche Symptome hervorrufen. Diese Krankheiten müssen vor Beginn einer Angstbehandlung unbedingt ausgeschlossen werden. Dazu gehören, wie bereits auf Seite 33f. ausführlich beschrieben:

- Über- und Unterfunktion der Schilddrüse (Hyper- und Hypothyreose)
- Herzerkrankungen
- Erkrankungen der Atmungsorgane, die auch zu Hyperventilation führen können
- Phäochromocytom (seltener Tumor des Nebennierenmarks)
- Extrem niedrige Blutzuckerwerte bei Diabetikern (Hypoglykämie)
- Wiederkehrende Schwindelanfälle mit Verdacht auf Hirnverletzungen oder -erkrankungen sowie mit dem Verdacht auf organisch bedingten zu niedrigen Blutdruck
- Alkohol-, Medikamenten- und Drogenmißbrauch sowie -entzug
- Psychiatrische Erkrankungen (Schizophrenie und andere Psychosen)
- Neurologische Erkrankungen (Epilepsie).

Nachdem die James-Lange-Theorie zu den wissenschaftlichen Akten gelegt war, führten und führen die Fortschritte in der biochemischen und neurologischen Forschung zu neuen Hypothesen und Theorien über die organisch begründete Angstentstehung. Insbesondere die Tatsache, daß es in den fünfziger Jahren gelang, angstlösende Medikamente zu entwickeln, man aber nicht wußte, warum und wie sie wirkten, veranlaßte die Wissenschaft, das Zentrale Nervensystem genauer unter die Lupe zu nehmen. Man hatte zwar mit den angstlösenden Medikamenten einen Schlüssel in der Hand, der ganz offensichtlich paßte, nur: Wo war das Schloß?

Der Schaltfehler im Gehirn

Die Ausgangsfrage lautete: Gibt es irgendwelche biochemischen Veränderungen im Gehirn, die Angst mit all ihren körperlichen Symptomen entstehen lassen? Seit Ende der fünfziger Jahre suchen zahllose Forschergruppen vor allem in den USA nach Antworten auf diese Frage. Die einen hatten die Katecholamine im Visier, andere forschten am Locus Caeruleus, wieder andere suchten und fanden überempfindliche Rezeptoren, und noch andere entdeckten das Laktat.

Fehlgesteuerte Hormone als Angstmacher? Die Katecholamine

Daß während Alarmzuständen vom Körper bestimmte Hormone ausgeschüttet werden, ist schon länger bekannt. Jeder von uns kennt das »Streßhormon« Adrenalin. Zusammen mit Noradrenalin und einem dritten Hormon, das hier aber keine Rolle spielt, bildet es die Gruppe der sogenannten Katecholamine. Diese werden in der Nebenniere, genauer im Nebennierenmark produziert. Gesteuert wird die Hormonausschüttung vom Hypothalamus, dem Steuerzentrum für alle vegetativen und die meisten hormonellen Abläufe im Körper.

Adrenalin und Noradrenalin haben verschiedene Aufgaben. Adrenalin sorgt für die Aktivierung der Körperkräfte und ist dem sympathischen Nervensystem zugeordnet. Noradrenalin ist für die Regulierung der Aktivierung zuständig, es verhindert sozusagen, daß der Kreislauf überkocht. Noradrenalin ist dem parasympathischen Nervensystem zugeordnet.

Ist der Mensch entspannt und genießt seine Ruhe, wird nur wenig Adrenalin und Noradrenalin ausgeschüttet. Das ändert sich aber blitzartig, wenn der Mensch in körperliche und seelische Alarmsituationen gerät. Dann befiehlt das Gehirn, genauer der Hypothalamus, eine erhöhte Katecholaminausschüttung. Dadurch werden die Kräfte frei, die dem Menschen zum Angriff oder zur Flucht verhelfen sollen: Blutdruck und Pulsschlag steigen, die Atmung wird beschleunigt, die Muskeldurchblutung und die Muskelspannung werden erhöht. Der Mensch reagiert wie ein Tiger, bereit zum Sprung.

Interessant ist, daß alle diese Anzeichen der Aktivierung auch bei Panikattacken mehr oder weniger ausgeprägt auftreten. Allerdings besteht ja ein Panikanfall gerade darin, daß der Körper aktiviert wird, ohne daß tatsächlich Gefahr besteht. Wenn das so ist, könnte dann nicht ein Schaltfehler im Gehirn vorliegen, so daß es eine bestimmte Situation falsch als Alarm interpretiert und grundlos Adrenalin und Noradrenalin ausschütten läßt?

An dieser Frage arbeiten inzwischen eine ganze Reihe von Forschern. Sie vermuten, daß der Fehler im vegetativen und hormonellen Steuerzentrum des Gehirns, dem Hypothalamus, liegt. So nehmen sie an, daß der Hypothalamus in bestimmten Situationen nicht den Weisungen der limbischen Strukturen folgt, sondern einfach ein falsches Programm zur Hormonausschüttung abruft. Dadurch kämen dann die typischen Symptome einer Panikattacke zustande. Allerdings kann die Forschung bislang noch nicht sagen, ob der Hypothalamus grundsätzlich falsch programmiert ist, oder ob er sich bisweilen einfach irrt. Und selbst wenn der Schaltfehler im Hypothalamus gefunden wäre, woher kommt er? Ist er angeboren oder erst im Laufe des Lebens entstanden? Und wenn ja, wodurch? Auf all diese Fragen gibt es bislang nur eher vage Vermutungen als Antworten.

Eine davon ist jedoch recht einleuchtend: Es könnte sein, daß der Panikpatient aufgrund seiner Erziehung und seines Denkens bestimmte Reaktionsmuster entwickelt hat, die im Gehirn bestimmte Schaltkreise aktivieren. Diese Schaltkreise kann man sich auch als Informationswege vorstellen, die durch stete Benutzung regelrecht ausgetreten werden: Ein bestimmter Anlaß = eine bestimmte Reaktion = ein bestimmter Schaltkreis. Irgendwann arbeitet dann das Gehirn automatisch, es ist praktisch konditioniert und neuen Gedanken gar nicht mehr zugänglich. Befindet sich der Patient in der gewöhnlich angstmachenden Situation, etwa in der U-Bahn, dann läßt ihm sein Gehirn gar keine Chance mehr, sich umzusehen und festzustellen: Es besteht kein Grund für Angst. Bevor es dazu kommen könnte, hat das Gehirn längst wieder auf die gewohnten Pfade umgeschaltet. Und die bedeuten Alarm und das Programm Hormonausschüttung. Allerdings verläßt dieser Erklärungsansatz, den sich auch die moderne Verhaltenstherapie zunutze macht, den Rahmen der rein organischen Theorien (siehe S. 87 ff., Integriertes psychobiologisches Modell und Seite 139 ff., Verhaltenstherapien).

Überempfindliche Rezeptoren verantwortlich für Panikattacken?

Andere Angstforscher vermuten dagegen, daß Panikpatienten besonders sensibel auf Adrenalin, und zwar schon auf kleinste Mengen, reagieren. Man nimmt an, daß Adrenalin im Körper hauptsächlich die Beta-Rezeptoren der Nervenzellen (genauer Beta-1-adrenergen-Rezeptoren) reizt. Reagieren diese Rezeptoren übersensibel oder überaktiv, dann spricht man von einer Überempfindlichkeit. Kleine Mengen Adrenalin, die anderen Menschen überhaupt nichts ausmachen, verursachen bei hochsensiblen Menschen sofort Symptome wie Herzjagen, Zittern, Schwitzen und Schwindel, eben die typischen Anzeichen einer Panikattacke.

Im Laufe der Forschungen zur Adrenalinüberempfindlichkeit zeigte sich, daß die Beta-Rezeptoren der Nervenzellen möglicherweise auch noch auf andere Substanzen hochsensibel reagieren. Eine davon ist die Substanz Isoproterenol. Wurde Isoproterenol intravenös verabreicht, reagierten Panikpatienten mit akuten Angstanfällen. Neuere Forschungsergebnisse weisen darauf hin, daß die Beta-Rezeptoren noch auf weitere Substanzen hochsensibel reagieren. Damit hängt die Überempfindlichkeit vermutlich nicht von der Überträgersubstanz ab. Vielmehr dürfte der Rezeptor als ganzes überempfindlich sein.

Daher schlossen etliche Forscher, wenn die Rezeptoren blokkiert würden, etwa durch die sogenannten Beta-Blocker, müßten die Panikanfälle aufhören. Das funktioniert aber nicht, sie werden höchstens gedämpft (siehe S. 159, Kapitel: Therapien). Auch weiß man noch nicht, was bei dieser Blockade eigentlich passiert und ob wirklich nur die Beta-Rezeptoren blockiert oder gedämpft werden. Ganz abgesehen davon, daß man gar nicht genau weiß, ob es diese Rezeptoren in dieser Form überhaupt gibt. Sie sind derzeit noch ein Denkmodell der Forschung. Die

Theorie der überempfindlichen Rezeptoren steht damit insgesamt noch auf wackligen Füßen.

Die Locus-Caeruleus-Theorie

Etwas genauere Ergebnisse als die Forschungen zu den beschriebenen Hypothesen über die Katecholamine und übersensible Rezeptoren hat bislang die Erforschung des »Locus Caeruleus« erbracht. Der Locus Caeruleus ist ein kleiner Kern im Gehirn, genauer in der Brücke zum Hirnstamm. Er ist deswegen für die Angstforschung so besonders interessant, weil er mit einem großen Teil der Nervenzellen des Zentralen Nervensystems in Verbindung steht. Außerdem verwendet er das Hormon Noradrenalin als Informationsüberträger: So sendet er Informationen an das vegetative und hormonelle Steuerzentrum (Hypothalamus), an das Zentrum der Emotionen (limbische Strukturen) und die Großhirnrinde (cerebraler Cortex), die für alle bewußten Prozesse zuständig ist. Der Locus Caeruleus ist damit offenbar eine ganz zentrale Schaltstelle im Gehirn.

Tierversuche zeigten, daß eine Anregung des Locus Caeruleus Angst hervorruft. Wurde der »Angstkern« operativ entfernt, zeigten die Tiere keinerlei Furcht- oder Angstreaktionen mehr. Daraus leitete die Forschung ab, daß der Locus Caeruleus auch ein Zentrum für die Angstentstehung sein müsse.

Auch hier stehen wieder Rezeptoren im Mittelpunkt des Forscherinteresses: Diesmal sind es die Alpha-2-Rezeptoren (genauer Alpha-2-adrenergen-Rezeptoren), die die Informationen des Noradrenalins aufnehmen und weitergeben. Eine Aktivierung dieser Rezeptoren, so nimmt man an, hemmt die weitere Ausschüttung von Noradrenalin. Der Rezeptor meldet: Es ist genug da. Wenn aber diese Aktivierung durch einen Schaltfehler zustande kommt oder der Rezeptor interpretiert Informationen falsch, könnte zu wenig Noradrenalin ausgeschüttet werden. Dadurch wird aber das Gleichgewicht zwischen Adrenalin und Noradrenalin im Körper gestört. Infolgedessen wird das durch Adrenalin aktivierte Herz-Kreislauf-System nicht mehr ausreichend reguliert. Der Kreislauf »kocht über« und produziert Paniksymptome.

Zudem nimmt die Forschung an, daß eine Stimulierung der

Alpha-2-Rezeptoren nicht nur die Noradrenalin-Ausschüttung dämpft, sondern auch die übrigen Funktionen des Locus Caeruleus hemmt. Umgekehrt würde das bedeuten: Eine Dämpfung des Rezeptors steigert die Noradrenalin-Ausschüttung und aktiviert die übrigen Funktionen des Locus Caeruleus. Daraus folgerten einige Forscher: Wenn man die Tätigkeit der Alpha-2-Rezeptoren steuern könnte und damit auch die Noradrenalin-Ausschüttung, dann müßten auch die Panikanfälle verschwinden.

Und tatsächlich: Verschiedene Wissenschaftlerteams beobachteten, daß bestimmte Substanzen wie Clonidin (eine Aminosäure, die auch im ZNS vorkommt) oder trizyklische Antidepressiva (Imipramin) die Alpha-2-Rezeptoren oder den Locus Caeruleus offenbar dämpfen und Panikattacken verhindern helfen. Allerdings weiß man – wie bei den Betablockern – ebenfalls nicht genau, wie diese Substanzen wirken (siehe S. 159, Kapitel: Therapien).

Diese Ergebnisse legen den Schluß nahe, daß der Locus Caeruleus immerhin maßgeblich am Entstehen von Panikattacken beteiligt ist. Ungeklärt ist aber: Löst er die Attacken selbst aus, liegt also der Schaltfehler bei ihm oder den Rezeptoren? Oder befiehlt er aufgrund von Überreizung von außen durch andere Gehirn- und sonstige Körpersysteme Panikattacken? Außerdem gelten dieselben Vorbehalte wie bei den überempfindlichen Beta-Rezeptoren: Man weiß auch nicht, ob es die Alpha-Rezeptoren wirklich gibt.

Die Laktat-Theorie

Die Entdeckung, daß die intravenöse Gabe von Laktat bei Panikpatienten akute Angstanfälle auslösen kann, beruht auf einem Zufall. Ende der vierziger Jahre hatte der amerikanische Neurologe M. E. Cohen festgestellt, daß Patienten, die offensichtlich nicht an organisch bedingter Schwäche des Herz-Kreislauf-Systems litten, nach großen körperlichen Anstrengungen regelmäßig heftige Angstanfälle bekamen. Durch Laboruntersuchungen stellte Cohen fest, daß die Laktatwerte im Blut dieser Patienten überdurchschnittlich erhöht waren. Er nahm daher an, daß das Laktat die Angstanfälle verursacht habe.

Laktat ist das Endprodukt des Zuckerstoffwechsels. Es wird von den Muskeln produziert, wenn der Sauerstoff verbraucht ist. Vertraut ist uns Laktat als Milchsäure, die den Muskelkater verursacht. Von der Milchsäure unterscheidet sich das Laktat nur dadurch, daß der Säureanteil abgepuffert ist. Laktat wird in der Leber abgebaut.

Zahlreiche Untersuchungen schienen zunächst die Annahme zu bestätigen, daß Laktat Panikattacken verursacht. Verabreichte man Panikpatienten Laktat intravenös über eine Infusion (Tropf), so reagierten bis zu 75 Prozent der Patienten mit einem akuten Angstanfall. Sie beschrieben die Angst als identisch oder zumindest sehr ähnlich mit den gewohnten Panikattacken. Vergleichspersonen ohne Angsterkrankung reagierten dagegen, wenn überhaupt, deutlich schwächer auf Laktat. Ein akuter Angstanfall wurde bei ihnen nicht beobachtet.

Interessanterweise zeigte sich zudem, daß die üblicherweise zur Behandlung von Panikattacken verwendeten trizyklischen Antidepressiva (Imipramin) auch die durch Laktatinfusionen hervorgerufenen Angstanfälle blockieren konnten.

In den letzten Jahren stellte sich jedoch heraus, daß die Laktat-Infusionen den Vorrat an ionisiertem Kalzium im Körper aller Versuchspersonen verringerte. Ionisiertes Kalzium, es macht etwas mehr als die Hälfte des gesamten Kalziumvorrates im Körper eines gesunden Menschen aus, ist für den Stoffwechsel lebensnotwendig. Ein starker Mangel verursacht heftige Nerven- und Muskelstörungen: Der Patient friert, seine Gliedmaßen werden taub, es kommt zu mentalen Störungen und letztendlich zu Krämpfen, die dem Wundstarrkrampf sehr ähneln (siehe S. 82, Abschnitt: Hyperventilation). Daher nehmen inzwischen etliche Forscher an, daß nicht das Laktat selbst, sondern der Rückgang des ionisierten Kalziums während der Infusion die panikähnlichen Symptome verursacht.

Andere Forscher meinen dagegen, daß die beträchtliche Flüssigkeitsmenge bei den Laktatversuchen zur einer Überbelastung des Herz-Kreislauf-Systems führt und damit die panikähnlichen Beschwerden verursacht. Bei den Versuchen werden nämlich immerhin bis zu zehn Milliliter laktathaltige Flüssigkeit pro Kilogramm Körpergewicht relativ schnell intravenös verabreicht. Das ist bei einem Körpergewicht von 50 Kilogramm schon ein halber Liter. Wenn man weiß, daß im Durchschnitt etwa sechs Liter Blut in den Adern des Menschen fließen, kann man sich vorstellen, wie groß die Belastung durch einen halben Liter oder gar noch mehr zusätzlicher Flüssigkeit ist.

Obwohl zahlreiche Forscherteams in Europa und den USA zum Teil schon seit Jahren nach Beweisen für die eine oder andere Laktat-Hypothese suchen: Bislang liegen noch keine endgültigen Ergebnisse vor. Zudem sind bei allem Forschungsdrang etliche Fragen untergegangen. Denn beileibe nicht jeder Panikpatient bekommt nur nach körperlicher Anstrengung eine Attacke. Viele sogar nie. Wenn nun Laktat Panikattacken verursacht, wie kommt es dann bei »unsportlichen« Patienten in die Blutbahn? Ist es dort überhaupt vorhanden? Und vor allem: Wie sieht der genaue Mechanismus der Angstentstehung durch Laktat aus? Auf all diese Fragen gibt es bislang keinerlei zufriedenstellende Antworten. Daher gilt für die Laktat-Theorie: Auch sie steht noch auf wackligen Füßen.

Immer wieder diskutiert: die Hyperventilation

Seitdem Angstanfälle das Interesse der Wissenschaft gefunden haben, wird stets auch die Hyperventilation als mögliche Ursache genannt. Unter Hyperventilation versteht man vereinfacht gesagt zu schnelles und zu flaches Atmen. Der Mensch atmet eigentlich gar nicht mehr richtig, er schnappt nach Luft. Dadurch atmet er mehr Kohlendioxid aus seinen Lungen aus, als dort gebildet werden kann. Das Gleichgewicht, das für die Sauerstoffversorgung des Blutes und den Stoffwechsel unbedingt notwendig ist, wird gestört. Bei anhaltender Hyperventilation entwickelt sich eine Alkalose, wobei auch der Anteil des ionisierten Kalziums im Blut sinkt. Dadurch kommt es zu Symptomen wie Schwindel und Übelkeit, Taubheit in Lippen, Händen und Beinen sowie Verkrampfungen vor allem in Lippen und Händen (Pfötchenstellung).

Ein gutes Mittel, um eine Hyperventilation wieder in den Griff zu bekommen, das sei schon an dieser Stelle erwähnt, besteht darin, daß der Patient in eine Tüte atmet. Dadurch wird das ausgeatmete Kohlendioxid wieder eingeatmet. (Näheres siehe S. 215, Kapitel: Therapien und Selbsthilfe.) Hyperventilation kann viele Ursachen haben. Neben körperlichen Ursachen wie Asthma kommen auch plötzliche seelische Aufregung etwa durch Schreckerlebnisse in Frage.

Früher nahm die Medizin an, daß die körperlichen Beschwerden aufgrund der außer Kontrolle geratenen Atmung richtige Angstanfälle seien. Heute weiß man jedoch, das dies nicht stimmt. Die Symptome spiegeln eine rein organische Reaktion des Körpers auf das gestörte Sauerstoff-Kohlendioxid-Gleichgewicht im Blut wider. Daher wird heute Hyperventilation nicht mehr als Ursache von Panikattacken betrachtet.

Allerdings sind sich alle Forscher einig, daß Hyperventilation durchaus an dem Entstehen eines Panikanfalls mit beteiligt sein kann. So ist es denkbar – und viele Patienten bestätigten das –, daß ein Panikpatient plötzlich aus völlig anderen Gründen außer Atem gerät, etwa, weil er schnell gelaufen ist oder ihm eine Nachricht den Atem verschlägt. Beginnt er dann zu schnell und zu flach zu atmen, stellen sich die erwähnten Symptome ein, die er dann aufgrund seiner Vorgeschichte und Erfahrung als Paniksymptome mißdeutet. Er denkt sich sozusagen in eine Panikattacke hinein (siehe S. 184, Abschnitt: Lern- und Verhaltenstheorie und S. 33, Abschnitt: Auslöser für Panikattacken). Insofern gilt Hyperventilation als ein begünstigender Faktor für Panikattacken.

»Nichts Genaues weiß man nicht«

Neben den eben beschriebenen Ansätzen gibt es noch eine Vielzahl weiterer Hypothesen für Angstentstehung aus rein organischer Sicht. Es würde zu weit führen, sie hier alle ausführlich zu beschreiben. Eines haben sie jedoch mit den erwähnten gemeinsam: Eindeutige Belege oder gar Beweise für ausschließlich körperliche Ursachen von Panikanfällen konnte bislang keine Forschergruppe erbringen. Allerdings haben ja, wie bereits erläutert, mehrere Studien ergeben, daß Panikerkrankungen in bestimmten Familien gehäuft vorkommen. Bei allen Vorbehalten gegenüber Statistiken scheint daher die Annahme berechtigt, daß es eine gewisse angeborene und/oder vererbte körperliche Bereitschaft (Disposition) für Panikerkrankungen gibt. Worin sie genau besteht, ist derzeit jedoch noch völlig ungeklärt. Zumal es auch hier durchaus sein kann, daß diese Bereitschaft über die Erziehung antrainiert ist. Damit wäre man also wieder bei den »ausgetretenen« Informationspfaden im Gehirn.

Ohne das Denken geht es nicht

Doch trotz dieser offensichtlichen körperlichen Dispositionen: Die einen bekommen Panikattacken, die anderen nicht. Als Antwort auf diese Kritik entwickelten vor allem amerikanische Forscher in den sechziger Jahren eine zweite organisch-kognitive Angsttheorie. Danach wird Angst durch zwei Faktoren bestimmt: Erstens durch die vegetative Reaktion des Nervensystems auf ein körperliches Ungleichgewicht (organisch). Und zweitens durch die gedankliche Verarbeitung und Bewertung der körperlichen Symptome mit Hilfe der erlernten Interpretationsmöglichkeiten (kognitiv). Das heißt: Es kommt schlicht darauf an, wie der Patient seine Symptome interpretiert und wie viele Spurrillen seine Informationswege im Gehirn schon aufweisen.

Bei diesem organisch-kognitiven Ansatz handelt es sich um eine weitere Verbindung zwischen organischen und psychologischen Modellen. Damit wird wieder einmal deutlich: Alle modernen Angsttheorien kommen ohne Anleihen bei anderen Ansätzen nicht mehr aus. Die Entwicklung geht in Richtung eines fachübergreifenden, mehrdimensionalen Erklärungsmodells. Ein erster Ansatz, der derzeit als richtungweisend gilt, wird im folgenden Kapitel beschrieben.

Kritik an den organischen Erklärungen

Die Kritik an den biologischen Modellen betrifft, wie bereits schon bei der Darstellung der verschiedenen Hypothesen angemerkt, im wesentlichen zwei Bereiche. Erstens die Frage: Woher kommen die organischen Störungen, sind sie angeboren, im Laufe des Lebens durch Krankheit oder Abnutzung erworben oder etwa doch erlernt? Und zweitens: Stimmen die biochemischen Forschungsergebnisse wirklich?

Die Frage nach der Herkunft der organischen Störungen, dem Schaltfehler im Gehirn, entspricht der Frage: Was war zuerst, die Henne oder das Ei? Es gibt eine ganze Reihe von Hinweisen darauf, daß es sich bei dem Schaltfehler um das Ei handelt. So zeigt ja die psychosomatische Sichtweise, daß seelische Gleichgewichtsstörungen körperliche Beschwerden verursachen und langfristig auch Organe schädigen können. Wenn man das Gefühl der unangemessenen Angst auch als Ausdruck eines seelischen Ungleichgewichts auffaßt, dann gilt das auch für sie. Wie sie wirken könnte, zeigt ja schon das Modell der automatischen Schaltkreise, der »ausgetretenen« Informationswege im Gehirn.

Daraus folgt, daß die körperlichen Störungen – so sie nicht schon Organe geschädigt haben – durch Wiederherstellung des seelischen Gleichgewichts und nicht durch Medikamente behoben werden können. Medikamente können allenfalls zeitweise Symptome lindern und im Einzelfall die Grundlage für den Beginn einer psychotherapeutischen Behandlung bieten (siehe S. 144, Kapitel: Therapien). Sind jedoch einzelne Organe in Mitleidenschaft gezogen und nicht mehr heilbar, dann müssen ihre Funktionen in der Regel durch Medikamente ersetzt werden.

Was die Richtigkeit der biochemischen Forschungsergebnisse anbelangt, so gibt es inzwischen eine ganze Reihe von Zweifeln. Beispielsweise wird einigen Forschern vorgeworfen, ihre Ergebnisse seien keineswegs so eindeutig wie behauptet. Ehrgeizige Wissenschaftler hätten nur das gesehen, was sie auch hätten sehen wollen. Alles, was ihre vorgefaßte Meinung hätte in Frage stellen können, sei unter den Tisch gefallen.

In der Bundesrepublik haben insbesondere die Angstforscher Jürgen Margraf und Anke Ehlers von der Universität Marburg mehrfach darauf hingewiesen, daß allein schon die Versuchsbedingungen das spätere Ergebnis bestimmen können. Margraf und Ehlers prüften vor allem die Laktat- und die Hyperventilation-Hypothese. Dabei kamen sie zu dem Ergebnis, daß das Auftreten von Panikanfällen während der Versuche offenbar maßgeblich davon abhing, wie die Versuchspersonen über die Experimente informiert worden waren. Erklärten beispielsweise die Versuchsleiter, die Infusion von Laktat könne Panikanfälle auslösen, reagierten alle Versuchspersonen, sowohl die Panikpatienten als auch die Kontrollpersonen, deutlich ängstlicher als die Teilnehmer eines Versuches, denen nur leicht unangenehme oder gar positive Empfindungen versprochen worden waren. Die Ergebnisse der Marburger Forscher stützen damit die Ansicht, daß eher kognitive Prozesse, also das Denken, für die Angstreaktion verantwortlich sind als die Gabe von angeblich angstverursachenden Stoffen.

So bleibt die Suche nach den möglichen organischen Ursachen immer noch ein Puzzlespiel. Dabei besteht keineswegs die Aussicht, daß die einzelnen Puzzlesteine auch wirklich zusammenpassen und eine rein organische Erklärung für das Zustandekommen von Panikattacken liefern werden. Und selbst wenn sich herausstellen sollte, daß beispielsweise ein Schaltfehler im vegetativen und hormonellen Steuerungszentrum die Panikattacken hervorruft, ist noch lange nicht die Ursache der Attacken gefunden. Denn wie bereits eingangs erwähnt: Woher kommt der Schaltfehler?

Ein anderes Puzzlespiel verspricht dagegen bessere Aussichten auf Erfolg. Die Vereinigung der verschiedenen psychologischen und biologischen Ansätze in dem folgenden integrierten psychobiologischen Modell.

Psychobiologische Erklärungen der Angst oder: Angst hat mehrere Ursachen

Patienten haben es eigentlich schon immer gewußt oder zumindest gespürt, nun hat es offenbar auch die Wissenschaft begriffen: Unangemessene, krankhafte Angst hat nicht nur eine Ursache. Bei der einen Patientin mögen es eher erlernte Ängste sein, bei der anderen die Verdrängung bestimmter schmerzhafter Erfahrungen und bei einer dritten möglicherweise eher organische Störungen, etwa ein überempfindlicher Rezeptor. Meist aber ist nicht ein Faktor allein verantwortlich für den Ausbruch eines Angstanfalles, es sind mehrere, die sich gemeinsam zur Panikattacke hochschaukeln.

Das ist wie bei vielen anderen Erkrankungen. Der Kontakt mit Grippeviren allein verursacht noch lange keine Grippe. Es müssen noch andere begünstigende Faktoren vorhanden sein, damit sich die Viren im Körper ausbreiten und die Grippe verursachen können. Dazu zählen bei Grippe zum Beispiel eine geschwächte Abwehr, weil sich der Patient vielleicht in letzter Zeit mit Arbeit übernommen hat, sich dabei auch nicht besonders gehaltvoll und vitaminreich ernährte und vielleicht noch Partnerschaftsprobleme hat. Ganz ähnlich ist es auch mit der Angst.

Das haben inzwischen auch eine ganze Reihe von Angstforschern eingesehen und psychobiologische oder psychoorganische Erklärungsmodelle entwickelt. Psychobiologisch oder psychoorganisch meint die Verbindung von seelischen und körperlichen Ursachen von krankhafter, behandlungsbedürftiger Angst.

Verschiedene Menschen – verschiedene Ursachen

Eine Forscherin, die sich mit diesem Thema bereits seit einigen Jahren beschäftigt, ist die amerikanische Psychiaterin M. Katherine Shear aus New York. Krankhafte Angst- oder Panikzustände, so schrieb sie 1988, sind das Ergebnis seelischer und/ oder körperlicher Verletzlichkeit. Und: »Verschiedene Patienten haben verschiedene Muster von Störungen.« Mit anderen Worten: Jeder Mensch fühlt anders, denkt anders, reagiert anders, kurz, er ist anders. Auch in der inzwischen deutlich zunehmenden deutschen wissenschaftlichen Literatur zum Thema Panikattacken finden sich immer mehr Ansätze zur mehrdimensionalen Sichtweise.

Die Einflußfaktoren beim Zustandekommen einer Panikattacke zeigt das Schaubild »Ein mehrdimensionales Modell« auf der gegenüberliegenden Seite.

Diese Zusammenstellung enthält natürlich nicht alle denkbaren Ursachen, sonst würde sie unübersichtlich. Sie soll lediglich verdeutlichen, wie ein mehrdimensionales Modell der Angstentstehung aussehen kann. Wichtig ist, daß mehrere oder sogar alle Einflußfaktoren gemeinsam an der Panikattacke beteiligt sein können. Wie, das zeigt der konstruierte Fall im Anschluß.

Ein mehrdimensionales Modell

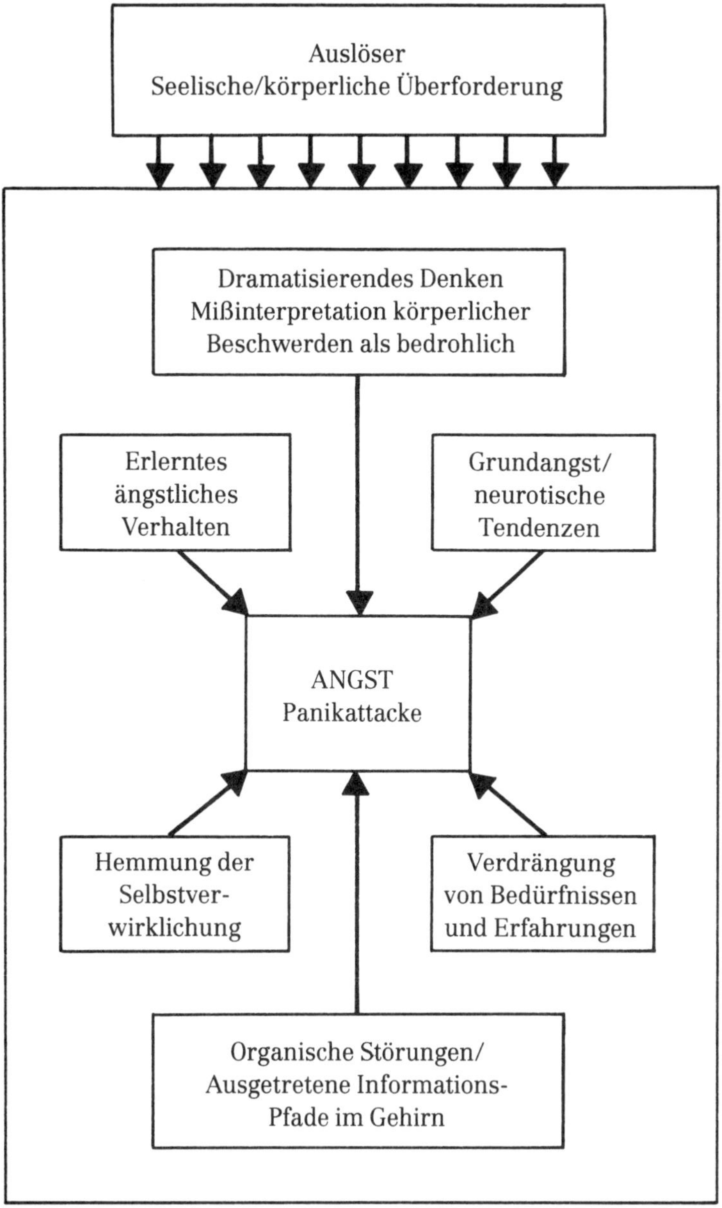

Ein Fallbeispiel:
Eine Frau, Mitte 30, verheiratet, wegen ihrer zwei Kinder derzeit nicht berufstätig, erleidet wenige Tage nachdem auch das zweite Kind in die Schule gekommen ist, ihren ersten Panikanfall im Stadtbus. Ein Blick in die Lebensgeschichte der Patientin zeigt, daß sie schon seit Jahren ein ganzes Bündel von Belastungen mit sich herumschleppt.

Aufgewachsen unter der Obhut einer überfürsorglichen und überängstlichen Mutter gilt sie als ein fröhliches und folgsames Kind, das nie Widerworte gibt. Sie ist sehr tierlieb, möchte gerne Tierärztin werden. Doch während eines Schulpraktikums bei einem Tierarzt stellt sie fest, daß sie der tägliche Umgang mit kranken und leidenden Tieren sehr mitnimmt, sie fühlt sich dem nicht gewachsen. Sie sucht nach einem neuen Berufsziel. Als frischgebackene Abiturientin liebäugelt sie mit einem Musikstudium, ihre Lehrer raten ihr sehr zu. Doch ihre Eltern drängen sie, lieber etwas Handfestes, wie sie es ausdrücken, zu lernen. So wird sie Rechtsanwaltsgehilfin. Auch am Arbeitsplatz wird sie sehr gelobt, aber sie fühlt keine große Begeisterung für ihren Beruf.

In der Kanzlei lernt sie ihren späteren Mann kennen, nach der Geburt ihres ersten Kindes unterbricht sie ihre Berufstätigkeit. Sie schmeißt den Haushalt und tippt abends noch für den inzwischen selbständigen Ehemann. Das geht mehr als zehn Jahre so. Als dann das zweite Kind in die Schule kommt, möchte sie endlich mal tief durchatmen. Aber sie tut genau das Gegenteil: Als sie nach ihrem ersten Einkaufsbummel ohne zappelnde Kinder gerade noch ihren Bus erwischt, gerät sie außer Puste. Sie läßt sich in einen Sitz fallen und schnappt nach Luft. Und plötzlich hat sie das Gefühl, als ob sie den Boden unter den Füßen verliert – ihre erste Panikattacke. Die zweite, die dritte und die vierte lassen nicht lange auf sich warten. Nach wenigen Wochen traut sie sich kaum mehr aus dem Haus.

Bei dieser Patientin haben sich mehrere Faktoren über die Jahre angesammelt und schließlich zur Panikattacke hochgeschaukelt. Die viel gelobte Folgsamkeit in der Kindheit war nichts anderes als Angst davor, gegen die Vorstellungen der Eltern zu verstoßen (= gehemmte Persönlichkeitsentwicklung).

Außerdem hatte sie von ihrer Mutter gelernt, daß einem kleinen Mädchen überall Gefahren drohen (= erlerntes ängstliches Verhalten). Die Erfahrung, daß sie ihr Berufsziel wegen ihres übergroßen Mitgefühls nicht erreichen würde, verursachte bei ihr eine große Enttäuschung und Selbstzweifel (= geringes Selbstwertgefühl). Die Entscheidung für den Büroberuf bezeichnete sie als reine Zweckentscheidung (= gehemmte Selbstverwirklichung).

In der Ehe und mit den Kindern fühlte sie sich sicher, sie wurde gebraucht und kam überhaupt nicht mehr dazu, über ihre eigenen Bedürfnisse und Erfahrungen nachzudenken. Als dann das zweite Kind sozusagen aus dem Haus war, konnte sich ihre Seele endlich ihr Recht nehmen und Alarm schlagen. Das Schwindelgefühl im Bus war nur noch der Auslöser: Alle aufgestauten Enttäuschungen und Ängste brachen sich Bahn.

Was aber ist mit organischen Störungen? Auf den ersten Blick sind keine zu erkennen. Doch möglicherweise waren sie an dem Vermeidungsverhalten, der Agoraphobie, beteiligt, die die Patientin entwickelte. Das Modell der »ausgetretenen Informationspfade« könnte das erklären. Dieses Modell nimmt ja an, daß das Denken bestimmte Schaltkreise und Informationswege prägt. Je öfter ein bestimmter Denkvorgang wiederholt wird, desto schneller fließen die daraus abgeleiteten Befehle. Das Gehirn erkennt die Frage und weiß sofort die Antwort. Irgendwann funktioniert das automatisch, ohne daß der Mensch noch steuern braucht oder kann. Die Informationswege sind »ausgetreten«, sie haben Spurrillen bekommen. Genau das könnte auch bei der Patientin geschehen sein.

Durch die ängstliche Grundhaltung waren bei ihr die »Gefahr-Abwehr-Schaltkreise« bereits deutlich geprägt. Je größer ihre Unsicherheit und Hilflosigkeit nach jedem Panikanfall, desto häufiger auch die Aktivierung der Schaltkreise. Bis sie dann schließlich automatisch funktionierten. Ein kleiner Hinweis auf eine unsichere Situation, und prompt schaltete das Gehirn der Patientin wieder auf »Vorsicht, Gefahr« und gab die Befehle, Angstsymptome zu produzieren.

Mehrdimensionale Forschung: Hoffnung für die Zukunft

Das Beispiel zeigt, wie mehrere Faktoren gemeinsam Panikanfälle verursachen könnten. Es muß aber nicht so sein. Die Entwicklung mehrdimensionaler Erklärungsmodelle für Panikattacken steht noch ziemlich am Anfang. Ihre ersten Ansätze lassen aber hoffen, daß der Patient als Mensch und nicht als gestörter Organismus künftig im Mittelpunkt der Forschung stehen wird. Denn eines sollte jeder Patient und jeder Arzt wissen: Übersteigerte krankhafte Angst ist keine Zerstörerin, sondern eine Helferin. Sie zeigt dem Menschen, daß er sich nicht im Gleichgewicht befindet. Sie will ihn nicht für seine Versäumnisse und Fehler bestrafen, sondern sie will ihm helfen, sein Gleichgewicht wiederzufinden.

SECHS EHEMALIGE PATIENTINNEN UND PATIENTEN BERICHTEN

Gudrun Maika, 36 Jahre alt, Lehrerin*

Rolltreppen waren Gudrun Maika schon immer etwas unheimlich gewesen, obwohl sie sie oft benutzte. Die riesengroßen Maschinen, die leise vor sich hinsummten, diese geballte Kraft, das alles jagte ihr Furcht ein. Rolltreppen und vor allem Tunnel spielten auch eine wichtige Rolle, als die Angst mit Macht in ihr Leben trat. Das war im Herbst vor sechs Jahren. Gudrun lebte damals erst seit einigen Wochen in Hamburg.

Sie hatte die Geborgenheit einer Kleinstadt am Rande des Ruhrgebietes, wo sie aufgewachsen war, wo ihre Eltern und fast alle ihre Freunde lebten, verlassen. Nach dreizehn Jahren hatte sie sich endgültig von ihrem Freund getrennt und wollte auch räumlich Abstand gewinnen. Hamburg hatte ihr schon immer gefallen, und da sie dort auch sofort eine Stelle als Lehrerin an einer Privatschule bekommen konnte, zog Gudrun um.

Eines Nachmittags bringt sie ihre Mutter, die sie besucht hatte, zum Hauptbahnhof. Der Abschied fällt ihr schwer. Schon in der riesigen Halle des Hauptbahnhofs fühlt sie sich etwas merkwürdig und beschließt, zu Fuß zur nächsten U-Bahn-Station zu gehen. Noch etwas aufgeregt kommt sie in der Station Jungfernstieg an, vor ihr eine riesige Rolltreppe, deren Ende nicht zu sehen ist. Im selben Moment entdeckt sie einen Aufzug und entschließt sich, mit ihm zum Bahnsteig zu fahren. Doch bevor sich der Aufzug in Bewegung setzt, wird sie von einem Mann bedrängt. Gudrun kann ihn zur Seite stoßen, flieht aus der Station und rennt bis zur nächsten am Gänsemarkt. »Ich habe die ganze Zeit gedacht: Ich muß jetzt nach Hause, aber wie?« Die Station Gänsemarkt ist ganz in Schwarz gehalten. Gudrun empfindet diese düstere Stimmung als zusätzliche Bedrohung und nimmt schließlich den Schnellbus nach Hause.

* Namen von der Redaktion geändert

Wenige Tage später steht Gudrun im Hauptbahnhof wieder auf einer Rolltreppe und sieht, wie ein alter Mann einige Stufen vor ihr das Gleichgewicht verliert. Sie springt hoch, fängt den Mann auf, der das gar nicht richtig mitbekommt, sich noch nicht einmal bedankt und weitergeht. Gudrun bleibt verwirrt stehen.

Während dieser Zeit fährt Gudrun jeden Tag mit der U-Bahn in die Schule. »Ich bekam oft starkes Herzklopfen, mir war schwindelig, die starren maskenhaften Gesichter der Mitfahrenden verstärkten in mir das Gefühl der Fremdheit in dieser riesigen Stadt. Ich kam ja aus einer Kleinstadt und war gewohnt, die Menschen, ihre Gesichter zu kennen. Diese Großstadterfahrungen haben mich überrollt.« Damals denkt Gudrun aber an Kreislaufstörungen. Denn auch zu Hause in ihrer Heimatstadt wird ihr neuerdings ebenfalls schlecht, wenn sie aus dem Haus geht. Ein Arzt bestätigt ihren Verdacht und gibt ihr Effortil-Kreislauftropfen aus seiner Schreibtischschublade mit der Bemerkung, »das haben viele Frauen in Ihrem Alter«. Gudrun rührt die Tropfen jedoch nicht an. Sie trinkt statt dessen öfter ein Gläschen Sekt zur Kreislaufaufmunterung und kommt damit erst einmal ganz gut zurecht.

Einige Wochen später jedoch auf dem Weg zur monatlichen Schulkonferenz hat sie plötzlich in der U-Bahn das Gefühl einzuschlafen. »Ich dachte, entweder werde ich jetzt ohnmächtig oder ich steige ganz schnell aus.« Sie steigt aus, fährt zurück nach Hause und kauft sich als erstes eine Flasche Sekt. Am nächsten Tag nimmt sie zum ersten (und zum letzten) Mal von den Kreislauftropfen und fährt statt mit der U-Bahn mit dem Auto in die Schule. Der Weg führt durch den langen Elbtunnel, der für seine Staus berüchtigt ist. Gudrun hat ein flaues Gefühl im Magen. Als sie mitten im Tunnel ist, überfällt sie Panik. »Meine Gedanken waren ganz klar: Jetzt verliere ich das Bewußtsein.« Instinktiv sucht Gudrun in ihren Taschen nach etwas Süßem, um durchzuhalten. Und als sie denkt, »jetzt ist alles aus«, sieht sie plötzlich das Licht am Ende des Tunnels. Die Angst ist wie weggeblasen.

In der Schule bemerken die Kollegen, daß Gudrun sehr blaß aussieht. Eine Kollegin schlägt ihr vor, am Nachmittag eine Ärztin aufzusuchen. Doch Gudrun lehnt ab, »ich doch nicht«.

Kurz darauf bricht sie zusammen: »Ich wußte nicht mehr, wo oben und unten ist, ich konnte nicht mehr gehen, nicht mehr stehen, ich hatte völlig die Orientierung verloren. Diesen Kollaps führte ich auf die Kreislauftropfen zurück, die ich vorher zum ersten Mal genommen hatte.« Als sie sich wieder besser fühlt, will sie mit dem Auto nach Hause fahren.

Gudrun kommt aber keine zwei Kilometer weit. Mitten auf einer Kreuzung verliert sie erneut die Orientierung. Sie weiß nicht mehr, wo sie ist, ob sie abbiegen soll. Trotzdem kann sie klar erkennen, daß sie nicht mehr autofahren darf, sie weiß, was sie zu tun hat. Sie fährt das Auto rückwärts über die Kreuzung in einen Fabrikhof, drückt dem Pförtner die Autoschlüssel in die Hand und bittet ihn, einen Krankenwagen zu rufen. Statt dessen wird sie zur Krankenstation des Werkes gebracht. »Das war wie in einem Horrorfilm. Die Station war hellgrün gekachelt, der Werksarzt, grau und ausgemergelt, sah aus wie ein morphiumsüchtiges Gespenst.« Gudrun erzählt ihm, daß sie gerade einen Kreislaufkollaps gehabt habe, er mißt ihren Blutdruck, fühlt den Puls, alles ist völlig in Ordnung.

Sie läßt in der Schule anrufen, eine Kollegin holt sie ab und bringt sie sofort zu einer anthroposophischen Ärztin. »Das war sehr gut, denn dadurch habe ich keine Beruhigungsmittel bekommen. Ich habe diesen ganzen Tiefpunkt bei vollem Bewußtsein erlebt.« Von diesem Tag an hat Gudrun panische Angst, aus dem Haus zu gehen.

Die Ärztin stellt »vegetative Überforderung mit phobischer Symptomatik und Kreislaufsymptomatik« fest, schreibt sie erst mal krank und verordnet täglich eine homöopathische Injektion, die sich Gudrun jeden Morgen in der Praxis geben lassen muß. »Der Wirkstoff dieser Spritze war mir ziemlich egal. Geholfen hat mir nur eins: Daß ich jeden Morgen zu ihr fahren und meine panische Angst, aus dem Haus zu gehen, überwinden mußte. Ich habe Blut und Wasser geschwitzt. Der Weg dauerte hin und zurück zwei Stunden, danach war ich wie ausgelöscht.« Oft steht Gudrun mitten auf dem Gehsteig und kann nicht mehr weiter. »Ausgerechnet ich, von der immer alle Leute gesagt haben: Die Gudrun, die alles kann, die alles sofort überblickt!« In dieser Zeit lernt sie etwas, was sie nie konnte: Andere Menschen um Hilfe zu bitten. Sie fragt nach dem Weg, läßt sich über die Straße führen oder ein Taxi rufen.

Inzwischen bemerken auch ihre Mitbewohner, daß es nicht gut um sie steht. Gudrun wohnt zu diesem Zeitpunkt noch in einer Wohngemeinschaft. »Meine Mitbewohner teilten mir beim Essen mit, daß sie sich Sorgen um mich machten, mir jedoch nicht helfen könnten. Aber sie boten mir an, abends mit ihnen fernzusehen.« Aber auch Fernsehen kann Gudrun nicht mehr ertragen, sie hat keine seelische Distanz zu den in den Filmen gezeigten Spannungen und Emotionen. Sie verbringt die Tage in ihrem Zimmer.

Nach etwa zwei Wochen weiß Gudrun nicht mehr weiter, sie ruft um sechs Uhr morgens ein Taxi und bittet den Fahrer: »Fahren Sie mich in die Psychiatrie.« Der Taxifahrer fragt sie verwundert, was sie dort wolle. Sie sagt ihm den Grund und fragt ihn, was er davon halte. Er antwortet, die Klinik sei sehr gut, einem Freund sei dort in der Tagesklinik sehr geholfen worden.

In der Klinik wird Gudrun zunächst in eine geschlossene Abteilung gebracht. Sie soll dort auf eine Untersuchung warten. »Dafür bin ich sehr dankbar, denn dadurch habe ich gemerkt, daß ich dort gar nichts zu suchen hatte. Die Patienten hatten im Gegensatz zu mir keinen Realitätsbezug mehr. Außerdem war die Nacht zuvor Vollmond gewesen. In der Klinik war Hochbetrieb.« Gudrun sitzt in einer Flurnische auf einem Stuhl und wartet geduldig. Einer Schwester, die sie nach Hause schicken will, erklärt sie: »Ich gehe erst wieder, wenn mir geholfen worden ist.« Sie berichtet der Frau unter Tränen, daß sie einen Nervenzusammenbruch hatte, daß sie nicht mehr weiter weiß. Die Schwester drückt ihr einen Zettel mit der Anschrift einer psychologischen Beratungsstelle in die Hand. Um die Mittagszeit erscheint eine junge Ärztin. Auch sie meint, daß Gudrun kein Fall für die Klinik sei. Da sie aber sehr erregt ist, soll sie »Melleril« nehmen, um zur Ruhe zu kommen. Freunde nehmen sie über das Wochenende mit an die Nordsee. Dort schläft sie zwei Tage lang, nur zu den Mahlzeiten wird sie geweckt.

Am selben Abend berichtet die Wohngemeinschaft einem befreundeten Psychiater, der zum Abendessen gekommen ist, daß Gudrun durchgedreht sei. Der Arzt fragt nach den Symptomen und läßt ihr ausrichten, sie solle ihn anrufen. »Montag rief ich an, Mittwoch hatte ich einen Beratungstermin in der Verhaltenstherapie-Ambulanz des Uniklinikums Eppendorf, und Donnerstag begann die Therapie. Das war wirklich wie maßgeschneidert.«

Die Intensivphase der Verhaltenstherapie dauert zwei Wochen, täglich sechs Stunden, hauptsächlich Übungen, am Wochenende Pause. Am ersten Tag fahren zwei Therapeuten mit Gudrun U-Bahn. Erst eine Station, dann zwei, dann drei, dann fährt sie alleine und bekommt kleine Aufgaben, die sie ausführen muß. Am zweiten Tag geht es zu den Rolltreppen im U-Bahnhof Messehallen. Die Station liegt tief unter der Erde, man kann das Ende der Rolltreppen nicht sehen. Gudrun steht unten vor der Treppe und weint hemmungslos. »Mir kam wirklich alles hoch, das jahrelange Hoffen auf die Zuneigung meines Freundes, die Einsamkeit, die Enttäuschungen, die Trennung. Und der Therapeut sagt immer wieder: ›Ich möchte gerne, daß Sie da hoch gehen.‹« Schließlich fährt sie zusammen mit ihm und dann alleine.

In den nächsten Tagen suchen die Therapeuten zusammen mit ihr alle Angstsituationen für Agoraphobiker in Hamburg auf: Elbtunnel, Elbbrücken, breite Straßen, weite Plätze, Bahnhöfe, Hallen, Kaufhäuser... Den alten Elbtunnel zum Beispiel findet Gudrun gar nicht schlimm. Dafür kann sie den darüberliegenden Maschinenraum kaum aushalten. Oder der Rathausmarkt, ein großer freier Platz in der Stadtmitte: Sie soll ihn überqueren, die Therapeuten fragen, wie sie das anstellen will. Sie antwortet: »Ich suche mir eine Linie und gehe darauf.« Die Therapeuten bitten sie, es ohne zu versuchen. Wenn sie das Gefühl habe, umzukippen, soll sie stehenbleiben, und nach oben schauen zu dem Hanseschiff, das auf einem hohen Pfahl vor dem Rathaus steht. »Es war wirklich ein Härtetest, aber ich habe das alles geschafft.«

In diesen Wochen lernt Gudrun einen neuen Umgang mit der Angst: »Wenn ich mich unsicher fühle, erstens sofort stehenbleiben und das Gefühl aushalten. Zweitens fragen, was bedroht mich. Und drittens sofort Realitätsbezug herstellen und andere Menschen ansprechen. Mir würde es heute überhaupt nichts ausmachen, einen Fremden auf der Straße zu fragen: ›Darf ich mich mal einen Moment bei Ihnen einhängen, mir ist gerade nicht gut.‹«

Schon kurz nach der vierzehntägigen Intensivphase fährt Gudrun ganz alleine wieder mit dem Nachtzug zu Freunden in die Schweiz. Dennoch dauert es etwa ein Jahr, bis sie wirklich beschwerdefrei ist. »Immer wenn ich das Gefühl hatte, die Angst könnte zurückkehren, bin ich in den Hauptbahnhof gefahren und habe das Programm geübt: Rolltreppen fahren, über die Fußgängerbrücken gehen ...«

Während der Therapie wird Gudrun auch klar, daß alles schon lange vor ihrem Zusammenbruch begonnen hat. »Die Angst ist systematisch in mir gewachsen.« Gudruns Vater hatte im Krieg Fürchterliches erlebt. Er schrie nachts im Schlaf vor Angst und brachte seiner kleinen Tochter im Spaß bei, im Tunnel den Kopf einzuziehen, als wäre sie im Schützengraben. Auch die Mutter war ängstlich und verbot Gudrun aus Furcht vor einem Unfall das Fahrradfahren. Später, während ihres Studiums in Münster, treten erstmals Angstsymptome auf, die Gudrun aber nicht als solche erkennt.

»Immer wenn ich am Wochenende mit dem Auto nach Hause fuhr, passierte es: Kaum war ich auf der Ausfallstraße und das weite Land tat sich vor mir auf, saß ich am Straßenrand und heulte. Das war damals schon eine ähnliche Situation wie später in Hamburg. Die gleiche Landschaft, die gleiche Isolation.« Damals findet Gudrun aber einen »vernünftigen« Ausweg: Sie fährt meistens mit dem Zug. Das geht schneller und ist obendrein noch billiger. Heute sind ihr die Gründe für die damalige Angst klar: Ihr Freund war in eine andere Stadt gezogen, ließ nur noch selten von sich hören, sie hatte Angst, ihn zu verlieren, und fühlte sich in Münster sehr einsam. Außerdem hätte sie viel lieber ein anderes Fach studiert. Die Ausbildung zur Studienrätin macht sie nur ihrer Familie und ihrem Freund zuliebe.

Doch körperliche Beschwerden bekommt Gudrun erst Jahre später. Zuerst in Essen, wo sie während der Referendarzeit einige Monate lang mit ihrem Freund zusammenlebt, bis der urplötzlich wieder in eine andere Stadt zieht. Kurz nach seinem Auszug wacht sie nachts mit Herzrasen und Todesangst auf.

Eine Untersuchung beim Herzspezialisten erbringt keinen Befund. »Ich habe mir damals nicht eingestanden, daß die Schmerzen und die Angst daher kamen, weil ich wieder mit meinem Freund zusammen leben wollte. Statt dessen dachte ich, ich hätte den Tod meines Vaters noch nicht verarbeitet.« Nach der Untersuchung beim Arzt reagiert der Freund abweisend: »Stell dich nicht so an, du hast doch gar nichts.« Und er rät ihr, in eine Selbsterfahrungsgruppe zu gehen. Zum Schluß sagt er noch: »Mädchen, du gehörst auf das rote Sofa beim Psychiater.« Gudrun ist völlig alleine, genauso wie später nach der Trennung in Hamburg, als die Angst kommt.

Zu Beginn der Therapie fragt Gudrun oft ihre Therapeuten, ob es überhaupt eine Heilungschance für sie gebe. Sie antworten, sie solle mehr auf die Signale ihres Körpers achten. Langsam lernt sie, sich nicht ständig zu überfordern. Denn das hat sie all die Jahre vorher getan. »Ich war immer ein Mensch, der gefallen wollte, der alles möglichst gut machen wollte, und das gelang mir ja auch. Aber ich habe mich selber ganz weit zurückgestellt.«

Heute nimmt Gudrun die Signale ihres Körpers wirklich ernst. Und sie weiß, daß sie sehr empfindsam ist, ständige Hetzerei nicht verträgt. »Wenn sich die Dinge verdichten und meine Kräfte übersteigen, ziehe ich mich sofort zurück. Und selbst wenn ich dann einen Tag im Bett liege und lese, sehe ich zu, daß ich wieder ›von der Palme‹ runterkomme. Ich sehe einfach nicht mehr ein, daß ich mich immer so überfordern soll.« So muß Gudrun zum Beispiel an manchen Tagen zwischen zwei Schulen pendeln, wozu sie nur wenig Zeit hat. Statt sich der Hetzerei mit dem Auto auszusetzen, fährt sie mit dem Bus, liest in Ruhe ihre Unterlagen für die nächsten zwei Unterrichtsstunden und kommt ausgeglichen an.

Inzwischen denkt sie auch an einen beruflichen Wechsel: »Jetzt habe ich fast zwanzig Jahre lang funktioniert. Daß ich an eine Privatschule gegangen bin, war meine erste eigene Entscheidung. Aber ob ich nun immer Lehrerin sein muß, das weiß ich noch nicht genau.« Das will sie jetzt herausfinden. »Wohin mich der Weg führen wird, kann ich noch nicht sagen, aber ich habe keine Angst davor.« Und noch etwas wird ihr langsam klarer: »Schon als Kind, ich war ein Einzelkind, hatte ich immer Angst vor dem Alleinsein. Ich stellte mir immer eine richtige, große Familie mit vielen Geschwistern vor, die ich in der Familie meines Freundes auch fand. Heute scheint es mir so, als sei das Alleinsein wirklich das Thema, mit dem ich mich auseinandersetzen muß. Eine Freundin hat mir mal gesagt: ›Da, wo die Angst ist, geht es lang.‹ Ich glaube, sie hat recht: Man kann vor sich und seinen Schwächen nicht weglaufen.«

Katrin Bauer, 35 Jahre alt, Bankangestellte

»Dieses Gefühl, daß der Tag heute dein letzter ist, weil du irgendwann keine Kraft mehr hast, gegen diesen Kloß im Hals anzukämpfen, weil du deine plötzlichen Attacken von Schwindel, Herzklopfen, Todesangst vor anderen nicht mehr verbergen kannst, weil du nicht mehr fertig wirst mit der Angst vor dem Leben und der noch größeren Angst vor dem Sterben. LEBEN nennst du diesen Zustand schon lange nicht mehr. Wie lange schon wird dein Aktionsradius täglich kleiner, schränkst du deine Bewegungsfreiheit immer mehr ein – bis auf ein Minimum. Zuerst Angst vor dem Fahrstuhl: Na ja, denkst du, das haben viele. Panik bei einem medizinischen Vortrag: Es ist so stickig heiß im Raum. Herzrasen im Kino: Wohl zu sehr mit dem Hauptdarsteller identifiziert... Todesangst im Kaufhaus: immer diese Hektik... Dann plötzliche Anfälle im Büro, beim Gespräch mit Freunden, Angst vor dem Alleinsein, Angst vor dem Zusammensein, Angst vor der Angst!«

Mit dieser dramatischen Schilderung beginnt der Brief, den Katrin Bauer an die Redaktion der Zeitschrift ELTERN schickte. Katrin ist 19 Jahre alt, als zwei Todesfälle – erst starb ihre Großmutter, dann einige Tage später ihre Tante – ihre ersten Angstanfälle auslösten. Vor der Beerdigung, daran erinnert sich Katrin heute noch genau, geht sie durch die Aussegnungshalle und steht plötzlich vor lauter offenen Särgen: »Es war wie ein Horrorfilm: überall Leichen, alte, junge, Unfallopfer.« In der folgenden Nacht wacht Katrin plötzlich schweißgebadet auf, in panischer Angst durchfährt sie der Gedanke: »Die Nächste bist du! Nur nicht einschlafen, sonst wachst du nie wieder auf!« Es bleibt nicht bei diesem Angstanfall, immer öfter überfällt sie plötzliche Panik, Herzrasen, Schwindelgefühle. Die Ursache ist Katrin schleierhaft. Bis dahin ist sie mit ihrem Leben sehr zufrieden gewesen. Alles ist bisher wie geplant gelaufen: Ihre Arbeit am Bankschalter gefällt ihr, in einigen Monaten will sie heiraten und ist eifrig mit den Vorbereitungen für die Hochzeit beschäftigt. So schieben Katrin Bauer und ihre Verwandten die Schuld für die Angstanfälle auf den Streß und die Todesfälle. Einige Wochen später als geplant heiratet Katrin – und ist vier Wochen später schwanger. Katrin: »Während der Schwangerschaft ging es mir vergleichsweise gut. Bei den Angstanfällen hatte ich ja immer den Tod vor Augen gehabt – jetzt dachte ich mir: Wo Leben in mir wächst, darf ich nicht sterben. Ich werde gebraucht!«

Mit der Geburt ihrer Tochter Tanja beginnt eine anstrengende Zeit für Katrin: Sie arbeitet halbtags, während ihre Mutter Tanja versorgt. Ihr Mann bringt jeden Abend auf dem Bau zu. »Ich wollte eigentlich dieses Haus nicht bauen, denn ich hatte Bedenken, daß wir uns so bald nach der Hochzeit so hoch verschuldeten. Dadurch sah ich auch meine Freiheit in Gefahr, die ich – so dachte ich – gerade erst durch die Heirat gewonnen hatte, nach dem bisherigen Leben im Elternhaus und mit einem sehr autoritären Vater.« Die Angst tritt in dieser Zeit für Katrin eher in den Hintergrund. »Wir konnten ja sowieso kaum ausgehen, und in meiner vertrauten Umgebung fühlte ich mich relativ sicher. Übrigens hatte bis dahin noch nicht einmal mein Mann etwas von meinen Ängsten gemerkt, ausgenommen die paar Male, in denen ich schnell irgendeine Versammlung verlassen mußte. Da fiel es ihm natürlich schon auf, daß mir plötzlich anscheinend schlecht wurde. Aber ich wollte ihn nicht auch noch beunruhigen und gab Kreislaufprobleme vor, an die ich manchmal sogar selbst glaubte.«

Mit der Geburt ihrer zweiten Tochter Regina gibt Katrin Bauer ihren Beruf endgültig auf. Sie will ihre Kinder selbst erziehen und freut sich auf diese Aufgabe. Einige Monate nach der Geburt beginnen die Angstzustände wieder, dieses Mal noch stärker: Zur bekannten Panik kommt Appetitlosigkeit, ein Gefühl der

Sinnlosigkeit, mangelnder Antrieb, depressive Gefühle, die sie schon morgens beim Aufwachen befallen: »Jeden Morgen aufs neue dachte ich: Wie soll ich nur diesen Tag wieder durchstehen mit den beiden Kindern? Dabei fühlte ich mich nur einseitig überfordert, andererseits fehlten mir Kontakte und geistige Anforderungen.« Sie geht zu ihrem Hausarzt. Der zeigt sich verständnisvoll: »Das ist ja auch zuviel, der Haushalt, zwei Kinder, dann der Hausbau und überhaupt, der ganze Streß: Nehmen Sie doch mal eine Zeitlang Beruhigungsmittel!«

Katrin versuchte es in ihrer Verzweiflung tatsächlich mit verschiedenen Medikamenten, unter anderen Librium. Das Ergebnis: »Von den Tabletten wurde ich nur müde, die Angst aber steigerte sich noch, weil ich damit auch zu müde war, um mich noch gegen die Panik wehren zu können!« Schnell hört sie auf, die Tabletten zu nehmen – aber eine positive Wirkung haben sie trotzdem: Wie viele Menschen mit Angstattacken hat Katrin die Tabletten noch jahrelang ständig bei sich – sie geben ihr Halt, obwohl sie weiß, daß sie ihr eigentlich nicht helfen können. Jedesmal macht sie es sich bewußt und ist stolz, wenn sie eine schwierige Situation ohne Tabletten übersteht. Weiter auf der Suche nach einer körperlichen Ursache für die Panik sucht Katrin den nächsten Arzt auf, einen Endokrinologen, der ihre Schilddrüse untersuchen soll. Katrin weiß, daß auch Schilddrüsenüberfunktion ähnliche Symptome auslösen kann, sie hatte selbst schon einmal Schilddrüsenbeschwerden gehabt. Der Endokrinologe nimmt sie offensichtlich nicht ganz ernst: »Sie wurden doch schon mal an der Schilddrüse operiert. Da müssen Sie doch wissen, daß Sie etwas nervös sind. Finden Sie sich damit ab, daß aus Ihnen niemals ein Gemütsmensch wird!«

Nun hatten Katrins Ängste tatsächlich etwas Hysterisches: »Ich dachte bei jeder kleinsten körperlichen Beschwerde sofort an eine tödliche Krankheit, ich hatte Angst, ich würde eines Tages, einfach aus einem Impuls heraus, meine Kinder umbringen. Und gleichzeitig fürchtete ich, verrückt zu werden.« So stark sind Katrins Ängste, daß sie noch nicht einmal wagt, diese Befürchtungen in einem Tagebuch festzuhalten: »Ich dachte mir: Wenn jemand aus meiner Familie das liest, dann lassen sie mich gleich einweisen.« Typisch außerdem für Katrins hypochondrische Ängste: Wenn sie tatsächlich einmal ihr Heimatdorf, in dem sie wohnt, verlassen muß, sorgt sie immer dafür, daß sie weiß, wo der nächste Arzt ist und wie man ihn erreichen kann.

Glücklicherweise nimmt ihr Hausarzt sie mit ihren Befürchtungen auch weiterhin ernst, untersucht sie gründlich und bringt die Geduld auf, ihr zu erklären, daß Atemlosigkeit nach Treppensteigen völlig normal für einen untrainierten Menschen sei und kein Zeichen von Asthma. »Mit dem Gedanken ›du bist gesund‹ hielt ich mich einige Wochen über Wasser, bis die nächste Katastrophe kam.«

Katrin wird in dieser belasteten Situation zum dritten Mal schwanger – obwohl sie sich wenige Monate zuvor eine Spirale hatte legen lassen. Einiges spricht dafür, das Kind auszutragen. Schließlich haben die Bauers mehrere Kinder geplant, mehr als zwei jedenfalls, und sie sind aus Glaubensgründen gegen Schwangerschaftsabbruch. So ist es kein Wunder, daß Michael Bauer sich erst einmal freut, als er die Nachricht hört. Katrin: »Aber diese Schwangerschaft war ja keine Frage des Wollens, sondern des Könnens. Ich hatte bis auf 42 Kilogramm abgenommen und konnte kaum essen, hatte gerade einige Röntgenuntersuchungen hinter mir und lebte morgens von Aufputsch-, abends von Beruhigungsmitteln.

In diesem Zustand war ich allein mit den beiden Kindern, die schon da waren, vollkommen überfordert.« Das sieht Michael Bauer ein – und überläßt in seiner Hilflosigkeit einfach seiner Frau die Entscheidung mit den Worten: »Wenn du meinst, daß es nicht geht... mir geht es ja vor allem um dich.« Mit der festen Überzeugung, für ein weiteres Kind keine Kraft mehr zu haben, geht Katrin zu ihrer Frauenärztin. Die rät ihr recht deutlich zum Abbruch: »Das kann ich in dieser Situation weder für Sie noch für das Kind verantworten. Und was ist mit den beiden schon vorhandenen Kindern?«

In der siebten Schwangerschaftswoche läßt Katrin die Spirale entfernen und gleich eine Ausschabung machen. Katrin: »In meinen Ängsten gefangen, war mir ganz klar, daß ich dabei ja sowieso sterben würde.«

Katrin stirbt nicht – sie wacht aus der Narkose wieder auf,

aber mit einem gewaltigen Kloß im Hals. »Ich dachte, ich müßte mich nur einmal kräftig übergeben, dann müßte der Kloß weg sein...« Aber der Kloß bleibt. Katrin ist am Ende: »Ich war einige Monate lang einfach völlig fertig. Nach allem, was ich durchgemacht hatte, wußte ich: Jetzt muß ich mich entscheiden zu leben oder zu sterben. Schließlich hatte ich mich ja schon für meine beiden Kinder und in dieser Situation gegen ein drittes entschieden! Also beschloß ich zu leben.

Dieser Entschluß zu leben ist Katrins erster Schritt auf dem Weg aus der Angst – so meint sie heute. Ihr Hausarzt bietet ihr an, einen Kurs für autogenes Training zu belegen. Katrin folgt seinem Rat. »Damit hatte ich ein schnell wirkendes Mittel in der Hand, das es mir möglich machte, mich auch während schlimmerer Angstzustände zu entspannen. Aber damit kurierte ich natürlich nur an den Symptomen. Und ich merkte, ich mußte weitergehen, bis an die Wurzeln.« Zu den Wurzeln – das heißt für Katrin, über ihre Lebensgeschichte nachzudenken. »Mir wurde sehr schnell klar, daß ich mich eigentlich immer nur angepaßt hatte, ich hatte immer nur gemacht, was die anderen von mir erwartet hatten.«

Schon in ihren ersten Lebensjahren hatte Katrin unter Neurodermitis gelitten, einer teilweise seelisch bedingten, mit quälendem Juckreiz verbundenen Hautkrankheit. Außerdem hatte sie Asthma. Beide Eltern erzählten ihr oft die »Mühen und Umstände«, die ihre Leiden verursachten. »Sei immer schön lieb, dann kommst du am besten zurecht«, das gab ihr die Mutter immer wieder mit auf den Weg. Dieses »Immer-lieb-Sein«, so Katrin heute, diente ihr auch dazu, ihre Krankheit »wiedergutzumachen«, denn sie litt darunter, den Eltern soviel Kummer verursacht zu haben.

Mit knapp vier Jahren machte Katrin dann eine Leidenszeit durch, die sie für ihr Leben prägte: »Da ich aufgrund meiner Krankheit nicht gegen Pocken geimpft war, steckte ich mich im Kindergarten mit Kuhpocken an. Ich wurde in die Heidelberger Kinderklinik gebracht, wo man mich – so sagen meine Eltern heute – als erstes drei Tage in einen dunklen Raum sperrte. Nur zum Füttern kam ein Mensch zu mir.« Danach wurde sie für ein Vierteljahr in ein normales Krankenbett gelegt, oft mit angebundenen Händen, damit sie sich ihre quälend juckende Haut nicht blutig kratzte. Ihre Eltern durften sie nicht besuchen, nur von jenseits der Glasscheibe Blicke auf sie werfen. Zufällig bemerkte Katrin ihre Eltern doch einmal. Aber die Krankenschwester redete ihr ein, das müsse sie geträumt haben. Als Katrin schließlich entlassen worden war, plagten sie schreckliche Verlassensängste. Monatelang schrie und weinte sie jeden Abend, wenn ihre Mutter sie zu Bett gebracht hatte. Bis ihr Vater sie eines Abends vor lauter Hilflosigkeit in den Kohlenkeller sperrte, mit der Drohung, sie erst wieder herauszulassen, wenn sie still wäre. Von da an war sie still. Während sie diese Phase ihrer Kindheit in Gedanken noch einmal durchlebt, kommt Katrin der Gedanke, eine Psychotherapie zu machen. Durch ihre um anderthalb Jahre jüngere Schwester, die Sozialpädagogik studiert, lernt sie viele Bücher über Therapieformen kennen. Warum also nicht?

»In dieser Zeit fürchtete ich die Tendenz, durch die Erkenntnisse in der Therapie die Verantwortung für die eigenen Schwierigkeiten abzugeben und einfach den anderen die Schuld zuzuweisen. Außerdem gab es damals, in den siebziger Jahren, den Trend, alle Bindungen über Bord zu werfen. Ich hatte einfach Angst, daß mich eine Therapie in dieser Richtung beeinflussen würde – und das wollte ich nicht. Ich wollte frei von äußerer Beeinflussung meine eigenen Werte finden.« Katrin beschließt aber, nie wieder Psycho-Medikamente zu nehmen – auch nicht im Notfall. Sie will sich selbst wieder spüren, will sie selbst sein.

Dabei wird der Bereich, in dem sie sich angstfrei bewegen kann, immer kleiner. Einen Urlaub auf Gran Canaria müssen die Bauers absagen, dafür kaufen sie ein Haus im Elsaß, in das auch Katrin mitfahren kann – dort ist ein Arzt in erreichbarer Nähe. Nebenbei betreibt sie »Selbsttherapie«, wie sie es nennt – per Buch: Sie liest Tilmann Moser, um sich mit ihrem katholischen Glauben auseinanderzusetzen. Sie liest Erich Fromm, und ketzerische Gedanken kommen ihr: »Wie würde ich mein Leben gestalten, wenn ich mich nicht für eine Familie entschieden hätte? Was, wenn ich mich nicht aus der Abhängigkeit von den Eltern in die Abhängigkeit vom Mann begeben hätte?« Je mehr sie über ihre Ehe nachdenkt, desto mehr kommt sie zu dem

Schluß, daß sie den falschen Mann geheiratet hat. »Unsere Ehe war so eingespielt wie die meiner Eltern: Mein Mann traf die Entscheidungen. Als ich den Wunsch nach einem eigenen Auto äußerte, stand eines Tages der Wagen vor der Tür. Das hört sich zwar sehr großzügig an, aber er hatte mich ja noch nicht einmal gefragt, welche Farbe ich wollte!« Dabei ist ihr Mann kein Tyrann – er versteht nur nicht, worum es Katrin eigentlich geht. Und ihrer Angst steht er hilflos gegenüber. »Er bemühte sich, mein Verhalten zu verstehen, schlug zum Beispiel vor: ›Sag doch, was du willst, wenn du arbeiten willst, unterstütze ich dich‹, aber die Angst verstand er nicht. Und manchmal, wenn ich gar nicht mehr ansprechbar war, fragte er dann noch: ›Sag mal, bist du hysterisch?!‹« In dieser ganzen Zeit aber spielt Katrin ihre Rolle so gut, daß die übrige Umgebung noch weniger als ihr Mann merkt, wie schlecht es ihr geht. »Erst viel später habe ich meinem Hausarzt erzählt, wie dreckig es mir damals wirklich gegangen ist – er fiel aus allen Wolken!«

Ein Jahr später, im Juni 78, schreibt Katrin in ihr Tagebuch: »Ich muß meinen eigenen Weg finden.« Katrin: »Ich spürte, daß hinter allen Konventionen, die ich übernommen hatte, echte Werte stehen, die gesucht und gefunden werden wollten; Werte, die ich selber suchen und finden mußte, ohne mich verstellen zu müssen. Ich merkte, daß meine Probleme in mir lagen, und daß sie auch bleiben würden, wäre mein Mann nicht mehr da. Also beschloß ich, die Probleme in mir zu lösen – und es war mein Mann, der mir dabei gewaltig den Rücken stärkte. Er spornte mich immer wieder an, meine eigenen Interessen zu pflegen.« Wesentliche Unterstützung bot ihr außerdem die Leiterin des örtlichen Kindergartens, eine handfeste Nonne, die auch Seelsorge übte. »Mit ihr habe ich damals viele Gespräche geführt. Und dabei merkte ich auch, daß das schlechte Gewissen, die irrationalen Schuldgefühle, die mich immer packten, wenn ich nicht perfekt war, ja gar nicht berechtigt waren! Das heißt: Ich konnte sie loswerden! Ich hatte das Recht, Fehler zu machen und daraus zu lernen!«

Schritt für Schritt wird Katrin freier – und die Angstzustände werden seltener. Vorsichtig tastet sie sich von Herausforderung zu Herausforderung: Betriebsausflug, tanzen gehen und schließlich eine Urlaubsreise nach Südfrankreich. »Bei den ersten Malen habe ich mich selbst beobachtet – wie in einem Film. Immer nur der eine Gedanke: Hoffentlich kommt die Panik nicht.«

Nun gelingt es ihr auch, die Todesängste nicht mehr so absolut zu sehen. »Ich dachte mir: Bisher bin ich nicht gestorben, also wird es jetzt auch nicht passieren. Und wenn ich mal umkippe – was soll's, das passiert anderen Leuten auch! Außerdem: Je mehr ich unternahm, desto weniger fand ich Zeit, mich mit mir und mit meiner Angst zu beschäftigen, und um so freier, angstfreier, wurde ich; und um so mehr Aufgaben fand ich, die das Leben für mich, nur für mich, bereithält.«

Katrin nutzt den neuen Freiraum in vollen Zügen: Sie wird Elternbeiratsvorsitzende, schließt sich einer Laienspielgruppe an, und sie bekommt ihre dritte Tochter. Ihr erster Auftritt mit der Laienspielgruppe ist eine weitere Bewährungsprobe: »Als das Licht im Zuschauerraum ausging, fing bei mir das Zähneklappern an. Wenn ich nun auf der Bühne umkippen würde! Aber die anderen meinten, das wäre ganz normales Lampenfieber, und brachten mir ein Glas Sekt. Dann fiel mir ein, daß ich ja das Chaos um mich herum gar nicht mehr bemerken würde, wenn ich umkippte, und das beruhigte mich so sehr, daß ich auftreten konnte.«

Ein weiterer Beweis ihrer neuen Freiheit: Katrin beginnt, hin und wieder für ein paar Tage zu verreisen, um Museen oder Ausstellungen zu besuchen – ganz allein, ohne Mann und Kinder. Das tut sie auch heute noch, acht Jahre nach dieser Zeit. Noch ein Zitat aus dem Brief, den Katrin an die Redaktion ELTERN schrieb, um, wie sie sagte, anderen Frauen Hoffnung zu geben: »Inzwischen bin ich 35, Mutter von vier Kindern und Noch-Hausfrau. Ich denke, in wenigen Jahren, wenn mich meine Kinder nicht mehr so stark brauchen, wird sich das ändern. Bis dahin genügt es mir, daß ich einen großen Bekanntenkreis habe, wo auch eine geistige Auseinandersetzung stattfindet und es viele Möglichkeiten für mich gibt, meine Interessen zu vervollkommnen. Ich denke, daß ich vor der Angst keine Angst haben muß, denn ich weiß heute damit umzugehen. Sobald die ersten Anzeichen auftreten, ist es an der Zeit, ›Seelenhygiene‹ zu betreiben, die ich im Alltagsgefecht doch hin und wieder vernachlässige.«

Und sie platzt beinahe vor Tatendrang, wenn sie sich die Zukunft ausmalt: »Heute denke ich, daß ich noch fünf Leben leben könnte, so viel, wie ich möchte und vorhabe!« Im nachhinein sieht sie einen Sinn in ihrer Angst: »Ohne die Panikattacken wäre ich wahrscheinlich mit 40 eine alte Frau gewesen, so wie viele hier in unserem Dorf. Vielleicht ist solch eine Krise oft der einzige Weg, der in ein befreiteres Leben führt, denn ohne den Leidensdruck hätte ich bestimmt keinen Anlaß für den beschwerlichen und leidvollen Reifungsprozeß gesehen.«

Eva Wikowski, 36 Jahre alt, Kinderpflegerin

Ein kleiner Kurort am Bodensee, etwa 2100 Einwohner. Hier wurde die gelernte Kinderpflegerin Eva Wikowski 1953 geboren. Hier hat sich langsam, aber um so brutaler die Angst in ihr Leben eingeschlichen. Und diese Angst hat auch einiges mit dem kleinen Ort zu tun. Zuerst aber erkennt Eva ihre Leiden gar nicht als Angst. Was sie wahrnimmt, ist bleierne Müdigkeit. Die überfällt sie jeden Morgen, wenn sie ihre jüngste Tochter in den Kindergarten in der Mitte des Dorfes bringt. »Immer beim selben Haus wurde ich schlagartig so müde, daß ich mich nur noch mit Mühe weiterschleppen konnte.« Nach einigen Tagen kommt Schwindel dazu. Eva beschließt, ihren Hausarzt um Rat zu fragen. Der ist mit der Diagnose schnell zur Hand: niedriger Blutdruck, Therapie: viel Bewegung. Aber die Bewegung hilft nichts – Eva schleppt sich weiterhin täglich nur mühsam bis zur Dorfmitte und zurück. Inzwischen leidet sie dabei auch schon unter Übelkeit.

In ihrer Verzweiflung meint Eva bald, den Auslöser für ihr Leiden selbst entdeckt zu haben: Brustkrebs! »Sobald ich mich unbeobachtet fühlte, tastete ich meine Brust ab, unzählige Male am Tag. Und natürlich fand ich auch bald einen Knoten. Dann untersuchte mein Mann, dessen erste Frau an Brustkrebs gestorben war, die Brust und entlarvte den ›Knoten‹, den ich fühlte, als Teil des Brustkorbs. Aber mich beruhigte das nicht im geringsten. Ich suchte weiter meine Brust ab, denn ich meinte, schon ganz deutlich die Schmerzen zu spüren. Nicht einmal mein Frauenarzt konnte mir die Angst nehmen – für mich war klar, daß er den Knoten übersehen hatte.« Obwohl sich Evas Leiden, die Angst, die Schwindel- und Übelkeitsgefühle, noch verschlimmern, wagt Eva bald nicht mehr, zu ihrem Hausarzt zu gehen: Sie schämt sich.

Bis zu dem Juni-Morgen, an dem sie ihr Leiden nicht mehr länger verbergen kann. »Ich hatte meine Tochter wie immer in den Kindergarten gebracht und war allein zu Hause. Plötzlich überfiel mich Todesangst. Ich meinte, ohnmächtig zu werden, bekam keine Luft mehr, der Schweiß brach mir aus, alles drehte sich. In meiner Verzweiflung rief ich meine Mutter an, die sofort kam, mir erst mal einen Cognac einflößte und mich dann zum Hausarzt fuhr. Diesmal stellte er die richtige Diagnose: ›Die körperlichen Symptome sind seelisch bedingt.‹ Er verpaßte mir eine Valiumsspritze und schickte mich unter der Obhut meiner Mutter nach Hause.« Am nächsten Tag besucht der Arzt Eva zu Hause und verschreibt ihr Adumbran, einen Tranquilizer. Wirkliche Hilfe bringen die Tabletten nicht: Sie verhindern kaum die Panik, und alles in Eva sträubt sich gegen Psychopharmaka.

So beginnt eine schlimme Zeit für sie: Vor allem tagsüber, wenn ihr Mann nicht zu Hause ist, wird Eva von Panikattacken gequält. Die ersten zwei Wochen steht ihre Mutter ihr bei, bis Eva sie nach Hause schickt, sie will ihre Angst allein bekämpfen. Aber dieser Kampf wird unvorstellbar schwer. Eva: »Das Haus konnte ich nicht verlassen, arbeiten konnte ich auch nicht, und am wenigsten konnte ich Ruhe verkraften. Also rannte ich in den ersten Tagen fast pausenlos durch unser Haus. Dabei konnte ich noch nicht einmal das Radio zur Ablenkung einschalten, denn ich empfand jeden Laut als schmerzhaft. Aber in dieser Stille hörte ich dann mich selbst und fühlte die quälende Leere in meinem Kopf.«

Auf ihren Wanderungen im Haus trägt Eva immer eine Plastiktüte bei sich. Ihr Hausarzt hat ihr nämlich beigebracht, wie sie mit dem Atmen in eine Plastiktüte Hyperventilationskrämpfe verhindern kann.

So verlieren zumindest die Krämpfe durch angstvolles Atmen

ihren Schrecken. Besonders quälend ist es für Eva, daß sie das Haus nun endgültig nicht mehr verlassen kann: »Die Kinder zur Schule und in den Kindergarten bringen, einkaufen – bei diesen Dingen mußten mein Mann und meine Mutter einspringen. Oft konnte ich noch nicht einmal Holz für den Kachelofen holen – dazu hätte ich nämlich außen ums Haus herum gehen müssen.« Auch die Nächte werden für Eva zur Qual, denn oft wacht sie aus dem Schlaf ganz plötzlich auf und meint, vor Angst den Verstand zu verlieren. Besucher stellen sie vor besondere Probleme: Eva will ihre Angst um keinen Preis zeigen – und um so quälender wird sie. Doch nach einiger Zeit beginnt ihr Kampf gegen die Angst Erfolg zu zeigen: Sie kann schon ohne große Angst wieder allein zu Hause sein, und wenn ihr Mann draußen im Auto wartet, kann sie sich sogar in Geschäfte wagen. Trotzdem bleibt Evas Leben stark eingeschränkt.

Als ihr Kegelklub einen Ausflug plant, entwickelt sie einen ausgeklügelten Plan, um weder mitfahren zu müssen noch ihre Krankheit zu offenbaren: »Ich kaufte mir eine Fahrkarte, etwas Neues zum Anziehen und machte mit den anderen schöne Pläne für den Ausflug. Dabei wußte ich genau, daß ich nicht mitfahren konnte. Nur meine Schwester weihte ich ein. Am Morgen der Reise sagte ich dann wegen einer plötzlichen Grippe ab, und der Mann meiner Schwester nahm meinen Platz ein.« Etwa zu dieser Zeit beschließt sie auch, Leidensgenossinnen zu suchen, und gibt in der Zeitung der Kreisstadt eine Kleinanzeige auf: »Wer macht Mut und berichtet mir über erlebte Ängste und Depressionen?« Zwanzig Frauen melden sich, aber nicht jede Zuschrift macht ihr Mut: »Als erstes las ich einen Brief, in dem eine Frau ohne Punkt und Komma ihr entsetzliches Leiden schilderte. Ihre Angst war noch schlimmer als meine. Aber so sehr ich mir Kontakt wünschte: Dieser Frau konnte ich einfach nicht antworten.«

Andere Kontakte helfen ihr dagegen sehr: »Ich merkte, daß ich mit meinen Gefühlen nicht allein auf der Welt war. Und nach Gesprächen am Telefon fühlte ich mich richtig stark. Da brauchte ich nicht Versteck zu spielen, brauchte nicht fröhlich zu tun. Denn eigentlich ist man mit der Angst ja dauernd unehrlich, weil man meint, sie verbergen zu müssen ...« Als die

Angst im November wieder schlimmer wird, geht Eva schließlich zu einem Nervenarzt. Die regelmäßigen Gespräche mit ihm tun ihr wohl, sie fühlt sich von dem Arzt verstanden und ernstgenommen. Außerdem spornen sie die Besuche bei ihm an, mehr zu wagen: »Schließlich wollte ich beim nächsten Termin bei ihm etwas zu berichten haben!« Bis der Nervenarzt eines Tages lapidar feststellt: »Sie heilen sich selbst« und die Gespräche beendet.

Eva: »Ich glaubte es ihm, oder besser: Ich wollte es glauben.« Und obwohl dadurch der Ansporn zu größeren Unternehmungen wegfällt, schafft Eva immer mehr. Sie kann es sich erlauben, auch allein im Haus mal zur Ruhe zu kommen und mit ihrem Mann kleine Spaziergänge zu machen, allerdings nur im Schutz der abendlichen Dunkelheit. Denn ihre schlimmste Angstphantasie ist die Vorstellung, mitten auf der Straße einen Angstanfall zu bekommen und vor aller Augen zusammenzubrechen.

In den folgenden Monaten geht es ihr tatsächlich immer besser. Sie schafft es wieder, in der Kreisstadt einzukaufen, wenn ihr Mann sie mit dem Auto hinbringt, sie kann ihn auf eine Geschäftsreise, mit dem Auto, begleiten. Für die Umwelt kann sie ihre Ängste so gut verbergen, daß nur einige Personen überhaupt Notiz davon nehmen: ihr Mann natürlich, eine Freundin und eine verständnisvolle Cousine. Ihre Mutter dagegen bekommt nach den ersten Anfällen nichts mehr mit, auch vor ihrer Familie schafft es Eva, ihr Leiden zu verbergen.

»Ich habe erst gar nicht versucht, denen klar zu machen, was mit mir los ist. Wie sollten die es verstehen, wenn ich es selbst ja noch nicht mal verstand!« Natürlich versucht Eva auch, ihre drei Kinder Tobias (zwölf), Kerstin (acht) und Marie (fünf) nicht unter ihrer Angst leiden zu lassen. Manchmal ist das fast unmöglich. »Vor allem in der ersten Zeit überkamen mich oft furchtbare Gedanken. Dann dachte ich, jetzt dreh' ich gleich durch und tu' der Kleinen was an. Ich hatte schreckliche Angst, die Kontrolle zu verlieren. An solchen Tagen habe ich Marie morgens immer ganz schnell angezogen und sie wie von Furien gehetzt der herbeigerufenen Mutter ins Auto gesetzt, und so wurde die Kleine in den Kindergarten gebracht.« Aber auch die beiden Großen sehen, daß es ihrer Mutter nicht gutgeht. Gesprochen haben sie bis heute darüber nicht. »Ich habe immer Mittagsruhe gehalten, die mir vor allem dazu diente, mich richtig auszuweinen.«

Eines bleibt merkwürdig: Obwohl sich Evas Zustand zusehends bessert, bleibt es ihr doch unmöglich, die 700 Meter bis in die Mitte ihres Dorfes zu gehen. »Schon die Vorstellung, diesen Weg allein gehen zu müssen, versetzte mich in Panik. Höchstens im Schutz der Dunkelheit brachte ich manchmal einen Teil der Strecke hinter mich.« Erst ein Jahr später, als sie sich entschließt, bei einem Neurologen und Psychotherapeuten im Nachbarort eine Psychotherapie zu beginnen, wird ihr ein Teil der Ursache für diese Aversion gegen den einen ganz bestimmten Weg klar: »In der Ortsmitte wohnen meine Eltern, sie haben dort ein größeres Hotel. Ich bin das Jüngste von drei Geschwistern, für die beiden Älteren hatte meine Mutter wegen der Arbeit nie Zeit gehabt. Um so mehr hing sie an mir, mit einer wahren Affenliebe. Noch als Erwachsene beherrschte mich bei allem, was ich tat, der Gedanke: Du darfst deine Mutter nicht verletzen, nie! Eigentlich war ich ganz unfrei, denn bei allem, was ich außer der Reihe tat, entwickelte ich sofort ein schlechtes Gewissen: Was wird die Mutter dazu sagen? – Komisch, ohne Therapie wäre ich auf das alles nie gekommen!« Leider zieht der Therapeut nach einem haben Jahr um, und Eva hat keine Lust, einen neuen zu suchen. Aber offensichtlich hat diese Behandlungszeit ausgereicht, um Eva erkennen zu lassen, daß ihre Angst, in die Ortsmitte zu gehen, eigentlich eine Folge ihrer inneren Unfreiheit ist. »Ohne die Angst hätte ich nie angefangen, mich von meiner Mutter abzunabeln. Aber mit der Angst hatte ich auf einmal etwas, was mir allein gehörte, ein Problem, mit dem ich alleine fertigwerden muß.«

Eva zieht die Konsequenzen: Schritt für Schritt fängt sie an, sich bewußt von diesem inneren Zwang zu befreien. »Ich versuche auch heute noch, das Wort ›muß‹ in meinen Gedanken nicht vorkommen zu lassen. Ich gönne mir – ohne schlechtes Gewissen – Erholung, wenn ich sie brauche. Und ich versuche, *mein* Leben mit *meiner* Familie zu führen, nicht mehr für andere irgendwelche ungeschriebenen Gesetze zu erfüllen. Ein Beispiel: Bei uns ist es absolut unüblich, in der Fastnachtszeit wegzufahren: ›Da bleibt man doch daheim!‹ sagt auch meine Mutter. Trotzdem bin ich im letzten Jahr mit meiner Familie gerade zu dieser Zeit weggefahren – früher hätte ich mich so etwas nie getraut!«

Auch Evas Umgang mit Angstanfällen hat sich verändert: »Früher habe ich alle Situationen vermieden, in denen ich auch nur einmal eine Panikattacke bekommen habe. Jetzt habe ich wieder Mut, es notfalls mehrmals zu versuchen. Aber ich gebe nicht mehr auf!«

Völlig aufgelöst haben sich Evas Ängste allerdings noch nicht, ihr Alltag ist ein zäher Kleinkrieg mit der Panik: Die Ortsmitte macht ihr immer noch Schwierigkeiten, dafür kann sie aber alleine einen Einkaufsbummel in der Kreisstadt machen – und fährt mit einem Taxi zurück. Zum Zahnarzt hat sie es neulich geschafft, mit Problemen verbunden ist dagegen noch der Besuch beim Friseur. Eva quält dort das Gefühl, festzusitzen und nicht mehr weg zu können, wenn sie es möchte. Geblieben ist Eva außerdem eine ausgeprägte Krankheitsangst: Schon bei den geringsten körperlichen Mißempfindungen kann es ihr passieren, daß die Todesangst sie wieder packt. Für solche Situationen hat sich Eva einen kleinen Trick zurechtgemacht: »Ich stelle mir meinen Körper ganz genau von Kopf bis Fuß vor und sehe in Gedanken, wie gesund er ist – das hilft tatsächlich.«

Trotz all der Schwierigkeiten sieht Eva noch einen positiven Aspekt in ihrer Angst: »Ich bin insgesamt offener geworden, kann besser auf andere Menschen zugehen. Früher war ich nämlich ziemlich schüchtern. Und stärker fühle ich mich jetzt, viel stärker!«

Am Ende des Gesprächs fährt Eva plötzlich mit einer Hand in die Jackentasche, lächelt und holt einen Zettel hervor. »Ich genieße die Stunden, die vor mir liegen« steht drauf. »In einer Zeitschrift stand vor einiger Zeit was über positives Denken. Und dabei war auch der Tip, Zettel mit ermutigenden Sprüchen mit sich zu nehmen, die man schnell hervorholen kann, wenn es einem nicht gutgeht. Auf einem anderen Zettel steht zum Beispiel ›Ich bin voll Energie und Lebensfreude‹. Und ob Sie es glauben oder nicht: Wenn ich heute noch mal ein Tief habe, dann helfen mir diese Sprüche, mich wieder daraus zu befreien.«

Gerd Schumacher, 39 Jahre alt, Großhandelskaufmann

»Seitdem ich in der Selbsthilfegruppe bin, geht es bei mir endlich bergauf. Manchmal denke ich, das ist jetzt wirklich mein zweites Leben.« Gerd Schumacher sprüht vor Ideen und Energie. Das war nicht immer so. Noch vor einem Jahr hätte Gerd fast vor der Angst kapituliert. Er wollte auf ein eigenständiges Leben verzichten und wieder zu seinen Eltern zurückkehren, um sich dort vor der Welt und den Menschen zu verstecken.

Fast 20 Jahre lang haben ihn Angst und Hoffnungslosigkeit gequält. Doch keiner der vielen Therapeuten und Ärzte, bei denen Gerd Rat suchte, fand heraus, daß es Angst war, die hinter den vielfältigen körperlichen Beschwerden steckte. Psychotherapeuten probierten die verschiedensten Verfahren. Schließlich war Gerd sogar zu Experimenten bereit, mit dem Ergebnis, daß die Angst erst richtig durchbrach. Ärzte verschrieben in großen Mengen stark wirksame Medikamente. Im Laufe der Jahre lernte Gerd die ganze Palette der Beruhigungsmittel, Antidepressiva und Neuroleptika kennen. Zum Schluß spülte er die Tabletten mit Bier herunter. Erst eine Psychologin, zu der ihn seine Krankenkasse wegen seines Alkohol- und Medikamentenmißbrauchs geschickt hatte, fand vor zwei Jahren die richtige Spur.

»Ich mußte wohl erst die vielen Schläge auf den Kopf bekommen, um aufzuwachen«, meint Gerd heute zu seiner langen Leidensgeschichte. Denn die Angst war nicht mit einem Mal in sein Leben gekommen, sie hatte sich über Jahre entwickelt. Sie hatte sich zwar stets bemerkbar gemacht, nur Gerd hatte ihre Zeichen nicht erkannt.

Aufgewachsen in einer streng religiösen Familie im Schwäbischen, besucht Gerd die Hauptschule und macht anschließend Mitte der sechziger Jahre eine Ausbildung zum Großhandelskaufmann. Währenddessen geht seine ältere Schwester aufs

Gymnasium. Auch Gerd hätte gerne Abitur gemacht, doch eine Lese- und Schreibschwäche zu Beginn seiner Schulzeit, die inzwischen aber überwunden war, hatte den Besuch einer weiterführenden Schule verhindert. Gegenüber seiner Schwester kommt er sich minderwertig vor: »Sie erfüllte die Ansprüche meines Vaters, ich nicht.«

Gerd arbeitet noch eine Weile in seinem Beruf, beginnt aber dann, auf dem zweiten Bildungsweg das Abitur nachzumachen. Dazu muß er verschiedene Schulen und Kurse besuchen. Zweimal bricht er nach wenigen Wochen ab, weil er sich den Anforderungen nicht gewachsen fühlt. »Dabei bin ich niemals auch nur durch eine Prüfung gesaust. Ich habe immer vorher aufgegeben, weil ich dachte, das schaffe ich sowieso nicht.« Doch Gerd kämpft: In Abendkursen füllt er seine Wissenslücken zum Beispiel in Englisch und meldet sich wieder an der Berufsaufbauschule an. Diesmal klappt es. Mit 24 Jahren macht er an einem Wirtschaftsgymnasium das Abitur und entscheidet sich, Wirtschaftspädagogik zu studieren. »Ich hatte immer Spaß daran, mit anderen Menschen zusammenzuarbeiten, ihnen etwas beizubringen. Während der Lehre war ich ja auch schon Jugendscharführer gewesen. Da lag der Lehrerberuf nahe.«

Gerd meldet sich an der Uni Tübingen an und zieht zum ersten Mal von zu Hause weg. In Tübingen ist er aber nur unter der Woche während des Semesters. An den Wochenenden fährt er stets nach Hause: »Ich mußte doch mit der Mannschaft Handball spielen.« In den Ferien jobbt er. »So ein richtiges Studentenleben mit Ausgehen und Kneipe habe ich nie geführt, obwohl ich es gerne getan hätte. Ich war nicht so unbeschwert, vielleicht lag das daran, daß ich mir das Studium so sehr erkämpfen mußte. Außerdem war ich sehr schüchtern.« Gerd lernt sehr viel, manchmal ganze Nächte hindurch, bis er Magenschmerzen bekommt. Er geht zum Arzt, der kann nichts finden, tippt auf seelische Ursachen und verschreibt ihm zum ersten Mal Beruhigungsmittel.

Nach drei Jahren entscheidet sich Gerd, die Uni zu wechseln. »Ich wollte mich von zu Hause abnabeln. Außerdem wechselt man ja wenigstens einmal die Uni, das ist eine ungeschriebene Regel.« Seine Wahl fällt auf die Uni Göttingen. »Die liegt im

Norden, wo hochdeutsch gesprochen wird. Ich dachte, dort kann ich auch meinen schwäbischen Dialekt loswerden.« Doch in Göttingen kommt Gerd gar nicht mehr zurecht. Er spürt eine große Sehnsucht, mit Menschen zusammen zu sein. Aber er kennt keinen, seine wenigen Freunde sind im Süden geblieben. Gerd versucht, neue Kontakte zu knüpfen, doch es klappt nicht. Schon im letzten Semester in Tübingen hatte er nicht mehr viel studiert, sondern seine Tage in der Uni-Cafeteria verbracht. Das setzt er in Göttingen fort. In der Uni ist er aber nur noch ganz selten zu finden, dafür streift er durch die Fußgängerzone der Stadt, besucht Cafés und Kaufhäuser. Doch sobald sich ein Gespräch anzubahnen beginnt, bekommt er Angst vor der eigenen Courage, kann kaum ein Wort herausbringen und flieht. »So blieb ich allein unter Menschen.« Gerd versucht es mit einem Volkshochschulkurs in Selbstbehauptung. Doch auch der bringt nicht den gewünschten Erfolg. Eine Bekannte aus seinem Heimatort rät ihm zu einer Psychotherapie und gibt ihm die Adresse eines Therapiezentrums auf dem Lande in der Nähe von München. Er nimmt ein Urlaubssemester und begibt sich 1978 in Therapie: »Das war eine Primärtherapie nach Janov.«

In der Therapie wird ihm vieles aus seiner Kindheit bewußt: »Als kleiner Junge hatte ich zum Beispiel furchtbare Angst davor, es könnte mir eine Atombombe auf den Kopf fallen. Jedesmal, wenn ein Düsenjäger über unseren Schulhof brauste, rannte ich in panischer Angst davon. Die anderen Kinder haben mich natürlich ausgelacht.« Wahrscheinlich, so erklärt es sich Gerd heute, hat er damals aus Erwachsenengesprächen etwas von der Atombombe mitbekommen. Er traut sich aber nicht, seine Eltern zu fragen, und macht seine Angst allein mit sich aus. Auch der Grund für seine Scheu vor Frauen wird ihm klarer: Er ist gerade vierzehn, als seine ältere Schwester nach einem Rendezvous mit ihrem Freund abends zu spät nach Hause kommt. »Der Vater beschimpfte sie als Flittchen und wollte sie nicht ins Haus lassen. Daraufhin drohte sie, ins Wasser zu gehen. Das hat mir soviel Angst gemacht, daß ich danach mit dem anderen Geschlecht gar nichts mehr zu tun haben wollte. Ich dachte, das bringt nur Ärger, und wollte es aus meinem Leben streichen.«

Gerd mietet sich in der Nähe des Therapiezentrum ein Zimmer. In der Gemeinschaft mit den Menschen im Zentrum geht es ihm gut, er hat auch eine Freundin. Aber außerhalb des schützenden Raumes fühlt er sich so verloren wie immer. Die vielen Einzel- und Gruppensitzungen können seine Schüchternheit und Gehemmtheit nur wenig lindern. Nach einem halben Jahr entscheidet er sich, erst mal nicht nach Göttingen zurückzukehren, sondern in der Nähe des Zentrums zu bleiben. Seine Eltern unterstützen ihn dabei zunächst noch finanziell.

Zwei Jahre später, Anfang 1980, zieht Gerd nach München. Er wohnt bei einem Ehepaar, das er während der Therapie kennengelernt hat, und findet auch schnell Arbeit. Die nächsten eineinhalb Jahre fühlt er sich so wohl wie nie zuvor. Er hat Freunde, fährt in Urlaub, die Arbeit macht ihm Freude. Auch das Studium ist noch nicht zu den Akten gelegt, er will, sobald er sich wirklich sicher fühlt, weitermachen. Doch dazu kommt es nicht mehr.

Im Urlaub verliebt er sich in eine junge Frau. »Obwohl gar nichts zwischen uns gewesen ist, plante ich schon eine gemeinsame Zukunft.« Die Frau ist völlig überrascht und zieht sich zurück. Dann zieht das Ehepaar, bei dem er wohnt, aufs Land. Gerd ist sehr traurig, er vermißt die Geborgenheit seiner Ersatzfamilie. »Kurz nachdem sie ausgezogen waren, fiel ich in ein Loch. Hoffnungslosigkeit machte sich breit. Ich war meines Schutzes beraubt, mit den fremden Wohnungsnachfolgern verbanden mich keine intensiven Gefühle.« Im Beruf hat Gerd bislang keine großen Probleme gehabt, er ist anerkannt, seine Vorgesetzten wissen seine Kreativität und sein Engagement zu schätzen. Doch nun wird Gerd krank und fehlt, Magenbeschwerden. Schließlich verliert Gerd Anfang 1982 seine Arbeitsstelle und ist ein ganzes Jahr arbeitslos. In dieser Zeit treten die erste Depression und Zukunftsängste auf. Ein Neurologe verschreibt ihm deswegen ein Antidepressivum.

Doch Gerd gibt die Hoffnung noch nicht auf. Er ist sich sicher, daß er mit der richtigen Therapie den Knoten in sich lösen kann. Da die bisherigen Versuche nicht viel genutzt haben, versucht er es »mit Gewalt«. Freunde aus dem Therapiezentrum haben ihm von LSD-Versuchen erzählt, die bei »therapieresistenten Menschen wir mir« geholfen hätten. Gerd läßt sich zu einer »LSD-Therapie« überreden, er will damit seine Abwehr knacken. Beim ersten Mal, ein Freund ist bei ihm, passiert überhaupt nichts. Beim zweiten Mal ist er allein. »Nach kurzer Zeit war ich völlig außer mir. Es war der reinste Horror.« Gerd erlebt eine mehrstündige Panikattacke. Verzweifelt versucht er die Orientierung zu behalten, kämpft darum, nichts Unkontrolliertes zu tun. Er nimmt von seinen Beruhigungsmitteln, nach drei Stunden ist der Angstanfall überstanden.

Doch die Anfälle kommen wieder, ohne Droge. Zum ersten Mal eine Woche später, dann in kürzeren Abständen. Innerhalb weniger Minuten gerät Gerd in höchste Erregung, sein Puls rast, er zittert und bebt und empfindet panische Angst verrückt zu werden und die Kontrolle zu verlieren. »Die Droge hatte den Damm brechen lassen. Die ganze Angst, die sich in mir jahrelang aufgestaut hatte, kam jetzt heraus. Aber es hätte auch ein anderer Anlaß sein können, die Droge war nur der Mittler, ein Katalysator. Aber genau das hatte ich ja auch so gewollt.« Die Anfälle kommen urplötzlich, er kann sie nicht voraussehen: anfangs hauptsächlich zu Hause, manchmal sogar im Schlaf, dann beim Autofahren, in den Pausen des Lehrgangs, den Gerd gerade besucht. Er hat trotz Panikattacken inzwischen wieder angefangen zu arbeiten.

Später gibt es Situationen, in denen sie immer auftreten. Zum Beispiel, wenn er seine Eltern besuchen will. »Den Albaufstieg am Aichelberg, ein sehr kurvenreiches und steiles Autobahnstück, habe ich nie ohne Panikzustand überstanden.«

Gerd geht wieder zum Neurologen, der verschreibt ihm nun Neuroleptika. »Ich überstand keinen Anfall mehr ohne Tabletten. Ich klammerte mich an sie. Sobald ich spürte, daß es wieder soweit war, nahm ich eine oder zwei. Trotzdem dauerten die Zustände meistens eine Stunde, manchmal sogar länger.« Er zieht sich zurück, geht kaum noch aus, trifft sich nicht mehr mit Freunden. »Ich wußte ja nicht, wann der nächste Anfall kommt.« In der Firma engagiert sich Gerd fast bis zum Umfallen. Es ist ein kleiner Betrieb, stets am Rande des Konkurses. Gerd fühlt sich verantwortlich, arbeitet auch an den Wochenenden bis spät in die Nacht und bekommt trotzdem langsam

Versagensangst. Während dieser Zeit trinkt er viel Alkohol, er fürchtet, abhängig zu werden. Nach einigen Monaten kann er die Arbeit kaum noch aushalten, schon der morgendliche Weg dorthin ist ihm eine Qual. Gerd fehlt erneut im Betrieb, kündigt im Frühjahr 1984 und verbringt die Tage meist zu Hause. Inzwischen hat er eine eigene kleine Wohnung für sich alleine und fühlt sich völlig hoffnungslos. Seine Eltern zeigen Verständnis: »Von Angst wollten sie zwar nichts hören, aber Depressionen kennt ja jeder; meine Mutter hatte manchmal auch damit zu kämpfen.«

Einige Monate später sucht er sich wieder eine Arbeit: »Ich hatte gemerkt, daß ich ohne Arbeit nicht mehr aus dem Loch komme. Gleichzeitig hatte ich aber fürchterliche Angst zu versagen. Die ersten beiden Stunden morgens waren schlimm. Schaffe ich es heute, oder kommt der nächste Anfall? Mir war schlecht vor Angst. Ich konnte nichts mehr essen, mein Magen revoltierte.« Der Neurologe verschreibt ihm weiter Beruhigungsmittel und Neuroleptika.

Eines Tages sitzt er vormittags auf einer Palette in der Firma: »Ich bekam überhaupt nichts mehr geregelt. Schon vorher war mir aufgefallen, daß etwas mit meiner Wahrnehmung nicht mehr stimmte. Manchmal sah ich mich beim Straßenüberqueren noch an der Bordsteinkante stehen. Tatsächlich war ich aber schon mitten auf der Fahrbahn. Waren das die vielen Tabletten? An diesem Tag zum Beispiel hatte ich morgens zwei Tabletten Taxilan 100 – das ist ein Neuroleptikum – genommen.« Der Chef fährt ihn zum Neurologen. Der überweist ihn für sechs Wochen in eine psychosomatische Klinik, Gerd muß jedoch vier Wochen auf einen Platz warten. Die Ärztin, bei der Gerd inzwischen auf Rat des Neurologen eine Psychoanalyse begonnen hat, ist dagegen: »Sie wollte mich alleine heilen.« Er fährt trotzdem. Aus den sechs Wochen werden schließlich elf.

»Die ersten Tage in der Klinik waren schlimm. Sie setzten alle Medikamente ab. Außerdem fürchtete ich mich vor dem nächsten Panikzustand. Ich sagte das aber gleich bei der Aufnahme. Die Therapeuten boten mir an, im Fall des Falles nachts zu ihnen zu kommen. Das tat ich auch.« Mit der Zeit verschwindet seine Angst vor den anderen Patienten. Auch die Bewegungs-

und vor allem die Gestaltungstherapie machen ihm Spaß. »Ich fand eine neue Möglichkeit, mich auszudrücken. Ein Bild sollte ein Erlebnis aus unserer Kindheit darstellen. Alle anderen malten bunte Bilder, meins war als einziges schwarzweiß.«

Im Winter 1985 kommt Gerd wieder nach München zurück. »Ich dachte, jetzt fängt mein zweites Leben an. Ich fühlte mich so wohl wie lange nicht.« Er findet wieder eine neue Arbeit – die alte Firma hatte ihm gekündigt –, trifft sich auch manchmal mit Kollegen in der Freizeit. Doch schon bald plagen ihn Sorgen, ob er den Anforderungen auch wirklich gewachsen ist. Die Psychoanalyse gibt er schließlich auf. Zwar hatte er noch eine Gruppentherapie begonnen, die auch seine Scheu vor Menschen linderte, aber mit der Therapeutin kommt er einfach nicht mehr zurecht. Er geht zu seinem Neurologen und bekommt vorbeugend wieder Beruhigungsmittel und später Antidepressiva. Innerhalb weniger Monate ist der alte Zustand wiederhergestellt. Zwar werden die Panikanfälle seltener, sie hören schließlich ganz auf, dafür treten die Magenbeschwerden und die Hoffnungslosigkeit in den Vordergrund. Gerd wird gekündigt, er bleibt eine Weile zu Hause, sucht eine neue Arbeit, wird wieder gekündigt. »Am 1. Juli 1987 habe ich dann das letzte Mal gearbeitet. Ich hatte an diesem Tag wieder in der Firma angefangen, bei der ich ganz am Anfang gewesen war. Alle waren mit mir zufrieden und freuten sich. Doch schon am zweiten Tag konnte ich nicht mehr hingehen.«

Von nun an verbringt Gerd die Tage hauptsächlich im Bett. Er ist inzwischen 37 Jahre alt. Die Welt holt er sich mit dem Fernseher ins Haus, in die Wohnung läßt er keinen Menschen mehr. Sein Alkoholkonsum steigt, bisweilen spült er die Tabletten mit Bier herunter und ißt fast nichts mehr. Wenig später bricht er morgens nach dem Aufstehen zusammen, er fällt einfach um. Gerd trinkt zur Beruhigung zwei Flaschen Bier. Er fällt wieder um, dann noch einmal. »Jetzt ist es aus«, denkt er und will schnell zum Neurologen. Auch auf dem Weg dorthin fällt Gerd erneut hin, verletzt sich im Gesicht. Der Neurologe ist in Urlaub, eine junge Ärztin vertritt ihn und ist entsetzt. Sie will Gerd sofort wegen Alkohol- und Medikamentenmißbrauch in die Psychiatrie einweisen. Er weigert sich. Seine Eltern sollen erst kommen, denn er hat Angst, daß man ihn in der Klinik behalten könnte. Die Eltern reisen sofort an, wenige Tage später geht Gerd freiwillig in die Klinik. Er bleibt drei Wochen. »Danach war ich mit Tabletten sehr vorsichtig.« Heute faßt er keine mehr an. Die Ärzte raten dringend zu einer Suchttherapie. Gerd lehnte ab, er möchte wegen seiner Angst behandelt werden. Seine Krankenkasse zeigt sich skeptisch, vermittelt ihm jedoch eine Psychologin, um die Diagnose abzuklären. Diese Therapeutin ist die erste, die ihm wirklich helfen kann.

Gerd beginnt mit einer Gesprächstherapie, zunächst mit wöchentlichen Sitzungen, später werden die Abstände zwischen den Sitzungen länger. Zu Anfang der fast einjährigen Therapie spürt Gerd plötzlich agoraphobische Ängste. Auf der Straße überfallen ihn Schwindelgefühle, er fürchtet, gleich zusammenzubrechen. »Die hatte ich früher bestimmt auch, nur habe ich sie wegen der Tabletten nicht bemerkt.« Panikzustände treten jedoch nicht mehr auf. Mit Hilfe der Therapeutin lernt Gerd, diese Gefühle auszuhalten. Nach drei Monaten verschwinden sie langsam.

Im Laufe der Therapie erkennt Gerd die Botschaft seiner Angst: Er hat sich ständig überfordert, weil er dachte, wenn er seine Arbeit gut mache, würde er auch als Mensch akzeptiert und könne Zuneigung erfahren. »Mein Vater hat mich immer ganz klein gehalten und eigentlich nie wachsen lassen. Er hat stets Ergebnisse von mir verlangt, mir aber nie den Weg dorthin gezeigt. Außerdem hatte ich zu Hause nie die Möglichkeit, über das zu sprechen, was mich gerade bewegte.« So flüchtete sich Gerd in körperliche Beschwerden, vor allem die Magenbeschwerden, anstatt danach zu suchen, was ihm und seinen Interessen entsprach. »Ich bin einfach nicht erwachsen geworden und habe die Verantwortung für mich nicht übernommen. Auch mein Tablettenkonsum gehört dazu: Tabletten waren meine Ersatz-Bezugsobjekte, meine Ersatzeltern und Ersatzfreunde. Sie ersetzten meine fehlende innere Sicherheit. Deswegen mußte ich immer wieder in diese Löcher fallen, um zu verstehen, was Leben überhaupt heißt. Langsam löse ich mein Eltern-Ich in mir auf und komme näher zu meinem eigenen Ich.«

Dabei hilft ihm auch die Selbsthilfegruppe. Gerd rief sie selber ins Leben. Ende 1988, nach Abschluß der Therapie steht er nämlich vor der Wahl: »Entweder gehe ich wieder nach Hause zurück zu meinen Eltern und führe dort ein geschütztes Dasein, oder ich mache einen allerletzten Versuch des Neubeginns.« Er entscheidet sich für den Neubeginn, sucht per Zeitungsanzeigen Leidensgenossen. Nach einiger Zeit finden sie einen Raum im örtlichen Selbsthilfezentrum, wo sie sich wöchentlich treffen. Inzwischen gibt es bereits drei Gruppen. Derzeit planen sie eine kleine Informationsbroschüre für Angstpatienten und Agoraphobiker.

Wieder engagiert sich Gerd sehr stark, organisiert Fahrdienste für Mitglieder, macht Hausbesuche bei Interessenten, die sich noch nicht aus dem Haus trauen. Außerdem hat er einen Aushilfsjob als Fahrer. Aber es ist anders als früher. Wenn er merkt, daß ihm etwas zuviel wird, er zu hohe Ansprüche an sich stellt, wieder von Termin zu Termin hetzt, sich seine Gedanken überschlagen, dann schaltet er einen Gang zurück. In letzter Zeit klingelte zum Beispiel bei ihm ständig das Telefon, er kam kaum noch zur Ruhe. Doch diese nimmt er sich jetzt: Er meldete sich eine Woche ab und fuhr zu seinen Eltern, um auszuspannen. Die Eltern beginnen, ihren Sohn langsam wirklich zu verstehen. Als er kürzlich von der Selbsthilfegruppe erzählte, sagte sein Vater zu ihm: »Mach weiter so.«

Elisabeth Rennert, 37 Jahre alt, selbständige Steuerberaterin

An ihre erste Panikattacke kann sich Elisabeth Rennert noch ziemlich genau erinnern. Nur: Daß das eine Panikattacke war, hat sie damals noch nicht gewußt.

»Es war Anfang Dezember 1978 in Frankfurt«, erzählt sie. »Ich saß abends in der Straßenbahn und wollte Freunde am anderen Ende der Stadt besuchen. Mit der Straßenbahn fuhr ich immer gerne, das war für mich wie eine Stadtrundfahrt. Außerdem fand ich es immer sehr spannend, die Menschen zu beobachten und mir anhand ihrer Gesichter ›ihre Geschichte‹ auszudenken. Aber an diesem Abend war alles anders als sonst.« Die Bahn ist noch keine zwei Stationen gefahren, da wird Elisabeth ganz merkwürdig: »Ich konnte kaum noch schlucken und atmen, begann zu schwitzen und fühlte mich furchtbar nervös. Zunächst dachte ich an Kreislaufstörungen. Doch die, die ich kannte, waren immer anders gewesen. Ich konzentrierte mich dann auf die Werbeplakate in der Bahn, wurde aber das seltsame Gefühl nicht los, daß zwischen mir und dem Rest der Welt plötzlich eine Glaswand war. Ich war da, aber auch wieder nicht, irgendwie richtig außerirdisch. Und plötzlich bekam ich panische Angst.«

Elisabeth hält es mit eiserner Energie noch bis zur Haltestelle Opernplatz aus, wo sie sowieso umsteigen muß. Nachdem sie sich einen Moment lang auf einer Bank ausgeruht hat, ist alles wieder ganz normal. Sie macht sich erst mal keine weiteren Gedanken. Doch die merkwürdigen Zustände kommen wieder. In der Straßenbahn, dann beim Einkaufen, auf dem Fußweg zur Uni und zur Arbeit und dann auch zu Hause am Schreibtisch.

»Inzwischen war ich aber überzeugt, daß es sich doch um Kreislaufstörungen handelte. Ich saß ja fast den ganzen Tag von frühmorgens bis spät nachts am Schreibtisch, weil ich gerade für das Examen in Betriebswirtschaftslehre lernte. Und auch in der Bank, in der ich seit Jahren dreimal in der Woche jobbte, saß und saß ich. Außerdem rauchte ich wie ein Schlot und hatte durch die Aufregung um den Tod meiner Mutter ein Jahr zuvor ziemlich viel abgenommen.« Elisabeth geht zum Studentenarzt. Da sie schon mit der fertigen Diagnose kommt, dauert der Besuch nicht lange: Ihr Blutdruck ist wirklich im Keller und auch ihre Eisenwerte sind schlecht. Versorgt mit Kreislauftropfen und Eisenpillen macht sich Elisabeth auf den Nachhauseweg. Und tatsächlich: Die merkwürdigen Zustände verschwinden.

Aber nicht lange: »Später ist mir dann auch klar geworden, daß es zwei Ereignisse waren, die mir den Rest gegeben hatten. Das erste war eine Art Gerichtsverhandlung beim städtischen Rechtsamt. Ich hatte in den letzten Jahren Wohngeld von der Stadt bekommen, das man mir nach dem Tod meiner Mutter gestrichen hatte. Schon über die Begründung habe ich mich wahnsinnig aufgeregt: Nun sei ja wieder Platz im Hause, ich könne entweder dort wohnen, oder mein Vater könne ein Zimmer vermieten und mir das Geld geben. Nur wenn ich nachweisen könne, daß mir das unzumutbar sei, bekäme ich weiter Wohngeld. Und genau das wollte ich auch, denn ich bin bei meiner Großmutter aufgewachsen und hatte mit meinem Vater aus vielerlei Gründen nichts zu tun.«

Elisabeth legt Widerspruch gegen den Bescheid ein und muß daraufhin vor einem Ausschuß erscheinen, um Rede und Antwort zu stehen. Die Fragen sind jedoch so persönlich, daß ihr die Nerven durchgehen: »Ich habe getobt und geschrien, bis ich einen Weinkrampf bekam. Das Wohngeld wurde übrigens genehmigt. Und nicht nur das: Der Vorsitzende des Ausschusses besuchte mich wenig später, um nachzusehen, ob es mir besser geht. Das fand ich wirklich sehr nett. Er tat mir irgendwie leid, er hatte ja keine Ahnung, was los war.«

Kurz darauf muß Elisabeth von der Uni aus für zehn Tage mit einer kleinen Studentengruppe in die Stahlregionen Frankreichs und Belgiens fahren. Sie hat zwar keine Lust dazu, braucht aber die Bestätigung für das Examen. Doch so schlimm scheint es gar nicht zu sein: »Die Fahrt war ganz interessant. Während der oft stundenlangen Fahrten von einem Stahlwerk zum anderen schaute ich aus dem Fenster und dachte nach. Wie die Landschaft vorbeiflog, rauschten auch die Gedanken durch meinen Kopf, vor allem über das vergangene Jahr. Das fiel auch zwei anderen Teilnehmern auf. Ich kannte sie nicht, sie mich auch nicht, was sie aber nicht daran hinderte, mich zu analysieren. Das war damals ja ziemlich in Mode. Ich habe nur noch einen Satz von ihnen im Gedächtnis, aber der hatte mir schon gereicht: ›Wenn ich nicht ab und zu so herzhaft lachen würde, könnte man denken, ich sei arrogant und hätte ziemliche Probleme mit anderen Leuten.‹ Dabei wollte ich nur endlich mal meine Ruhe haben.«

Wenig später in einem Café kommt die erste neue Panikattacke. Elisabeth flieht aus dem Raum, was sonst aber niemandem auffällt. »Glücklicherweise war das schon auf der Rückfahrt.« Von da an kommen die Anfälle immer häufiger, manchmal sogar zweimal am Tag. Innerhalb kürzester Zeit sind Straßen- und U-Bahn, Kaufhäuser, Kino, Kneipen für Elisabeth unerreichbar. Seminare übersteht sie nur noch mit intensivem Stricken in der hintersten Reihe bei geöffnetem Fenster: »Vom Stoff habe ich überhaupt nichts mehr mitbekommen.« Auch in der Bank geht es nicht mehr, jedes Geräusch, jeder Kunde versetzt Elisabeth in Panik. Schließlich geht sie zu ihrem Chef und nimmt drei Monate unbezahlten Urlaub »wegen Examens«. Aus den drei Monaten werden schließlich fast zwei Jahre.

»Von dem Tag an, an dem ich in der Bank aufhörte, ging ich so gut wie überhaupt nicht mehr aus dem Haus. Höchstens gegen Abend, wenn es schon dunkel wurde, schlich ich mich die 200 Meter zu dem türkischen Gemüsehändler an der Ecke und kaufte halb ohnmächtig vor Angst ein. Oft habe ich nur die Hälfte von dem kaufen können, was ich eigentlich wollte.«

Zu Hause in der Wohngemeinschaft fällt Elisabeths Zustand zunächst gar nicht auf. Ihre Mitbewohner sind mit ihren eigenen Problemen beschäftigt. Dem einen ist gerade die Freundin weggelaufen, die andere brütet über ihrer Examensarbeit. Später stehen die Mitbewohner ziemlich ratlos vor Elisabeths Problemen. Außerdem kommt sie ja innerhalb des Hauses ganz gut klar: Ihr Freund wohnt in der Nachbar-Wohngemeinschaft. »Wir saßen oft alle zusammen und spielten Karten oder Gitarre. Daß die Beziehung zu meinem Freund eine einzige Katastrophe war, konnte ich mir damals nicht eingestehen. Wir hatten uns eigentlich nichts zu sagen.«

Der Kontakt zu den meisten anderen Freunden geht verloren, sie büffeln mittlerweile alle für das Examen. Elisabeth aber hat die Bücher erst mal wieder zugeklappt. »Aber nicht etwa deswegen, weil ich Angst vor der Prüfung selbst gehabt hätte, die traute ich mir komischerweise immer zu. Ich wußte nur nicht, was ich in diesem Zustand danach machen sollte.«

Als nächstes fängt Elisabeth an zu trinken. Innerhalb weniger Wochen braucht sie pro Abend mindestens eine Flasche Wein, später mehr. Unter Vorwänden schafft sie es immer, daß ihr die Mitbewohner einen Vorrat mitbringen. Inzwischen aber geht ihr Geld zu Ende. »Heute denke ich, das war meine große Chance. Ich hielt mich zwar mittlerweile für mindestens schwer depressiv, wenn nicht schon leicht geisteskrank, aber ich wollte noch nicht aufgeben. Ich war immer eine Kämpfernatur gewesen, etwas war noch davon übriggeblieben.«

Elisabeth beginnt in Heimarbeit zu tippen. Erst schreibt sie Examensarbeiten ins reine, später verfaßt sie auch Referate und Vorträge gegen Honorar. Das spricht sich natürlich schnell herum, sie hat viele Aufträge. »Nach einiger Zeit hatte ich mich mit dieser Situation gut eingerichtet. Riefen Auftraggeber an, um einen Termin zu vereinbaren, bat ich sie gleich, mir dies und das aus der Stadt mitzubringen. Es fiel weiter nicht auf: Ich hatte halt viel zuviel zu tun und kam daher nicht zum Einkaufen.«

Eines Tages erscheint ein Student, den Elisabeth noch von der Uni her kennt und immer ganz sympathisch gefunden hatte. Sie kommen ins Gespräch. Mit der Zeit faßt sie Vertrauen zu ihm, auch weil sie weiß, daß seine Freundin Psychologin ist, er also nicht gleich abwehrend auf ihre Probleme reagieren wird. Das stimmt auch. »Ich weiß zwar nicht mehr genau wie, aber er machte mir klar, daß mein Zustand so ungewöhnlich gar nicht war und ich es doch einmal mit einer Psychotherapie versuchen sollte.«

Aus dem Stadtmagazin sucht sie sich die Anschrift eines Psychologen, ruft an und schildert ihren Fall. Der Therapeut erscheint ihr auch vertrauenswürdig, er besteht jedoch darauf, daß sie sich vorher von einem Nervenarzt untersuchen läßt. Aber genau das will sie auf keinen Fall: »Ich hatte nämlich Angst davor, daß ich in den Akten der Krankenkasse als geistig verwirrt geführt werden und mir das später Probleme machen könnte.« Eine Zeit später ruft der Psychologe an, fragt, ob sie schon beim Arzt gewesen sei. Elisabeth verneint dies, erklärt ihm dann aber ihre Gründe dafür. »Er erzählte mir, daß viele Menschen im Laufe ihres Lebens auch mal zum Nervenarzt müssen, für die Krankenkasse sei das etwas völlig Normales.« Daraufhin läßt sich Elisabeth vom Studentenarzt, den sie schon lange nicht mehr aufgesucht hat, zu einer Nervenärztin überweisen. Sie ist verblüfft, denn es scheint für ihn eine Selbstverständlichkeit zu sein, er fragt gar nicht, warum.

Der Weg zur Nervenärztin ist sehr schlimm, Elisabeth muß fast eine halbe Stunde mit der Straßenbahn fahren und murmelt die ganze Zeit: »Ich muß es schaffen, ich muß es schaffen.«

Nachdem sie der Ärztin, die beim ersten Gespräch nicht viel Zeit hat, die Situation geschildert hat und auch erwähnt, daß sie das Examen verschoben hat, ist die Diagnose klar: »Prüfungsangst.« Sie erhält ein Rezept für ein Beruhigungsmittel, das sie aber nicht einlöst. Allerdings bestellt die Ärztin sie wieder zu sich.

Beim nächsten Mal muß Elisabeth sehr lange warten. Neben ihr sitzt eine Frau, die ihrer Mutter sehr ähnelt, mit ihrer Tochter, etwa in ihrem Alter. »Je länger ich dort saß, desto mehr stellte ich mir vor, die beiden könnten wirklich meine Mutter und ich sein. Ich war völlig fertig. Als ich endlich ins Sprechzimmer kam, bekam ich gleich einen Weinkrampf. Plötzlich hatte ich das Gefühl, daß mich die Ärztin nun ernster nahm. Diesmal schrieb sie eifrig in das Krankenblatt. Als ich ihr berichtete, daß ich zum Beispiel früher gerne in Kaufhäuser gegangen war, jetzt aber keinen Schritt mehr hinein wagte, nickte sie und meinte, diese Angst könne sie sich gut vorstellen. Auch das Wort Angst, an das ich selbst nie gedacht hatte, kam mir wie eine Erleuchtung vor.«

Bei diesem Besuch erklärt ihr die Ärztin auch den Therapieplan. Zunächst soll Elisabeth ein bestimmtes Medikament (ein trizyklisches Antidepressivum) einnehmen. Die Dosis soll langsam gesteigert werden, bis die merkwürdigen Zustände, die Nervenärztin nennt sie Angstanfälle, aufhören. Danach soll Elisabeth mit der Psychotherapie beginnen, aber gleichzeitig regelmäßig zu ihr zur Kontrolle kommen.

Nach vier Wochen fühlt sich Elisabeth besser und beginnt bei dem Psychologen mit einer klientzentrierten Gesprächstherapie. Schon bei der Auswahl der Therapeuten hat sie darauf geachtet, daß er in ihrer Nähe praktiziert und sie zu Fuß hingehen kann. Am Anfang einigen sie sich darauf, daß sie abends kommt. Es ist inzwischen wieder Winter geworden, und in der Dunkelheit fühlt sich Elisabeth einfach sicherer. Später kommt sie dann auch nachmittags und zum Schluß, nachdem sie wieder in der Bank angefangen hat, in der Mittagspause. »Wie viele Stunden ich hatte, weiß ich gar nicht mehr genau, aber es waren über vierzig.« In den ersten Wochen hat Elisabeth zwei bis drei Sitzungen pro Woche, später nur noch eine. Insgesamt dauert die Therapie ein halbes Jahr.

»Nachdem ich meine Scheu vor dem mitlaufenden Tonband überwunden hatte (der Therapeut brauchte es für seine Supervision), redete ich stundenlang wie ein Wasserfall. Das ging mindestens drei Wochen lang so. Ich habe diesem fremden Mann Dinge erzählt, die ich vorher noch keinem Menschen anvertraut hatte: Meine Kindheit, meine Schuldgefühle nach dem Tod meiner Mutter, ewig scheiternde Beziehungen zu Männern. Nachdem ich all das, was sich in den Jahren angesammelt hatte, erst mal sozusagen ausgespuckt hatte, machte ich tatsächlich eine kleine Pause. Bis dahin hatte der Therapeut außer ›Hm . . .‹ und ›Das kann ich verstehen‹ nichts gesagt, er konnte nichts sagen, weil ich ja ständig geredet hatte. Jetzt aber hakte er ein und forderte mich auf, mir selbst doch etwas mehr Zeit zu geben, in mich hineinzuhorchen, wie es mir denn jetzt gehe. Das war eigentlich die Wende.«

In den folgenden Sitzungen erkennt Elisabeth, daß eigentlich schon seit Jahren eine riesengroße Traurigkeit in ihr ist: »Ich war traurig über meine lieblose Kindheit, ich war traurig darüber, daß viele Menschen, denen ich vertraut hatte, ihr Wort nicht gehalten hatten. Und ich fühlte mich auch seelisch und geistig völlig heimatlos. Der Tod meiner Mutter hatte mir das noch einmal deutlich vor Augen geführt, aber ich wollte es nicht wahrhaben. Ich hüpfte weiter als etwas exzentrische Person, die aber für jeden anderen Verständnis hat, durch die Welt.«

Obwohl Elisabeth von da in den Therapiestunden meistens schon die Tränen in den Augen stehen, bringt sie es aber nicht über sich, auch dort zu weinen. Sie schluckt wie immer die Tränen herunter. Aber zu Hause bricht alles durch. »Über Wochen habe ich mich nächtelang in den Schlaf geweint, bis irgendwann alles heraus war.« Gleichzeitig lernt Elisabeth, daß sie einfach besser auf sich aufpassen und sich von anderen Menschen und ihren Ansprüchen abgrenzen muß. Jahrelang nämlich ist sie auch stets der »seelische Mülleimer« ihrer Freundinnen und Freunde gewesen. »Nur, wie es mir ging, danach hat keiner gefragt, und ich hatte auch selbst nie darüber gesprochen. Als es mir dann wirklich schlecht ging, konnte ich das erst recht nicht.«

Nach fünf Monaten fühlt sich Elisabeth den Anforderungen

des Alltags wieder halbwegs gewachsen. Sie geht wieder einkaufen, auch schon mal ins Kino, in die Kneipe, nur um die Straßenbahn und die U-Bahn macht sie immer noch einen großen Bogen. Bald meldet sie sich auch für das Examen an, das sie nach einem weiteren halben Jahr ohne jegliche Schwierigkeiten besteht. Das Trinken hat sie inzwischen längst wieder aufgegeben. Besagter Studienkollege erklärte ihr nämlich, Alkohol verhindere, daß erlernter Stoff vom Kurz- in das Langzeitgedächtnis wandert. »Jedenfalls sagte er das so, ich weiß nicht, ob das stimmt, aber es hat mich sehr beeindruckt.« Auch beginnt Elisabeth wieder mit ihrem Job in der Bank und beschließt in Absprache mit ihrer Ärztin, die Medikamente abzusetzen. Auch das funktioniert ohne Probleme.

Doch nach dem Examen wird die Frage aktuell, die sie lange hinausgeschoben hat: »Und was jetzt?« Sie entscheidet sich zunächst einmal, eine Feuerprobe zu machen: »Ich wollte sehen, ob ich es wirklich alleine schaffe.« Dazu meldet sie sich zu einem vierwöchigen Fortbildungskurs 500 Kilometer von Frankfurt entfernt an. Die lange Bahnfahrt verläuft ohne Probleme: »Ich fühlte mich frei und unbeschwert, wie schon lange nicht mehr.« Auch das Seminar mit lauter fremden Menschen übersteht sie bestens, bis auf eine kleine Ausnahme: »Jeden Mittag, nach dem Mittagessen, beschlich mich zu Beginn der Nachmittagssitzung wieder ein leicht merkwürdiger Zustand. Allerdings bei weitem nicht so stark wie früher, eher ein leichtes Unwohlsein. Mit intensivem Kaugummikauen war es bald gut zu ertragen. Außerdem hatte diese Erscheinung für mich nun eine andere Bedeutung. Ich interpretierte sie als freundschaftliche Mahnung meiner Seele, auf sie zu hören.«

Dieser freundschaftliche Fingerzeig bleibt ihr auch noch in den folgenden vier Jahren erhalten. Elisabeth hat inzwischen eine Weiterbildung zur Steuerberaterin in einer großen Kanzlei begonnen. »Nachdem ich die Fahrt zum Seminar gemeistert hatte, fühlte ich mich auch der täglichen Straßenbahnfahrt zur Kanzlei gewachsen. Nur zweimal hatte ich am Anfang leichte Panikattacken. Ich blieb aber sitzen und fühlte mich danach gelöst und richtig unangreifbar.«

Fast jeden Nachmittag fühlt sich Elisabeth noch immer eine

halbe Stunde lang unwohl. Erst als sie schon lange ihre Ausbildung abgeschlossen hat und daran denkt, sich als Steuerberaterin selbständig zu machen, erkennt sie den Grund dafür: »Es war einfach ein ganz normales körperliches Tief nach dem Mittagessen, wie es wohl jeder Mensch hat. Doch ich sah aufgrund meiner Erfahrung eben eine ganz, ganz kleine Panikattacke. Dieses Mißverständnis hatte für mich übrigens gute Folgen. Ohne den täglichen Fingerzeig hätte ich mich so schnell niemals selbständig gemacht. So aber dachte ich, daß meine Seele das ständige Arbeiten in untergeordneter Stellung ohne Eigenverantwortung nicht verträgt und kündigte.«

Auch sonst hat sich Elisabeths Leben sehr geändert. Sie hat neue Freunde gefunden, die ihr wirklich nahe sind, auch wenn sie sie nicht jeden Tag sieht. »Ich genieße das Alleinsein, weil ich nie einsam bin. Ich lese viel, kümmere mich um meinen Garten und den Ausbau meines kleinen Hauses.«

Ein Erlebnis möchte sie noch unbedingt loswerden: »Straßenbahn- und U-Bahn-Fahren war ja immer noch mit einem ganz kleinen mulmigen Gefühl im Kopf verbunden, deswegen trug ich gerne eine Sonnenbrille. Eines Tages vor fünf Jahren fuhr ich die Rolltreppe zur U-Bahn an der Frankfurter Hauptwache hinunter. Als ich die B-Ebene erreichte, nahm ich unwillkürlich die Sonnenbrille ab, weil ich besser sehen wollte. Plötzlich wurde mir das bewußt, und ich wußte: Ich habe es wirklich geschafft.«

Uschi Fäller, 29 Jahre alt, Hausfrau

Freitagabend auf der Landstraße zwischen Ansbach und Bamberg. Uschi Fäller, Hausfrau, 29, ist mit ihren beiden Söhnen Rainer (fünf) und Michael (zwei) auf dem Weg von ihrer Freundin, die sie in Kitzingen besucht hat, zu ihrer Mutter in Erlangen. Auch ihr Mann wartet dort auf sie. Damit sie die Kinder dann gleich ins Bett bringen kann, hat sie sie schon vor der Abfahrt bettfertig gemacht, sie sitzen in Schlafanzügen auf dem Rücksitz. Ganz plötzlich wird Uschi von einer unerklärlichen Angst gepackt. Ihre Hände und Lippen beginnen sich zu verkrampfen, nur mit Mühe kann sie noch die Straße vor sich sehen. Ihr Herz rast, sie zittert am ganzen Leib, meint, einen Herzanfall zu erleiden und sterben zu müssen. Mit größter Mühe schafft sie es noch bis in den nächsten Ort, wo sie mehr zufällig die Praxis einer Ärztin findet. »Die Ärztin wußte mit mir offensichtlich nicht viel anzufangen. Sie fragte mich, ob ich Drogen genommen hatte, schloß mich samt den Kindern im Wartezimmer ein und kam nach einiger Zeit mit einem Glas Limonade und einer trockenen Semmel wieder. Da ich immer noch völlig außer mir war und hemmungslos weinte, gab sie mir eine Beruhigungstablette. Schließlich war ich wieder so weit bei Sinnen, daß ich die Ärztin bitten konnte, mir ein Taxi zu rufen, das die Kinder und mich nach Erlangen fuhr.« Die Tablette wirkt stark: Uschi will nur noch schlafen, und da sie am Samstag die zweite Tablette nimmt, die die Ärztin ihr mitgegeben hat, setzt sich der Dämmerzustand bis zum Sonntag fort. Als ihr Kopf wieder klarer wird, kommt der nächste Angstanfall. »Da dachte ich mir schon, daß das Ganze seelische Ursachen haben müßte, und schlug meiner Mutter voller Verzweiflung vor, mich in die Nervenklinik zu bringen. Aber sie rief lieber den ärztlichen Notdienst an.« Der Notarzt fackelt nicht lange, drückt Uschi eine Packung Lexotanil in die Hand und meint: »So was haben viele Frauen in Ihrem Alter. Nehmen Sie diese hier, dann wird's schon wieder.«

Nach zwei Tagen liest Uschi den Beipackzettel, der unter anderem vor Medikamentensucht warnt, und bekommt es mit der Angst zu tun. So setzt sie das Lexotanil ab. Prompt kommen die Angstanfälle wieder. Sie dauern zwar jeweils nur ein paar Minuten, aber Herzrasen, Krämpfe, Zittern, Kälteschauer und die Angst, verrückt zu werden oder zu sterben, quälen Uschi schrecklich. Der Alltag mit den beiden Kindern zu Hause – Rainer hat noch keinen Kindergartenplatz bekommen – ist für Uschi kaum noch erträglich: »Ich meinte, unter der Last der Verantwortung zu ersticken. Dazu kam noch, daß ich die Kinder ja von meiner Angst nichts merken lassen wollte. Aber es wurde immer schlimmer. Denn mit jedem neuen Anfall steigerte sich noch meine Angst vor dem nächsten.«

Uschi geht zu ihrem Hausarzt. Der bestätigt ihren Verdacht, daß die Anfälle seelische Ursachen haben müssen, und verschreibt ihr Tranquilizer, damit sie – wie er sagt – »erst mal weiterleben kann«. Außerdem schlägt er ihr eine Psychotherapie vor. Uschi hält das für unmöglich, denn sie meint, daß sie in ihrer kleinen Stadt keinen Therapeuten findet. Und nach München fahren – das ist nicht mehr drin. Autofahren hat sie schon nach dem ersten Anfall aufgegeben. In die S-Bahn traut sie sich auch nicht, weil sie Panik kriegt, sobald sich die automatischen Türen schließen. Innerhalb von sechs Wochen hat sich Uschis Bewegungsradius bis auf Haus und Garten reduziert. Einkaufen im Supermarkt ist ihr nur noch unter Qualen möglich. Einziger Lichtblick in dieser Zeit: Der Spielkreis, den Uschi mit ihren beiden Söhnen besucht. Der Weg dorthin fällt ihr nicht schwer, und nach den wöchentlichen Treffen geht es ihr kurzzeitig besser.

Hier tut sie schließlich auch den ersten Schritt aus ihrer Angst heraus. »Bei einem Treffen bekam ich einen richtigen Heulkrampf, als die Leiterin den Raum betrat. Ich konnte einfach nicht mehr, ich wollte, daß die Leiterin mich sieht und auch merkt, wie schlecht es mir geht.« Die Leiterin nimmt Uschi mit ins Nebenzimmer, tröstet sie und vereinbart mit ihr regelmäßige Gespräche. »Es war keine Psychotherapie im klassischen Sinne«, sagt Uschi heute, »es waren mehr Gespräche von Frau zu Frau.« Schon nach einigen Stunden weiß Uschi, daß ihre Angstanfälle nicht »aus heiterem Himmel« und ohne Grund gekommen sind.

Etwa ein Jahr vor der ersten Panikattacke war ihr Vater gestorben. Außerdem sind ihr Mann und sie gerade erst umgezogen in eine größere Wohnung in einer Kleinstadt bei München. Für Uschi ist das das Ende ihrer Hoffnungen gewesen, in ihre Heimatstadt Erlangen zurückzukehren, an der sie sehr hängt. Vom Zeitpunkt des Umzugs an war, wie Uschi sagt, die Vergangenheit über sie hergefallen. Sie kam ins Grübeln, machte sich dauernd Vorwürfe, daß sie ihr Leben falsch angepackt hatte. Sie hatte Erlangen verlassen, war nach München gegangen, hatte dort ihren Mann kennengelernt, sich seinetwegen von ihrem Erlangener Freund getrennt – all das war ihr plötzlich verkehrt erschienen. Und deshalb war sie zu ihrer Freundin nach Kitzingen gefahren, der sie zum ersten Mal all diese Gedanken schilderte. Auf dem Rückweg war die Angst gekommen. Noch etwas wird Uschi durch die Gespräche klar: Ihre Angst vor dem Autofahren hat eine tiefere Ursache als den Wunsch, nicht noch einmal solch einen Anfall zu erleben. Das Auto ist für sie auch ein Symbol für den Wunsch, aus ihrem Leben, von ihrer Familie wegzufahren – und davor hat sie gleichzeitig Angst. Zwar tut es Uschi gut, diese Zusammenhänge zu erkennen und über sie zu sprechen, aber ihre Angst wird dadurch noch nicht viel weniger.

Es kommt der August, und damit die Sommerferien, kein Spielkreis und keine Gespräche. Uschi fühlt sich nur noch leer, gleichgültig, trostlos. »Wenn mein Mann mich abends im Bett streichelte, liefen mir still die Tränen in Strömen über die Wangen. Dabei war er sehr teilnahmsvoll und fürsorglich. Er behandelte mich geradezu wie ein rohes Ei und war dabei sehr verunsichert. Eine körperliche Ursache wäre ihm wahrscheinlich auch lieber gewesen. Ich kam mir jedenfalls nur noch hohl und häßlich vor. Mein Leben, so meinte ich, sei gelaufen.« Im September kommt Rainer endlich in den Kindergarten. Aber das ist für Uschi keine Entlastung, im Gegenteil: Jetzt geht die Angst erst richtig los. Immer beim Abholen aus dem Kindergarten wird Uschi von Panik gepackt. »Ich rannte zum Kindergarten, zog Rainer hastig an und tobte wieder nach Hause. Nur so konnte ich den Weg überhaupt machen!«

In ihrer Verzweiflung versteigt sich Uschi in den Gedanken, ihr Leiden müßte doch körperlich bedingt sein. Erste Station ihrer Ärzte-Odyssee: ein Internist. Der untersucht sie von Kopf bis Fuß und meint dann: »Wie schön für Sie – Sie sind kerngesund.« Auf Uschis Frage, ob die Beschwerden seelische Ursachen haben könnten, lacht er nur.

Zweite Station: Ein Nervenarzt, denn Uschi hat den Verdacht, an einem Gehirntumor zu leiden, so wie ihr Vater, der daran starb. Merkwürdigerweise ängstigt Uschi diese Vorstellung noch nicht einmal so sehr, denn, so denkt sie sich: Dagegen könnte man wenigstens noch etwas unternehmen! Aber auch der Nervenarzt bestätigt ihr völlige körperliche Gesundheit, gibt ihr allerdings eine neue Packung Tranquilizer mit dem Hinweis: »Wenn Sie die nehmen, wird's besser, wenn nicht, kann die Angst chronisch werden!« Uschi geht mit den Beruhigungsmitteln allerdings äußerst sparsam um, nicht nur aus Angst vor der Sucht, sondern auch, weil sie ihre Gedanken und Gefühle nicht damit übertünchen will.

Dritte Station: eine Frauenärztin. Sie widerspricht Uschis Verdacht, daß die Beschwerden von der gelegten Spirale herrühren. Uschi läßt sich durch all diese Diagnosen nicht beruhigen. Eines Tages wacht sie in Panik auf mit der Überzeugung: »Ich habe Multiple Sklerose.« Immer wieder überprüft sie, ob sie noch alle Körperteile bewegen kann, ob sie noch ein Gefühl in Händen und Füßen hat.

Schließlich geht Uschi doch wieder zu ihrem Hausarzt und bittet ihn, ihr eine Psychotherapie zu verschreiben, und das ist die Wende in Uschis Leidensweg. »Der Arzt vermittelte mich an eine Psychologin in der Frauenberatungsstelle der Caritas. Ich weiß noch, wie ich zur ersten Stunde kam und erst einmal sagte: ›Sie denken sicher, ich bin verrückt.‹ Tatsächlich hatte ich den Verdacht selbst. Die Therapeutin war entsetzlich schweigsam. So fing ich an zu reden, erzählte alles durcheinander, Stunde um Stunde in den ersten Wochen. Erst allmählich kam eine Reihenfolge in meine Schilderungen, und ich merkte schnell: Das Weggehen aus Erlangen, meine Partnerwahl, mein jetziges Leben waren kein Zufall.«

Uschi stellt auch fest, daß sie unter dem eigenen Anspruch, perfekt zu sein, fast erstickt wäre. »Ich wollte ein bestimmtes Idealbild erfüllen: als verheiratete Frau mit zwei gelungenen Kindern, die Frau, die alles mühelos wegsteckt und nie unbeherrscht ist, immer fröhlich, ihr Haushalt tiptop.«

Diesmal bringen die Gespräche schnell eine Besserung, und Uschi lebt nur noch von einem wöchentlichen Termin zum anderen. Ihr wird leichter ums Herz, und Stück für Stück fängt sie an, ihren Bewegungsspielraum wieder zu erweitern.

Bis die Vorweihnachtszeit kommt. Uschis Mutter und Schwester haben sich für die Feiertage angesagt – für Uschi eine alptraumartige Vorstellung, denn sie will, daß vor ihrer Familie alles ganz normal aussehen soll. Aber so weit ist sie noch lange nicht. Sie beschließt, mehr auf Medikamente als auf sich zu vertrauen, und geht wieder zum Nervenarzt. Der verordnet ihr wieder Tranquilizer, diesmal allerdings in Spritzenform, einmal wöchentlich von der Arzthelferin verabreicht. Der Erfolg: Unter dem Weihnachtsbaum bricht Uschi zusammen, bekommt Panik, weint hemmungslos, kann die ganzen Feiertage über nichts essen. Wieder geht sie zu ihrem Hausarzt, diesmal bittet sie ihn um die Zustimmung zu einer psychosomatischen Kur. Zwei Erlebnisse aus dieser Kur sind ihr bis heute deutlich in Erinnerung: »Obwohl es mir im Februar, als ich die Kur antreten konnte, schon wieder recht gut ging, verordnete mir der Oberarzt als erstes Truxal. Davon bekam ich solche Bewegungsstörungen, daß ich es schnell wieder absetzte. Und eine gute Erfahrung machte ich: Als (platonischen!) Kurschatten lernte ich den tollsten Mann in der Kurklinik kennen. Wir hatten so viel Spaß miteinander, alle haben mich beneidet – es war herrlich! Plötzlich fühlte ich mich gar nicht mehr häßlich und alt, sondern richtig begehrenswert!«

Danach folgt nur noch – so berichtet Uschi – ein großer Angstanfall: »Es war im folgenden Mai, meine Kitzinger Freundin war zu Besuch. Da bekam ich den letzten großen Panikanfall, mit Zittern, Heulen und allem Drum und Dran. Zum Glück hatte meine Therapeutin sofort Zeit. Ich fuhr hin, heulte wie ein Schloßhund – was sie eigentlich genau gesagt hat, weiß ich heute gar nicht mehr. Aber als ich aus dem Zimmer kam, wußte ich plötzlich genau: »So, jetzt ist es gut.« Trotzdem geht Uschi noch eine Weile zu der Therapeutin: »Diese Stütze brauchte ich einfach noch.« Nebenbei fängt sie an, angstbesetzte Situationen zu üben, Stück für Stück: S-Bahn-Fahren, ins Auto steigen ... Plötzlich findet sie Gefallen daran, Herausforderungen anzunehmen, etwas zu wagen. Und schließlich wird es für Uschi wieder zur Routine, den Alltag mutig in Angriff zu nehmen.

Aber noch etwas anderes macht es Uschi leichter, mit dem Alltag umzugehen. In der Therapie hat sie nicht nur gelernt, mit dem Unveränderbaren aus der Vergangenheit zu leben, sondern auch mit dem, was sie wirklich kann, nicht mit dem ständigen Anspruch auf Perfektion in allen Gebieten.

Uschi ist auch kämpferischer geworden. Sie läßt es nicht mehr zu, daß ihr Mann, der gerne alles »stimmig« will, jedem Konflikt um der Harmonie willen ausweicht. »Ich will reden – da kämpfen wir jetzt oft drum.«

Ein knappes Jahr nach dem letzten großen Angstanfall fängt Uschi an, halbtags in der Verwaltung zu arbeiten. Ihr Job ist anspruchsvoll, sie hat mit vielen Menschen zu tun und muß im Außendienst viel mit dem Auto fahren. Aber das ist jetzt keine Schwierigkeit mehr.

THERAPIEN –
ODER:
WIE MAN LERNEN KANN, MIT DER ANGST RICHTIG UMZUGEHEN

Weshalb die Ärzte so hilflos vor der Angst stehen

»Und dann bin ich zu meinem Hausarzt gegangen, weil ich mir dachte, vielleicht ist es ja irgend etwas Körperliches...« Auf solch einen Satz trifft man in fast allen Berichten von Betroffenen. Der Haus- oder Notarzt ist meist der erste Fachmann, bei dem Patienten mit Panikattacken Hilfe suchen. Aber sehr häufig finden die Betroffenen weder bei diesen, noch bei den vielen anderen Ärzten, die sie dann konsultieren, tatsächlich Hilfe. Oft machen Ärzte gleich einen doppelten Fehler: Sie stellen die falsche Diagnose und leiten folglich die falsche Therapie ein.

Eigentlich bräuchten die Ärzte ja nur ihren gesunden Menschenverstand zu bemühen, um die richtige Diagnose zu stellen. Zwar wissen die Betroffenen meist selbst noch nicht, daß ihr Leiden seelische Ursachen hat, aber das Wissen darüber, daß Seele und Körper bei der Entstehung von Krankheiten zumindest zusammenwirken, ist so alt wie die Heilkunde. Und die Schätzungen, wie viele der Leiden, wegen denen Menschen einen Arzt aufsuchen, seelisch bedingt sind, liegen zwischen 40 und 50 Prozent. Mehr noch: Der Volksmund kennt eine Menge Bilder, die das Gefühl der Angst mit körperlichen Anzeichen verbinden: Ein Mensch hat »Fracksausen« oder »Schiß«, er »schwitzt Blut und Wasser«, es »schnürt ihm die Kehle zu«, er hat »einen Kloß im Hals« und »das Herz schlägt ihm bis zum Halse«.

Könnte ein Arzt danach nicht zumindest vermuten, daß ein anfallartiges Auftreten von Durchfall, Schweißausbrüchen, Herzrasen und Atemnot von plötzlicher, sehr starker Angst verursacht sein könnte? Offenbar nicht, denn die meisten Ärzte wählen einen der folgenden Wege:

– Sie drehen die Patientin so lange durch die Diagnosemühle, bis sie tatsächlich eine vermeintliche körperliche Ursache fin-

den. Und wundern sich dann, wenn die Therapie nichts ausrichtet.
– Sie finden einen klangvollen Namen für die Beschwerden, in dem gerne die Wörter »vegetativ« oder »funktionell« vorkommen: »vegetatives Syndrom«, »psychovegetative Labilität«, »funktionelle Störung« oder »vegetative Dystonie« etwa. Abgesehen davon, so teilen die Ärzte dann ihren Patientinnen frohgemut mit, seien sie kerngesund und sollten doch froh sein. Vielleicht geben sie ihnen zusätzlich ein kaum wirksames Kreislaufmittel mit.
– Die Ärzte merken, daß die Beschwerden keine körperliche Ursache haben können, behandeln sie aber trotzdem mit hochwirksamen Medikamenten für organisch verursachte Beschwerden, zum Beispiel Asthmaspray gegen Erstickungsgefühle, Herzmedikamente gegen nervöses Herzklopfen.
– Der letzte Weg, den leider zu viele Ärzte beschreiten, ist für die Betroffenen besonders fatal: Der Arzt erkennt zwar, daß das Leiden seelischer Natur ist, macht sich die Behandlung allerdings allzu einfach. Er verschreibt Psychopharmaka, ohne sich um die psychotherapeutische Einbettung der Behandlung, also um Gespräche zu kümmern. So behandelte Patientinnen geraten leicht in eine Medikamentenabhängigkeit, die oft weder von der Betroffenen, noch von ihrer Umgebung und manchmal noch nicht einmal vom Arzt erkannt wird.

Warum sind so viele Ärzte unfähig, hinter den genannten vielfältigen Symptomen das Grundleiden Angst zu erkennen?

Professor Dr. Helmut Pillau, Allgemeinarzt und Lehrbeauftragter für Allgemeinmedizin in München: »Es hat in den letzten Jahrzehnten eine Fehlentwicklung bei Ärzten und Patienten gegeben: Die technische Medizin hat ein starkes Übergewicht bekommen.« Fünf Gründe nennt Pillau für diese Entwicklung:
1. Ärzte sind oft von der technischen Medizin fasziniert und setzen sie deshalb häufiger als nötig ein.
2. Wenn es darum geht, später »Kunstfehler« zu beweisen oder auszuschließen, sind die »objektiven« Beweise der Gerätemedizin juristisch wesentlich sicherer und eindeutiger als Gespräche.
3. Nach der ärztlichen Gebührenordnung wurde bis vor einiger

Zeit jede kleine Laboruntersuchung besser bezahlt als ein Gespräch oder gar ein Hausbesuch. (Dies hat sich allerdings mit der neuen Gebührenordnung für Ärzte weitgehend geändert, die am 1. Oktober 1987 in Kraft getreten ist.)
4. In der Ärzteausbildung spielen Gesprächsführung und Psychotherapie nur eine untergeordnete Rolle. Selbst in dieser Richtung interessierte Studenten haben es oft schwer, sich entsprechendes Wissen in der Ausbildung anzueignen. Denn die Ausbildung findet fast immer in großen Kliniken statt. Und dort bleibt meist nur wenig Gelegenheit für therapeutische Gespräche mit den Patienten.
5. Schließlich, so Prof. Pillau, sind auch die Patienten nicht immer unschuldig an dieser Entwicklung. Denn viele Menschen meinen, ein Arzt sei nur dann gut, wenn er viele Geräte zur Diagnose verwendet und zahlreiche Arzneien verschreibt. Für sie ist ein Gespräch keine »richtige« Behandlung, denn dann hat der Arzt »ja nur geredet«.

Prof. Felix Labhardt, Leiter der Basler Universitätsklinik für Psychiatrie, nennt noch einige zusätzliche Faktoren, die den Arzt daran hindern, die seelischen Ursachen für die Symptome seiner Patienten zu erkennen:
– Die Bewertung des Leidens durch den Arzt, der psychogene Krankheiten von somatogenen (körperlich bedingten) trennt und eine entsprechende diskriminierende Haltung einnimmt.
– Die Angst von Arzt und Patient vor dem Psychischen. Beide weichen auf die somatische (körperliche) Ebene in Diagnose und Therapie aus, wobei der Hintergrund des Krankheitsgeschehens nicht erkannt werden kann und soll.
– Tatsächlicher oder vermeintlicher Zeitmangel des Arztes, der sich aus diesem Grund nicht in der Lage glaubt, auf die emotionalen Bedürfnisse einzugehen.

Was also sollte ein Arzt tun, wenn ein Patient, eine Patientin mit zunächst unerklärlichen Symptomen zu ihm kommt? Vor allem sollte er erst einmal aufmerksam zuhören und sich für den Menschen, der ihm gegenüber sitzt, Zeit nehmen. Das klingt banal, ist aber eine Mindestanforderung, die noch längst nicht alle Ärzte erfüllen. Dann sollte er selbstverständlich alle möglichen körperlichen Ursachen zuerst ausschließen, ehe er eine seelische Ursache diagnostiziert. Und bei der genauen Diagnose wird es ihm niemand verdenken, wenn er notwendige und nützliche Technik verwendet, denn dafür ist sie da.

Schließlich sollte er in der Lage sein, seelische und körperliche Faktoren bei einer Erkrankung nicht nur getrennt, sondern als miteinander verwoben zu sehen.

Hält er es für notwendig, Psychopharmaka zu verordnen, so sollte er dies nur für begrenzte Zeit tun und für die Dauer dieser Behandlung den Zustand der Patientin nicht aus den Augen verlieren. Was nie passieren darf, aber doch immer wieder vorkommt, und zwar dann, wenn die Sprechstundenhilfe nur noch das wöchentliche Rezept für Beruhigungsmittel weiterreicht und kein ärztliches Gespräch mehr stattfindet. Zuletzt sollte der Arzt sich hüten, seine psychotherapeutischen Möglichkeiten zu überschätzen. Es wird Situationen geben, in denen er selbst am besten helfen kann – gesetzt den Fall, er hat eine entsprechende Zusatzausbildung –, und es wird Patienten geben, die er besser an einen Psychotherapeuten weitervermittelt.

Wie sich ein Arzt auf keinen Fall verhalten soll, das beschreibt Prof. Dr. Rainer Tölle von der Klinik für Psychiatrie in Münster sehr eindringlich in einem Leitartikel für das *Deutsche Ärzteblatt*: »Der Arzt soll im allgemeinen davon Abstand nehmen, schulterklopfend zu ermutigen, bagatellisierend zu trösten, unbedacht mit dem Schicksal anderer Patienten oder gar mit eigenen Erfahrungen zu argumentieren, vorschnell Ratschläge zu geben, noch bevor er den Patienten und seine Lebenssituation richtig kennengelernt hat. Solche Reaktionen hat der Patient bereits mehrfach erfahren, vom Arzt erwartet er mehr.« Und das mit Recht. Deshalb sollte keine Patientin und kein Patient einen bornierten, uninteressierten oder an der Krankheit vorbeibehandelnden Arzt als Schicksal hinnehmen, sondern so lange den Arzt wechseln, bis sie den gefunden haben, in dessen Obhut sie sich wohlfühlen und der sie ernstnimmt – denn selbstverständlich gibt es auch solche Mediziner. Dies ist nicht nur das Recht eines jeden Patienten, es ist auch eine Notwendigkeit, denn nur in einem guten Arzt-Patienten-Verhältnis kann eine Behandlung erfolgreich sein.

Psychopharmaka: Medikamente gegen die Angst?

Die meistgebrauchte angstlösende Substanz (Anxiolytikum) ist der Alkohol. Wahrscheinlich haben sich die Menschen schon so lange »Mut angetrunken«, wie sie den Alkohol überhaupt kennen. Aber so lange, wie der Mensch die Wirkung des Alkohols kennt, so lange sind auch schon seine Nebenwirkungen bekannt: Alkohol verwirrt die Sinne, bei längerem Gebrauch, ob in größeren oder geringeren Dosen, führt er zu körperlichem, seelischem und geistigem Verfall. Und vor allem macht er süchtig.

In den letzten Jahrzehnten haben Forscher andere Substanzen gefunden, die krankhafte Ängste lindern und sogar zum Verschwinden bringen können. An diesen Psychopharmaka (die Seele beeinflussende Medikamente) scheiden sich die Geister. Manche Menschen lehnen sie völlig ab, denn sie haben Angst vor Nebenwirkungen und fürchten, süchtig zu werden oder einfach nur »nicht mehr sie selbst zu sein«. Andere wiederum erhoffen sich von Tabletten eine schnelle und einfache Heilung. Sie werden dabei häufig von Ärzten unterstützt, die meinen, nur Psychopharmaka seien geeignet, Ängste zu behandeln. Viele Menschen mit Panikattacken stehen Psychopharmaka skeptisch gegenüber, haben aber in ihrer Not auch schon zu diesen Medikamenten gegriffen. Auch wenn sie schnell wieder die Finger davon ließen, trugen sie oft noch jahrelang »zur Sicherheit« oder »für den Notfall« eine Tablettenschachtel mit sich herum, ohne sie je anzurühren.

Nach heutigem Wissensstand wäre es falsch, Psychopharmaka zum alleinigen Mittel der Wahl bei Panikattacken zu erklären. Aber sie sollten auch nicht in Bausch und Bogen verurteilt werden. Dieses Kapitel soll ein realistisches Bild davon vermitteln, ob und wie Psychopharmaka bei Panikattacken helfend wirken können.

Benzodiazepine

Benzodiazepine (gesprochen Benzo-dia-zepine) gehören zu den Beruhigungsmitteln (Tranquilizer). Da sie sehr schnell und stark wirksam sind und die Wirkung von den Patienten zunächst einmal als sehr angenehm empfunden wird, gehörten die Benzodiazepine schon bald nach ihrer Entdeckung Ende der fünfziger Jahre zu den meistverkauften Arzneimitteln der Welt. Der Erfolg der Benzodiazepine wurde schon mit dem des Penicillin oder des Aspirin verglichen. Schnell zeigte sich, daß dieses anscheinend ideale Mittel gegen krankhafte Ängste und Schlafstörungen nicht so ungefährlich ist, wie es zuerst den Anschein hatte: Die Wissenschaftler beobachteten schwere Entzugserscheinungen und Suchtgefahr. Trotz dieser negativen Wirkungen und obwohl die Benzodiazepine 1984 von der WHO in das Verzeichnis der besonders zu überwachenden Medikamente aufgenommen wurde, gehören sie immer noch weltweit zu den am häufigsten verschriebenen Arzneimitteln. So wurden laut dem »Arzneiverordnungsreport '93« im Jahr 1992 fast eine viertel Milliarde Tagesdosen an Tranquilizern verschrieben – allein in den alten Bundesländern! Sie hatte insgesamt einen Wert von etwa 160 Millionen Mark. Zum weitaus größten Teil stammen die Benzodiazepin-Rezepte von Allgemeinärzten und Internisten.

Wie wirken sie?

Benzodiazepine wirken direkt auf das Zentrale Nervensystem. Je nach Höhe der Dosis lösen sie vorhandene Angst, entspannen, beruhigen, helfen beim Einschlafen und wirken krampflösend. Sie vermindern oder beseitigen psychovegetative Beschwerden, also zum Beispiel Herzklopfen, Zittern oder Verkrampfungen, die seelische Ursachen haben. Entsprechend diesen Wirkungen werden sie von Ärzten vor allem eingesetzt bei allen möglichen Ängsten, Unruhe, Anspannung, Schlafstörungen, bei Krampfanfällen, vor Narkosen, aber eben auch bei körperlichen Beschwerden, die seelische Ursachen haben.

Die Vorteile der Benzodiazepine: Sie wirken sicher, schnell, haben meist wenig spürbare unangenehme Nebenwirkungen und werden deshalb von den Patienten geradezu als erlösend empfunden.

Es gibt zahlreiche Abkömmlinge der chemischen Substanz Benzodiazepin. Ob sie allerdings tatsächlich unterschiedlich wirken, ist noch nicht sicher. Das gilt auch für den Abkömmling Alprazolam: Alprazolam soll stärker antidepressiv wirken und bei Panikattacken wirksamer sein als andere Benzodiazepine. Deshalb wird es von Praktikern gerne bei Panikattacken verschrieben. Dazu der Psychiater Prof. K. Rickels: »Nur künftige Forschung wird Antwort geben können auf die viele Kliniker bewegende Frage, ob die ... Struktur Alprazolam mit Eigenschaften ausstattet, über die andere Benzodiazepine nicht verfügen...«

Am ehesten kann man die einander sehr ähnlichen Benzodiazepine anhand ihrer Halbwertzeit unterscheiden. Die Halbwertzeit ist die Zeit, die der menschliche Körper braucht, um eine Substanz zur Hälfte auszuscheiden oder abzubauen. (Bis ein Stoff ganz aus dem Körper verschwunden ist, vergehen vier bis fünf Halbwertzeiten.) Allerdings sind solche Halbwertzeiten nur ungenaue Anhaltspunkte, da sie stark von Alter, Geschlecht, Gewicht, Gesundheitszustand des Patienten und noch anderen Faktoren abhängig sind.

Die Halbwertzeit eines Benzodiazepins ist in der Praxis deshalb so wichtig, weil sie darüber entscheidet, wie lang die Wirkung eines Medikamentes anhält. Kurz gesagt: Je niedriger die Halbwertzeit, desto kürzer die Wirkung. Welches Benzodiazepin etwa welche Halbwertzeit hat, steht im Kasten auf Seite 152. Dort sind die einzelnen Abkömmlinge mit den Markennamen verzeichnet.

Wer sollte Benzodiazepine nicht nehmen?

Nicht nehmen sollte Benzodiazepine, wer unter schwerer Muskelschwäche (Myasthenia gravis), akutem Engwinkelglaukom, schwerem Leber- und Nierenschaden oder einer Überempfindlichkeit gegen Benzodiazepine leidet. Auch in der Schwangerschaft und in der Stillzeit dürfen Benzodiazepine nicht genommen werden, da sie dem Kind schaden können. So besteht der Verdacht (der bisher allerdings nicht eindeutig bestätigt wurde), daß Benzodiazepine im ersten Drittel der Schwangerschaft die Entstehung von Lippen-Kiefer-Gaumenspalten begünstigen können. Kurz vor oder während der Geburt genommen, können sie beim Neugeborenen zum sogenannten »Floppy-Infant-Syndrom« führen. Das Baby ist dann besonders schlaff, hat Atemstörungen, Schwierigkeiten, seine Körpertemperatur zu halten, und sein Saugreflex ist gestört. Nimmt die Mutter in der Schwangerschaft regelmäßig Benzodiazepine, so kann das Neugeborene regelrechte Entzugserscheinungen bekommen. Benzodiazepine können die Wirkung von Alkohol, Beruhigungs- und Schlafmitteln verstärken, ja sogar potenzieren. Deshalb dürfen sie nicht zugleich mit diesen Substanzen eingenommen werden. Außerdem verstärken sie Störungen der Bewegungskoordination (Ataxie), falls diese schon vorher vorhanden waren.

Autofahrer und andere Verkehrsteilnehmer dürfen keine Benzodiazepine nehmen, da sie die Aufmerksamkeit stark einschränken können, vor allem am Anfang der Behandlung. Gefährlich kann es schließlich werden, wenn jemand Benzodiazepine einnimmt, der auf irgendeine Weise suchtgefährdet ist. Denn Benzodiazepine machen sehr leicht süchtig, besonders leicht natürlich Menschen, die dafür ohnehin anfällig sind – zum Beispiel ehemalige Alkoholkranke.

Diese Nebenwirkungen gibt es

Wie schon am Anfang des Kapitels erwähnt, sind Benzodiazepine im Vergleich zu anderen Beruhigungsmitteln sehr gut verträglich. Allerdings leiden besonders am Anfang viele Patienten unter Müdigkeit, Konzentrationsschwäche, Einschränkung der Aufmerksamkeit und sind schlapp. Besonders bei höherer Dosierung können folgende Nebenwirkungen auftreten:

- Vorübergehende Gedächtnislücken (Anterograde Amnesie),
- Appetitzunahme,
- Minderung des sexuellen Interesses,
- Menstruationsstörungen

Bei einer akuten Überdosierung kann es zu folgenden Symptomen kommen:

- Schwindel und Übelkeit,
- Kopfschmerzen,
- Doppelbilder,
- Sprach- und Sehstörungen,
- Bewegungsstörungen,
- Muskelschwäche,
- verlangsamte Bewegungen,
- Apathie,
- Schläfrigkeit,
- vorübergehende Gedächtnislücken (Anterograde Amnesie).

Nimmt ein Mensch über längere Zeit hohe Dosen von Benzodiazepinen zu sich, so können zusätzlich Verstimmungszustände, Vergeßlichkeit, Leberschäden und extreme Muskelschwäche auftreten. Manchmal kommt es auch zu paradoxen Reaktionen wie Erregungszuständen, Schlaflosigkeit, aggressivem Verhalten oder euphorischer Stimmung.

Die gefährlichste Nebenwirkung der Benzodiazepine aber ist die Suchtgefahr. Benzodiazepine können süchtig machen, körperlich wie seelisch, in niedrigen wie in hohen Dosen. Ein Mensch braucht gar nicht generell suchtgefährdet zu sein, um in eine Benzodiazepinabhängigkeit zu geraten. Es reicht, von Ängsten gequält zu werden. Benzodiazepine überdecken die höchst unangenehmen Gefühle erst einmal, ohne selbst offensichtliche Nebenwirkungen zu haben. Der Patient gewöhnt sich an die Einnahme und nimmt das Benzodiazepinpräparat über Monate, eventuell sogar über Jahre. Er meint vielleicht, daß er nicht süchtig ist, weil er die Dosis nie steigern mußte. Die Abhängigkeit offenbart sich häufig erst, wenn entweder die Nebenwirkungen zunehmen oder aber der Patient versucht, ohne das

Präparat auszukommen. Entzugserscheinungen stellen sich ein, in leichteren Fällen vermehrte Angst und innere Unruhe, Verstimmungen, Schlaflosigkeit, Kopfschmerzen, Muskelverspannungen, Übelkeit, Erbrechen, Zittern, Herzrasen und Schweißausbrüche.

Bei etwa 20 Prozent der Patienten, die unter Entzugserscheinungen leiden, kommt es sogar zu Krampfanfällen, Verwirrtheitszuständen, Zittern, verzerrter Wahrnehmung, gesteigerter Empfindlichkeit auf Licht, Geräusche, Gerüche und Berührungen, Gefühlen der Unwirklichkeit und der Selbstentfremdung, psychoseartigen Zuständen mit Depressionen, ängstlichen Gefühlen und Halluzinationen.

Solche Entzugserscheinungen können Tage bis Wochen dauern. Typisch für die Benzodiazepine ist es, daß die Beschwerden, wegen derer man sie zuerst eingenommen hat, beim plötzlichen Absetzen verstärkt wieder einsetzen. Das Risiko, daß es zu Entzugserscheinungen kommt, steigt, wenn Benzodiazepine länger als vier bis sechs Monate eingenommen werden – auch in niedrigen Dosen –, wenn es ein Präparat mit geringer Halbwertzeit ist, wenn der Patient höhere Dosen genommen hat und wenn das Präparat plötzlich abgesetzt wird.

Woran erkennt man, ob man abhängig ist?

Bei der Abhängigkeit von Benzodiazepinen muß man unterscheiden zwischen der Niedrigdosisabhängigkeit und der massiven Sucht nach hohen Dosen. Die Sucht nach hohen Dosen zeigt sich ganz deutlich an mehreren Verhaltensweisen: Die Betroffenen leiden unter den oben beschriebenen Symptomen der Überdosierung, sie versuchen sich um jeden Preis das Medikament zu beschaffen, eventuell mit Selbstmorddrohungen bei mehreren Ärzten. Sie schaffen es nicht mehr, ohne das Medikament auszukommen, verwahrlosen, nehmen ab und sind generell seelisch wie körperlich apathisch. Meist müssen sie die Dosis zur Erhaltung der Wirkung immer weiter steigern. Solche massive Sucht ist meist mit der nach anderen Rauschmitteln, zum Beispiel Alkohol, verbunden.

Weniger auffällig, dafür aber wesentlich häufiger ist die Niedrigdosisabhängigkeit. Die Betroffenen nehmen über längere Zeit niedrige Dosen eines vom Arzt verschriebenen Benzodiazepins ein (sogenannte therapeutische Dosen). Sie leiden wenig oder gar nicht unter Nebenwirkungen und denken häufig gar nicht daran, daß sie medikamentenabhängig sein könnten. Wer länger als ein bis zwei Monate Benzodiazepine – oder ein Kombinationspräparat, das Benzodiazepine enthält – nimmt, sollte sich folgende Fragen stellen:

- Kann ich ohne Tablette einschlafen?
- Achte ich immer darauf, daß ich genügend Tabletten dabeihabe, zum Beispiel, wenn ich aus dem Haus oder auf Reisen gehe?
- An wie vielen Tagen in der vergangenen Woche habe ich keine Tablette genommen?
- Wie fühle ich mich bei dem Gedanken, ohne Tabletten auskommen zu sollen?
- Habe ich schon einmal vergeblich versucht, keine Tablette mehr zu nehmen?
- Als ich versucht habe, keine Tabletten mehr zu nehmen, habe ich da vermehrte Angst oder Entzugserscheinungen gespürt?

Was tun, wenn man schon abhängig ist?

Wer aufgrund der oben genannten Symptome oder Fragen feststellt, daß er abhängig von Benzodiazepinen ist und nicht allein von ihnen loskommt, sollte einen Arzt um Hilfe bitten. Das kann der Hausarzt, aber auch ein Neurologe oder Psychiater sein. Wichtig ist, daß er Ihr Anliegen ernstnimmt und bereit ist, Ihnen in der ersten schwierigen Zeit zu helfen. Um allzu schlimme Entzugserscheinungen zu verhindern, sollten Benzodiazepine nicht sofort abgesetzt werden, sondern die Dosis über Wochen hinweg ganz langsam vermindert werden: etwa über mindestens vier Wochen oder Monate, wobei alle sechs bis acht Tage ein Viertel der vorherigen Tagesdosis weniger gegeben wird. Um schwere Entzugserscheinungen zu lindern, kann der Arzt eventuell krampflösende Mittel oder Betablocker verschreiben. Wer meint, solch einen ambulanten Entzug nicht durchzustehen, sollte sich nicht scheuen, eine gute Klinik aufzusuchen, zum Beispiel eine Universitätsklinik für Psychiatrie oder eine psychosomatische Klinik.

Können Benzodiazepine Panikattacken heilen?
Auch wenn die Benzodiazepine sicher die meistverschriebenen Medikamente gegen Panikattacken sind: Heilen können sie sie nicht. Den »Sieg der Hoffnung über die Erfahrung« nennt Prof. Rickels die Behandlung von Panikattacken mit Benzodiazepinen, denn:
– Gegen die Panikattacken selbst richten Benzodiazepine nichts aus, sie vermindern nur die Angst vor der Angst, die sich schnell zusätzlich zu den Panikattacken entwickelt.
– Indem sie diese generelle Angst zumindest zeitweise dämpfen, nehmen sie dem Patienten den Druck, etwas gegen die Angst unternehmen zu müssen, und fördern passives Vermeidungsverhalten. Der Patient wird seine Angst damit nicht los, sondern schiebt nur den Zeitpunkt vor sich her, an dem die Angst wieder überhand nimmt.

Viele Ärzte wollen diesen Mechanismus nicht gelten lassen. Unter dem Deckmäntelchen der Fürsorglichkeit behandeln sie Angstpatienten langfristig mit Benzodiazepinen. Tauchen die Ängste nach Absetzen des Medikaments wieder auf, so haben sie keine Scheu, noch einmal ein halbes Jahr (!) Benzodiazepineinnahme zu empfehlen. Dazu noch einmal Prof. Rickels: »Die Tatsache einer Rückfallquote bei chronischen Angstpatienten von 69 bis 80 Prozent spricht keinesfalls dafür, die Benzodiazepinbehandlung ohne Unterbrechungen kontinuierlich fortzusetzen, sondern einzig für die intermittierende Therapie, wobei jeder einzelnen Therapie von nur einigen Wochen Dauer eine therapiefreie Zeit von Monaten, zumindest aber Wochen folgt.« Mit anderen Worten: Eine Behandlung mit Benzodiazepinen darf nicht ohne Pause über Monate gehen. Ansonsten spricht Rickels sich für »nichtmedikamentöse«, sprich psychotherapeutische Behandlung von Panikattacken aus.

Trotzdem gibt es eine Situation, in der Benzodiazepine auch für Menschen mit Panikattacken von Nutzen sein können. Da ist zum einen der akute Notfall. Wer je die Todesangst einer Panikattacke erlebt hat, wird es als unmenschlich empfinden, dem Notarzt wegen Suchtgefahr zu verbieten, Benzodiazepin (meist Valium) zu geben. Allerdings gilt dies nur für die ersten Anfälle – nicht als Dauerlösung. Zum anderen können Benzodiazepine

Verschiedene Benzodiazepine und die Namen, unter denen sie auf dem Markt sind (geordnet nach Halbwertzeiten)

1. Benzodiazepine mit langen Halbwertzeiten (durchschnittlich bis 35 Stunden)

Diazepam
(Diazepam Stada, Diazepam Desitin, Diazepam Lipuro, Diazepam Ratiopharm, Diazepam Weimer, Duradiazepam, Faustan, Lamra, Stesolid, Tranquase, Tranquo-Tablinen, Valiquid, Valium)
Clonazepam
(Antelepsin, Rivotril)
Oxazolam
(Tranquit)
Nitrazepam
(Dormo-Puren, Eatan-N, Imeson, Mogadan-Roche, Novanox, Radedorm)

2. Benzodiazepine mit mittellangen Halbwertzeiten (durchschnittlich bis zu 20 Stunden)

Chlordiazepoxid
(Librium, Multum Radepur)
Clobazam
(Frisium)
Bromazepam
Bromazanil, Durazanil, Gityl-6, Lexotanil, Neo-OPT, Normoc)
Tetrazepam
(Musaril)
Oxazepam
(Adumbran, Azutranquil, Durazepam, Noctazepam, Oxa-Puren, Oxazepam 10 Stada, Oxazepam Ratiopharm, Praxiten, Sigacalm, Uskan)
Alprazolam
(Cassadon, Tafil)
Lorazepam
(Duralozam, Laubeel, Pro Dorm, Punktyl, Somagerol, Tavor, Tolid)
Flunitrazepam
(Fluninoc, Flunitrazepamratiopharm, Rohypnol)
Metaclazepam
(Talis)
Lormetazepam
(Ergocalm, Loretam, Noctamid)
Temazepam
(Planum, Remestan)

3. Benzodiazepine mit kurzen Halbwertzeiten (durchschnittlich bis zu 5 Stunden)

Flurazepam
(Dalmadorm, Flurazepam Riker, Staurodorm)
Dikaliumclorazepat
(Tranxilium)
Prazepam
(Mono-Demetrin)
Clotiazepam
(Trecalmo)
Medazepam
(Rudotel)
Triazolam
(Halcion)
Midazolam
(Dormicum)

Außerdem gibt es Kombinationspräparate, in denen sich Benzodiazepine verstecken, wie Limbatril, Silentan, Musaril.

Quellen:

Bundesverband der Pharmazeutischen Industrie (Hg.): Rote Liste '93. Editio-Cantor-Verlag
Möller, H. J. et al.: Psychopharmakotherapie. Ein Leitfaden für Klinik und Praxis. Stuttgart. Kohlhammer 1989
(Diese Liste erhebt keinen Anspruch auf Vollständigkeit)

auch helfen. Wenn die Angst so stark ist, daß eine Psychotherapie ohne Dämpfung der generellen Angst am Anfang unmöglich erscheint. Etwa weil es dem Betroffenen unmöglich ist, überhaupt das Haus zu verlassen. In diesem Fall gelten für die Behandlung zwei Grundsätze: Es sollte ein Benzodiazepin mit kurzer Halbwertzeit gewählt werden, das möglichst niedrig dosiert wird. Und die Behandlung sollte nicht länger als drei bis vier Wochen dauern.

Trizyklische Antidepressiva

Die Bezeichnung leitet sich ab von den drei (tri) Ringen (zyklisch) der chemischen Substanzen, die gegen (anti) Depressionen wirken. 1957 stellte der Schweizer Psychiater R. Kuhn fest, daß der Wirkstoff Imipramin stimmungsaufhellend wirkt und depressive Gehemmtheit lösen kann. Inzwischen gibt es zahlreiche trizyklische Antidepressiva, die sich alle vom Imipramin ableiten. Hier soll nur vom Imipramin die Rede sein, da seine Wirkung auf Panikattacken am besten erforscht ist. Es ist aber anzunehmen, daß auch andere trizyklische Antidepressiva einen antipanischen Effekt haben könnten. Imipramin, unter dem Namen Tofranil auf dem Markt, ist ein häufig verschriebenes Medikament: 1992 verordneten deutsche Ärzte 2,8 Millionen durchschnittliche Tagesdosen. Das bedeutete eine Steigerung gegenüber dem Vorjahr von fast 13 Prozent, und brachte dem Hersteller einen Umsatz von mehr als sechs Millionen Mark.

Wie wirkt Imipramin?

Wie schon der Entdecker feststellte, wirkt Imipramin stimmungsaufhellend und löst Depressionen. Seine Wirkung entfaltet es im Gehirn, wobei die Wirkung erst mit erheblicher Verzögerung spürbar wird. Meist dauert es acht bis vierzehn Tage, bis die Patienten etwas merken. (Die Nebenwirkungen treten leider schneller auf, dazu unten mehr.) Der amerikanische Psychiater Donald F. Klein stellte Anfang der sechziger Jahre fest, daß Imipramin Panikattacken blockieren kann, die Betroffenen unter Imipramin also keine Panikattacken mehr haben. Der Wirkstoff hat allerdings keinen Einfluß auf die Angst vor der Angst, die ja für die meisten Betroffenen fast so quälend ist wie die Anfälle selbst.

Wer sollte Imipramin nicht nehmen?

Nicht nehmen darf Imipramin, wer unter akutem Engwinkelglaukom leidet oder unter Harnverhalten. Problematisch ist Imipramin auch bei Vergrößerung der Prostata, bei schweren Leber- und Nierenschäden, bei vorgeschädigtem Herz, bei erhöhter Krampfbereitschaft, in der Schwangerschaft (vor allem im ersten Drittel) und natürlich bei Überempfindlichkeit gegen Imipramin. Imipramin darf außerdem nicht gegeben werden bei akuter Vergiftung mit Alkohol, Schlaf- oder Schmerzmitteln oder Psychopharmaka.

Imipramin zeigt im übrigen zahlreiche Wechselwirkungen mit den unterschiedlichsten Stoffen, etwa Nikotin, Alkohol, der Pille und anderen östrogenhaltigen Präparaten, mit Beruhigungsmitteln, Neuroleptika, mit blutdrucksenkenden Medikamenten und einigen Präparaten gegen Herzrhythmusstörungen. Diese Stoffe können die Wirkung des Imipramins verstärken oder abschwächen, verändern oder zu stärkeren Nebenwirkungen führen. Läßt sich die gleichzeitige Einnahme von einem dieser Stoffe und Imipramin nicht vermeiden, so sollte die Behandlung von einem erfahrenen Arzt ganz besonders sorgfältig überwacht werden.

Diese Nebenwirkungen kommen vor

Trizyklische Antidepressiva können zahlreiche Nebenwirkungen mit sich bringen, vor allem zu Anfang der Behandlung. Diese Nebenwirkungen sind von Patient zu Patient unterschiedlich und können sogar vollkommen gegensätzlich sein. So kommen vor: Müdigkeit oder Schlafstörungen, zu niedriger oder zu hoher Blutdruck, zu langsamer oder zu schneller Puls, Durchfall oder Verstopfung, Frösteln oder Hitzewallungen, Schwitzen oder zu wenig Schweißproduktion, Mundtrockenheit oder Speichelfluß, Fieber oder Untertemperatur, Hautrötung oder Blässe, Schwierigkeiten beim Wasserlassen oder vermehrter Harndrang. Pupillenerweiterung oder -verengung. Manche Patienten klagen auch über Kopfschmerzen, Übelkeit, Erbrechen und Schwindel. Seltenere Nebenwirkungen sind allergische Reaktionen, Zittern, Milchfluß bei Frauen und Vergrößerung der Hoden bei Männern. Das sexuelle Verlangen ist dagegen öfter durch trizyklische Antidepressiva vermindert.

Schwere, aber äußerst seltene Komplikationen sind schließlich Kollapszustände, Darmverschluß, Harnsperre und Agranulozytose, eine allergische Reaktion im Blut, die unbehandelt schnell zum Tode führt. Um mögliche Nebenwirkungen und Komplikationen schnell erkennen und behandeln zu können, sollten vor und zum Teil während der Behandlung mit Imipramin in regelmäßigen Abständen gewisse Routineuntersuchungen durchgeführt werden, dazu gehören Überprüfung von Blutdruck, Puls, Blutbild, EKG, EEG, Kreatinin- und Harnstoffausscheidung.

Schließlich gilt auch für Imipramin: Besonders am Anfang der Behandlung kann die Verkehrstauglichkeit eingeschränkt sein.

Kann Imipramin Panikattacken heilen?

Wer die Aufzählung all der möglichen Nebenwirkungen und Komplikationen gelesen hat, kann den Eindruck gewinnen, daß es besser ist, die Einnahme von Imipramin grundsätzlich abzulehnen. Das wäre falsch, denn zum einen kommen die schweren Komplikationen nur äußerst selten vor, die leichteren Nebenwirkungen verlieren sich dagegen meist in den ersten Wochen der Behandlung. Zum anderen hat Imipramin zwei wesentliche Vorteile: Es kann Panikattacken recht zuverlässig blockieren, und es macht nicht süchtig. Das gilt allerdings nur für reine Imipramin-Präparate. Werden Antidepressiva in einem Präparat mit Benzodiazepinen kombiniert, so besteht natürlich Suchtgefahr durch den Benzodiazepinanteil. Heißt das also, daß Imipramin Panikattacken heilen kann? Theoretisch ja, denn die Anfälle sind erst einmal blockiert, die Betroffenen können sich wieder in lange gemiedene Situationen wagen und damit im Prinzip ihre Angst löschen. Die Erfahrung, daß keine Anfälle mehr kommen, kann ihnen dann wieder ein normales Leben ermöglichen. Aber: Die Unsicherheit bleibt, ob die Wirkung nicht nur durch den Medikamenteneinfluß zustande kommt, eine richtige Selbstsicherheit kann sich also nicht einstellen. Und es ist möglich, daß die Panikattacken tatsächlich wieder auftreten, wenn das Präparat abgesetzt wird. Es kann schließlich keine Lösung sein, aus diesem Grund auf ewig ein so starkes Medikament wie Imipramin zu nehmen. Als Überbrückung aber, für eine gewisse Zeit, etwa um eine Psychotherapie zu beginnen, kann Imipramin durchaus hilfreich sein.

Bei einer Behandlung ist folgendes wichtig:
– Suchen Sie sich einen Arzt, der Erfahrung mit Antidepressiva hat, sie nicht mit leichter Hand verschreibt und für die notwendigen medizinischen Kontrollen sorgt. Lassen Sie sich kein Kombinationspräparat verschreiben, sondern nur trizyklische Antidepressiva, am besten Imipramin.
– Die unangenehmen Nebenwirkungen können schon auftreten, ehe die antipanische Wirkung einsetzt. Auch wenn Sie wegen der Panikerkrankung dazu neigen, auf solche körperlichen Mißempfindungen mit noch mehr Angst zu reagieren: Versuchen Sie durchzuhalten, immer in Absprache mit dem Arzt natürlich.
– Die Behandlung sollte mit niedrigen Dosen (z. B. 25 mg) beginnen, die Dosen dürfen nur langsam gesteigert werden.
– Wenn die antipanische Wirkung Ihnen ermöglicht, wieder aktiver zu werden: Nutzen Sie die Chance und unternehmen Sie etwas gegen Ihre Angst. Was Sie tun können, das steht in den weiteren Abschnitten über Therapie und Selbsthilfe.

Serotonin-Wiederaufnahmehemmer

In neuester Zeit ist auch noch eine andere Gruppe der Antidepressiva als Mittel gegen Panikattacken im Gespräch, die sogenannten Serotonin-Wiederaufnahmehemmer. Vor allem die Stoffe Fluvoxamin (Präparatname Fevarin) und Fluoxetin (Fluctin) werden von Fachleuten genannt. In der Wirkung sollen sie ähnlich wie das Imipramin sein: Sie machen normalerweise nicht süchtig, die antipanische Wirkung tritt mit Verzögerung ein, später als die eventuell zahlreichen und schweren Nebenwirkungen (unter anderem Angst!) Ein Wundermittel sind also auch die Serotonin-Wiederaufnahmehemmer nicht.

Monoaminoxydasehemmer

Etwa gleichzeitig mit den trizyklischen Antidepressiva fanden amerikanische Psychiater einen weiteren Stoff, der sich zur Behandlung von Depressionen eignet, die Monoaminoxydasehemmer, kurz MAO-Hemmer genannt. (Der Name leitet sich von der Eigenschaft des Stoffes ab, einen bestimmten Botenstoff der Nerven, die Monoaminoxydase, zu unterdrücken.) Die daraus entwickelten verschiedenen MAO-Hemmer konnten sich allerdings in Europa nie gegen die trizyklischen Antidepressiva durchsetzen, weil sie starke Nebenwirkungen hatten und Vergiftungserscheinungen hervorriefen. Heute ist in der Bundesrepublik nur ein MAO-Hemmer mit dem Präparatnamen Parnate und das Kombinationspräparat Jatrosom im Handel.

Wie wirken sie?

MAO-Hemmer wirken antriebssteigernd und lösen depressive Verstimmungen. In neuerer Zeit hat man herausgefunden, daß MAO-Hemmer vergleichbar mit trizyklischen Antidepressiva auch Panikattacken unterdrücken können.

Wer sollte MAO-Hemmer nicht nehmen?

Bei schweren Leber- und Nierenschäden, bei schweren Herz- und Kreislaufstörungen, bei erhöhter Krampfbereitschaft und natürlich während der Schwangerschaft und Stillzeit dürfen MAO-Hemmer nicht genommen werden. Grundsätzlich sollten neben MAO-Hemmern keine anderen Medikamente verordnet werden. Unverträglichkeiten wurden beobachtet, wenn MAO-Hemmer mit folgenden Substanzen eingenommen wurden: Narkotika, Neuroleptika, Schlafmittel, Azetylsalizylsäure (Aspirin), gefäßverengende und harntreibende Mittel, außerdem Methyldopa, Anticholinergika, Chinin, Amphetamin, Ephedrin. MAO-Hemmer dürfen nie auf eigene Faust genommen werden. Außerdem dürfen MAO-Hemmer nur Personen verschrieben werden, die bereit und in der Lage sind, sich streng an eine tyraminfreie Diät zu halten. Mehr dazu im nächsten Abschnitt.

Diese Nebenwirkungen gibt es

Die schlimmsten Nebenwirkungen, nämlich lebensgefährliche Anfälle von hohem Blutdruck, können vorkommen, wenn sich der Patient nicht strikt an eine tyraminfreie Diät hält. Der Stoff Tyramin ist in den unterschiedlichsten Lebensmitteln enthalten und normalerweise unschädlich. Bei der Diät sind folgende Lebensmittel verboten: gereifter Käse (Frischkäse ist erlaubt), eingelegter Fisch, zum Beispiel Salzheringe, Pferdebohnen, Hefe- und Fleischextrakte (frisches Fleisch ist erlaubt), Salami, fermentierte Würste, Geflügelleber, Schokolade, saure Sahne, Joghurt, alte oder getrocknete Früchte (also auch Rosinen). Verboten sind auch alle Lebensmittel, die nicht frisch zubereitet sind – etwa aus der Tiefkühltruhe oder aus der Konserve, ferner Alkohol, vor allem »gereifte« Sorten wie Sherry, Cognac und Rotwein. Ein Viertelliter Bier pro Tag dagegen ist erlaubt.

Andere Nebenwirkungen treten vor allem zu Anfang der Behandlung auf: Unruhezustände mit Schlafstörungen, die auch in Apathie umschlagen können, Zittern, Schweißausbrüche, niedriger Blutdruck, Schwindel und Kopfschmerzen. Im übrigen sollte der Arzt vor und während der Behandlung mit MAO-Hemmern die gleichen Routineuntersuchungen wie bei der Behandlung mit trizyklischen Antidepressiva durchführen.

Können MAO-Hemmer Panikattacken heilen?

MAO-Hemmer haben auf Panikattacken dieselbe Wirkung wie trizyklische Antidepressiva: Sie können die Anfälle unterdrükken, gegen die Angst vor der Angst richten sie nichts aus. MAO-Hemmer sind also ebenso geeignet, Patienten, die ohne medikamentöse Hilfe keine Psychotherapie beginnen können, kurzfristig Hilfestellung zu geben. Für das Vorgehen bei einer Behandlung mit MAO-Hemmern gegen Panikattacken gilt alles, was im vorherigen Abschnitt zu trizyklischen Antidepressiva steht. In der Praxis wird eine Behandlung mit MAO-Hemmern allerdings nur für Patienten in Frage kommen, die trizyklische Antidepressiva nicht nehmen können, etwa wegen einer Überempfindlichkeit oder weil die Antidepressiva keine Wirkung zeigen. Nur dann lohnt es sich, mit der tyraminfreien Diät zu leben, die das tägliche Leben doch enorm einschränkt.

Seit einiger Zeit werden MAO-Hemmer wieder etwas öfter verschrieben. Der Grund: Es gibt einen neuen MAO-Hemmer im Handel, der Wirkstoff heißt Moclobemid, das Medikament »Aurorix«. In der Wirkung verhält sich Moclobemid ähnlich wie die anderen MAO-Hemmer, allerdings ist das Risiko von lebensgefährlichen Blutdruck-Krisen wesentlich geringer. Nur Patienten mit ohnehin schon erhöhtem Blutdruck wird deshalb bei Einnahme von Moclobemid empfohlen, möglichst wenig tyraminreiche Speisen zu sich zu nehmen.

Was sonst noch gegen Panikattacken verschrieben wird

Zuerst zu den *Neuroleptika*. Neuroleptika sind hoch wirksame Medikamente, die erfolgreich in der Behandlung von Schizophrenie, Wahnvorstellungen und anderen schweren Psychosen (Geisteskrankheiten) eingesetzt werden. Panikattacken sind keine Psychosen – deshalb haben auch Neuroleptika bei ihrer Behandlung nichts zu suchen. Das gilt um so mehr, als Neuroleptika schwere Nebenwirkungen haben können. Die häufigsten unerwünschten Wirkungen der Neuroleptika sind Bewegungsstörungen, die von Krämpfen der Gesichtsmuskulatur über Schüttellähmung reichen können bis hin zur äußerst quälenden Unfähigkeit, ruhig sitzenzubleiben. Besonders tückisch sind sogenannte Spätdyskinesien, eine Nebenwirkung von Neuroleptika, die noch lange nach Absetzen des Medikaments auftreten kann. Bei diesen Spätdyskinesien handelt es sich um Bewegungen, die der Betroffene nicht kontrollieren kann, und die sich zum Teil rhythmisch wiederholen: Zuckungen, Krämpfe oder Schleuderbewegungen der Gesichtsmuskulatur oder der Arme und Beine. Diese Bewegungen können unauffällig, aber auch sehr heftig sein. Das Auftreten solcher Spätdyskinesien ist wahrscheinlich kaum abhängig von dem eingenommenen speziellen Neuroleptikum und von der Dosis. Die Beschwerden sind nur sehr schwer zu behandeln.

Trotz dieser Risiken und obwohl der Einsatz von Neuroleptika sorgfältig abgewogen werden muß, setzen manche niedergelassenen Ärzte sie routinemäßig gegen Panikattacken ein. Das hat vor allem zwei Gründe: Zum einen machen Neuroleptika nicht abhängig und werden deshalb von manchen Ärzten als Alternative zu Benzodiazepinen gesehen. Zum anderen werden manche Neuroleptika in der Werbung als generell angstlösend angepriesen. Sie sind auch tatsächlich angstlösend – aber vor allem bei psychotischen Ängsten, die mit Panikattacken nichts zu tun haben. Dazu die Münchner Neurologin und Diplom-Psychologin Dr. Lydia Hartl: »Ich betrachte es mit Sorge, daß in letzter Zeit immer öfter Patienten zu uns kommen, deren Angstzustände mit dem wöchentlich injizierten Neuroleptikum ›Imap‹ behandelt wurden. Hier ist ein Neuroleptikum fehl am Platz.«

Betablocker. Wesentlich harmloser in ihrer Wirkung sind Betablocker. Sie dienen eigentlich zur Behandlung von Angina Pectoris, Herzrhythmusstörungen und Bluthochdruck. In der Praxis hat man aber herausgefunden, daß sie die körperlichen Beschwerden bei psychischem Streß, etwa Herzklopfen, Schwitzen, Zittern oder Durchfall bei Prüfungen oder bei ähnlichen angstauslösenden Situationen dämpfen können. Betablocker machen in der richtigen Dosierung nicht müde und haben wenig Nebenwirkungen. Wenn, dann kann es zu Übelkeit, Erbrechen, Durchfall, Müdigkeit, Blutdruckabfall, Hautreaktionen oder vermindertem Tränenfluß kommen.

Sie dürfen nicht genommen werden in der Schwangerschaft, bei bestimmten Herzfunktionsstörungen, bei Diabetes und bei Lungenkrankheiten wie zum Beispiel Asthma.

Zur Behandlung von Panikattacken sind Betablocker nur bedingt geeignet. Zwar können sie die Symptome eines akuten Anfalls dämpfen, wenn sie vorbeugend genommen werden. Aber ihre Wirkung ist nicht stark genug, um Anfälle ganz zu unterdrücken. Und gegen die Angst vor der Angst richten sie nichts aus. Als Hauptanwendungsgebiet zur Angstlösung bleiben deshalb einige Situationen wie Prüfungen und andere Streßsituationen.

Buspiron. »Der Angstlöser, vor dem Sie keine Angst haben müssen« – Mit diesem Satz wirbt der Hersteller für den relativ neuen Wirkstoff Buspiron, der unter dem Namen Bespar seit einigen Jahren auf dem Markt ist. Buspiron wirkt vor allem angstlösend (angeblich vergleichbar mit Benzodiazepinen), und soll dabei keine Nebenwirkungen haben, wegen derer die Benzodiazepine so in Verruf geraten sind. Buspiron soll nicht süchtig machen, keine Entzugssymptome auslösen, keine Wechselwirkungen mit Alkohol haben, die Reaktionsfähigkeit im Straßenverkehr nicht herabsetzen und keine muskelentspannende, krampflösende Wirkung haben.

Nicht nehmen darf man Buspiron bei schweren Leber- und Nierenfunktionsstörungen, Muskelschwäche, akutem Engwinkelglaukom, akuten Vergiftungen mit Schmerzmitteln, Schlafmitteln, Psychopharmaka oder Alkohol, bei Überempfindlichkeit gegen Buspiron. Und natürlich nicht in der Schwangerschaft oder Stillzeit.

Laut Hersteller können unter Buspiron folgende Nebenwirkungen auftreten: Magenbeschwerden, Übelkeit, Durchfall, Kopfschmerzen, Schwindelgefühl, Nervosität und Erregung, Schlaflosigkeit, leichte Benommenheit, Schwächegefühl.

Ist Buspiron die Lösung für eine risikolose medikamentöse Behandlung von Angstzuständen? Die Fachleute, die wir für dieses Buch fragten, zeigten sich überwiegend zögerlich. Der Grund: Man weiß noch zuwenig über die neue Substanz, ihre möglichen Nebenwirkungen und Risiken. Zum Vergleich: Auch Benzodiazepine galten zuerst als völlig problemlos. Zudem ist noch nicht untersucht worden, wie Buspiron bei Panikattacken wirkt. Da seine angstlösende Wirkung mit der der Benzodiazepine verglichen wird, liegt die Vermutung nahe, daß Buspiron die Angst vor der Angst verringern kann, die Panikattacken selbst aber nicht unterdrückt.

Übrigens ist selbst der Hersteller Bristol Myers bei allen Anpreisungen des neuen Wirkstoffes vorsichtig geblieben. Im Kleingedruckten der Bespar-Werbung heißt es: »Experimentelle und klinische Studien gaben keinen Hinweis darauf, daß Bespar die Gefahr einer Gewöhnung und Abhängigkeitsentwicklung mit sich bringt. Trotzdem sollte bis zum Vorliegen weiterer klinischer Erfahrungen die Anwendung entsprechend überwacht werden.«

Zusammenfassung: Psychopharmaka – ja oder nein?

Hier noch einmal in Stichworten das Wichtigste, was man über die Behandlung von Panikattacken und Agoraphobie mit Medikamenten wissen sollte.

Benzodiazepine ja – zur kurzzeitigen Anwendung während einer akuten Panikattacke, denn sie sind die Wirkstoffe, die am schnellsten und zuverlässigsten Angstsymptome auflösen und die Betroffenen beruhigen.

Benzodiazepine nein – zu einer Behandlung, die über zwei bis drei Wochen hinausgeht. Denn Benzodiazepine machen sehr schnell süchtig, verfestigen das Vermeidungsverhalten und tragen damit nicht zur Heilung bei.

Trizyklische Antidepressiva ja – um es Patienten zu ermöglichen, erstmalig wieder aus dem Haus zu gehen (und etwas gegen die Angst zu unternehmen). Denn trizyklische Antidepressiva und MAO-Hemmer sind die einzigen Präparate, die Panikattacken verhindern können.

Trizyklische Antidepressiva nein – zur Langzeitbehandlung von Panikattacken. Denn es gibt bessere Wege aus der Angst, als über lange Zeit starke Medikamente mit erheblichen Nebenwirkungen einzunehmen.

MAO-Hemmer ja – siehe trizyklische Antidepressiva.

MAO-Hemmer nein – siehe ebenfalls trizyklische Antidepressiva.

Neuroleptika nein – denn diese Medikamente sind zur Behandlung von Psychosen gedacht, nicht zur Behandlung von seelischen Störungen. Sie haben erhebliche Nebenwirkungen und können Spätschäden verursachen.

Betablocker nein – denn sie richten gegen Panikattacken nur wenig und gegen die Angst vor der Angst gar nichts aus. Sie können allerdings im akuten Fall hilfreich sein, zum Beispiel bei Flugangst oder Prüfungsangst.

Buspiron nein – solange man über Nebenwirkungen und mögliches Suchtpotential noch nicht mehr weiß.

Grundsätzlich gilt für die medikamentöse Behandlung von Angstzuständen: Medikamente können immer nur die Symptome beseitigen, nicht aber die Ursachen. Die Wahrscheinlichkeit ist deshalb groß, daß die Angst selbst bei einer »erfolgreichen« Therapie nach Absetzen der Arznei wiederkommt. Medikamente sollten darum grundsätzlich nur als Überbrückung benutzt werden, bis die Betroffenen zu einer Therapie oder Selbsthilfe fähig sind. Leider ist die optimale Dauer einer medikamentösen Behandlung der Angst noch nicht erforscht worden.

Bleibt die Frage, was Patienten machen können, wenn sie bisher vom Arzt eine der erwähnten Arzneien bekommen haben: Hier einige Tips für diesen Fall:

– Setzen Sie auf keinen Fall das Medikament eigenmächtig ab, auch wenn es sich um ein Benzodiazepin oder um ein Neuroleptikum handelt. Bei längerer Einnahme kann plötzliches Absetzen zu schwerwiegenden Nebenwirkungen führen.
– Gehen Sie so bald wie möglich zu Ihrem Arzt, wenn Sie nach Lektüre dieses Kapitels Zweifel an der Behandlung bekommen haben. Sprechen Sie Ihre Vorbehalte offen aus, und sagen Sie dem Arzt, daß Sie mehr gegen Ihre Angst unternehmen wollen als Pillenschlucken.
– Wenn Sie nach diesem Gespräch den Eindruck haben, daß Ihr Arzt für Ihre Bedenken und Wünsche nicht offen ist – dann wechseln Sie den Arzt. Sie haben ein Recht darauf, von einem Arzt behandelt zu werden, der nicht nur medizinisch kompetent ist, sondern auch die Persönlichkeit des Patienten ernstnimmt.
– Suchen Sie am besten eine der Spezialsprechstunden für Panikpatienten an den Universitäten auf oder rufen Sie dort an (Adressen siehe S. 216ff.).

Psychotherapie

Was ist Psychotherapie?

Der Begriff Psychotherapie (wörtlich übersetzt: Seelenbehandlung) weckt recht unterschiedliche Assoziationen. Für die einen gehört Psychotherapie schon beinahe zum guten Ton, frei nach dem Woody-Allen-Motto »Mein Therapeut (Analytiker) sagt auch immer...« Während Psychotherapie früher vor allem bei schweren seelischen Störungen angewandt wurde, betrachten manche sie heute als schicken oder abenteuerlichen Zeitvertreib, als Fluchtmöglichkeit in eine heile Welt oder sogar als Ersatzdroge. Die Zahl der Behandlungsformen ist unüberschbar geworden, die meisten der neuen Methoden zielen nicht mehr in erster Linie auf Heilung ab, sondern vor allem auf intensive Erlebnisse, starke Gefühlsausbrüche, schnelle Effekte. Kein Wunder, daß die Psychotherapie dabei in Mißkredit geraten ist. »Mag jemand nackt tanzen oder in Mönchstracht meditieren, mag jemand den Urschrei proben oder sich in den Uterus rückphantasieren, so möge er bitte nicht das Wort Therapie dafür verwenden« – Dieser Leserbrief eines klinischen Psychologen auf einen Artikel über Psychotherapie im »Stern« drückt aus, wie sehr die seriösen Therapeuten unter den seltsamen Auswüchsen des Psychobooms leiden.

Es gibt aber immer noch auch Menschen, die jeder Form von Psychotherapie, auch der seriösen, skeptisch gegenüberstehen. Meist wissen sie wenig darüber, was in einer Therapie wirklich geschieht. Sie vermuten vor allem gute Ratschläge, realitätsfremde Erklärungen, die nichts verändern, oder undurchschaubare Beeinflussungsversuche des Therapeuten. Manche meinen schlichtweg, Psychotherapie sei nur etwas für »Verrückte«. Die Vorstellungen haben mit der Wirklichkeit nicht viel gemein:

– Der Psychotherapeut gibt keine guten Ratschläge – davon hat der Klient ja schon genug bekommen.
– Es kommt zwar vor, daß ein Therapeut Erklärungen gibt für Verhaltensweisen des Klienten. Ein viel wichtigeres Ziel der Therapie als das Verstehen ist aber, dem Klienten Veränderungen im Denken, Fühlen und Handeln zu ermöglichen.
– Ein seriöser Therapeut will den Klienten nicht überlisten oder auf geheimnisvolle Weise beeinflussen, er will gemeinsam mit dem Klienten ein bestimmtes, vorher festgelegtes Ziel erreichen – zum Beispiel das Verschwinden der Panikattacken.
– Psychotherapie ist eine seriöse Behandlungsform für seelische Störungen. Wer eine Psychotherapie beginnt, ist nicht »verrückt«, sondern unternimmt einen mutigen Schritt, um das Problem selbst anzugehen.

Was Psychotherapie wissenschaftlich gesehen ist, hat Dr. Siegfried Höfling vom Institut für klinische Psychologie der Uni München für den Berufsverband Deutscher Psychologen niedergeschrieben:

»Im psychotherapeutischen Raum werden Bedingungen hergestellt, die Lernprozesse beim Patienten in Gang setzen. Der Patient lernt eine präzisere Wahrnehmung seines Verhaltens und Erlebens, gewinnt einen gewissen Grad an Einsicht in sein ›Sich-So-Verhalten‹ und wird letztlich in die Lage versetzt, angemessene Verhaltens- und Einstellungsänderungen herbeizuführen. Lernen findet im ersten Schritt in der kommunikativen Interaktion zwischen Therapeut und Patient statt. Im späteren Verlauf übernimmt der Patient die Steuerung des Änderungsprozesses selbständig. Eine wesentliche Aufgabe der Psychotherapie ist somit auch, dem Patienten zu helfen, die verlorengegangene Eigeninitiative wiederzugewinnen, und ihn zu seinem eigenen Problemlöseexperten für zukünftige Probleme und Schwierigkeiten auszubilden.«

Psychotherapie besteht also in erster Linie darin, daß Therapeut und Klient miteinander reden, manchmal werden auch andere Techniken wie Malen, Rollenspiele, Phantasien eingesetzt. Dieses Zusammenarbeiten von Therapeut und Klient hat das Ziel, den Klienten dazu zu befähigen, mit bestimmten

Schwierigkeiten (wieder) zurechtzukommen. Während der Therapie sieht der Klient seine Schwierigkeiten in ganz neuem Licht und kann so wagen, seine ausgetretenen Grübelpfade zu verlassen. Psychotherapie ist kein Wundermittel, aber sie kann erstaunliche Denk-, Gefühls- und Verhaltensänderungen bewirken, wenn der Klient das wirklich will. Dazu der Psychotherapieforscher Prof. Klaus Grawe in Bern, der sich seit Jahren mit den verschiedenen Psychotherapieformen und ihren Wirkungen beschäftigt: »In der Regel ist Psychotherapie eine Erfahrung, die man später nicht mehr missen möchte. Die meisten empfinden eine Therapie als sehr wertvoll. Allerdings: Man muß bereit sein, schmerzhafte Gefühle zu durchleben, wenn auch mit der emotionalen Stütze des Therapeuten. Wohltuend und heilend wirkt oft schon die Erfahrung: Da ist ein Mensch, der sich das Teilen meiner Probleme zum Anliegen macht.«

Es gibt aber auch Menschen, die haben es schon einmal mit Psychotherapie versucht und sind jetzt unzufrieden oder enttäuscht. Vielleicht haben sie eine oder sogar mehrere Therapien abgebrochen. Das kann sehr verschiedene Gründe haben. Natürlich ist das Können des Therapeuten sehr wichtig, aber auch die Methode, die zur Persönlichkeit des Klienten passen sollte, das Zusammenpassen von Therapeut und Klient. Schließlich kommt es vor, daß jemand zwar eine Therapie beginnen will, der richtige Zeitpunkt dafür aber doch noch nicht da ist – in unserem Fall vielleicht, weil er die Panikattacken noch dringend »braucht«.

Wer also schlechte Erfahrungen mit Therapien oder Therapeuten gemacht hat, sollte diesen Weg aus der Angst noch nicht für ungangbar halten. Vielleicht kommen ihm nach Lektüre dieses Kapitels neue Ideen, weshalb die Therapie(n) scheiterte(n), und er wagt einen neuen Anlauf.

Who ist who: Psychiater, Neurologe, Psychotherapeut...

Wer sich in Psychotherapie begeben will, sieht sich den unterschiedlichsten Angeboten gegenüber. Und die, die Psychotherapie anbieten, tragen die verschiedensten Bezeichnungen. Nicht alle sind seriös, aber für einen Laien sind sie kaum zu durchschauen. Deshalb hier die wichtigsten Bezeichnungen aus dem Psycho-Angebot.

Psychiater. Der Psychiater ist Facharzt für seelische Krankheiten und mentale Störungen. Er kann, muß aber keine psychotherapeutische Ausbildung haben, die meisten Psychiater behandeln vor allem mit Medikamenten. Er ist z. B. der Fachmann für eine Behandlung mit Imipramin (siehe S. 153, Kapitel: Psychopharmaka).

Neurologe. Der Neurologe ist Facharzt für Krankheiten des Nervensystems, z. B. Multiple Sklerose. Er behandelt ebenfalls vor allem mit Medikamenten. Von manchen Menschen wird auch der Psychiater Neurologe genannt, weil es ihnen peinlich ist, zum Psychiater zu gehen. Deshalb werden Psychiater und Neurologen oft verwechselt. Es gibt aber auch Ärzte, die sowohl Psychiater als auch Neurologen sind und manchmal »Nervenärzte« genannt werden.

Psychologe. Bis vor einiger Zeit war die Bezeichnung »Psychologe« nicht geschützt, das heißt, jeder konnte sich so nennen – leider kommt das auch heute noch vor. Inzwischen gibt es ein Gerichtsurteil, nach dem sich nur Psychologe nennen darf, wer ein abgeschlossenes Hochschulstudium der Psychologie nachweisen kann (Oberlandesgericht Karlsruhe, Aktenzeichen 6 W 134/86). Um Mißverständnissen vorzubeugen, nennen sich Psychologen mit abgeschlossenem Studium ohnehin »Diplom-Psychologe«. Ein Diplom-Psychologe ist aber nicht automatisch Psychotherapeut.

Klinischer Psychologe. Den Titel »Klinischer Psychologe« vergibt der Berufsverband Deutscher Psychologen (BDP) nur an Diplom-Psychologen, die bestimmte Qualifikationen erfüllen. Dazu gehören mehrjährige Erfahrung in Einrichtungen zur psychologischen Gesundheitsversorgung, ständige Weiterbildung und Teilnahme an Supervision, das heißt freiwillige Überwachung und Beratung bei seiner psychotherapeutischen Tätigkeit.

Psychotherapeut. Die Bezeichnung ist nicht geschützt, im Prinzip darf sich also jeder als »Psychotherapeut« bezeichnen. Allerdings: Psychotherapie gilt als Heilkunde. Wer sie ausübt, muß entweder Arzt oder Psychologe sein oder eine Genehmigung nach dem Heilpraktikergesetz haben. Ärzte, die eine Zusatzausbildung in Psychotherapie haben, geben das meistens auch an. Diplom-Psychologen werden Psychotherapeuten, indem sie sich in einer oder mehreren Therapierichtungen weiterbilden und zusätzliche Abschlüsse erreichen.

Psychoanalytiker. Die Bezeichnung Psychoanalytiker wird oft mit »Psychotherapeut« gleichgesetzt. Der Psychoanalytiker ist aber ein Psychotherapeut, der sich auf eine bestimmte Therapieform, die Psychoanalyse, spezialisiert hat. Die Bezeichnung ist nicht geschützt. Ausbildungsinstitute verschiedener psychoanalytischer Fachrichtungen haben sich in der Deutschen Gesellschaft für Psychoanalyse, Psychotherapie, Psychosomatik und Tiefenpsychologie (DGPPT) zusammengeschlossen und Richtlinien für die Weiterbildung zum Psychoanalytiker festgelegt. Sie umfaßt eine mehrjährige eigene (Lehr)Analyse, dazu theoretische und klinische Ausbildung. Heute werden dazu nur Ärzte und Diplom-Psychologen zugelassen, früher konnten auch Angehörige anderer Berufsgruppen Psychoanalytiker werden.

Schließlich gibt es auf dem Psychomarkt auch noch eine Menge Phantasiebezeichnungen wie »psychologischer Berater« oder »praktischer Psychologe«. Solche Titel haben nichts zu sagen und sollten eher Anlaß zu Mißtrauen geben. Ein Mensch, der sich einen Phantasietitel zulegt, hat höchstwahrscheinlich keine echte Ausbildung vorzuweisen.

Zur Vollständigkeit sei hier auch noch erwähnt, daß manche Ärzte die sogenannte *kleine Psychotherapie* ausüben dürfen. Dazu berechtigt sind Ärzte, wenn sie über

– eine mindestens dreijährige Erfahrung in selbstverantwortlicher ärztlicher Tätigkeit und über
– Kenntnisse in einer psychosomatisch orientierten Krankheitslehre und über

– reflektierte Erfahrungen über die psychodynamische und therapeutische Bedeutung der Arzt-Patienten-Beziehung verfügen. So definiert es ein Kommentar zur Gebührenordnung für Ärzte.

Solche psychotherapeutischen Gespräche müssen mindestens 20 Minuten dauern und sind angezeigt bei psychosomatischen Krankheitszuständen. Da die Panikerkrankung ja eine seelische Störung ist, die deutliche körperliche Symptome erzeugt, setzen manche Ärzte hier die kleine Psychotherapie ein. Sie kann hilfreich sein – allerdings sollten sich Patienten nicht damit zufriedengeben, wenn sie feststellen, daß ihnen diese kleine Psychotherapie nicht reicht.

Natürlich gibt es noch Angehörige anderer Berufe, die Gespräche anbieten, etwa Seelsorger, Heilpraktiker. Solche Gespräche können sehr hilfreich sein – aber hier haben Betroffene keine Garantie für eine fundierte psychotherapeutische Ausbildung. Sie müssen sich ganz auf ihren persönlichen Eindruck verlassen. Wer also eine echte Psychotherapie sucht, sollte sich an einen zugelassenen Psychotherapeuten nach den oben genannten Kriterien wenden.

Wie finde ich den richtigen Therapeuten?

Erst einmal ist es wichtig, überhaupt einen Therapeuten zu finden. Ob es dann der richtige ist, hängt ganz vom persönlichen Kontakt im Erstgespräch ab (siehe die nächsten Abschnitte). Wie also einen Therapeuten finden? Das sicherste ist, sich an die medizinische Fakultät der nächsten Universität zu wenden, und zwar entweder an die Beratungsstelle/Ambulanz für klinische Psychologie oder an die Ambulanz der psychiatrischen Poliklinik. Sicher ist dieser Weg deshalb, weil die Therapeuten dort am ehesten wissen, was Panikattacken sind, und sie spezifisch behandeln können. Die Gefahr bei psychiatrischen Einrichtungen: Es werden dort oft Medikamente verschrieben, die gar nicht unbedingt notwendig sind. Wer sich an eine solche Institution wendet, sollte sich also nur dann Medikamente verschreiben lassen, wenn ihm deren Sinn auch einleuchtet, und er den

Eindruck hat, daß es ohne im Moment nicht geht. Auch wenn man nicht in der Nähe einer Universität wohnt, kann es sich lohnen, dort nachzufragen. Denn oft halten die Psychologen an den Kliniken auch Kontakt mit Kollegen im Landkreis, die sie empfehlen können (Adressen siehe S. 216ff.). Zweite Anlaufstelle sind die Krankenkassen. Sie halten Listen mit Therapeuten bereit, die von der Kasse bezahlt werden. Der Nachteil: Diese Therapeuten sind meist hoffnungslos überlastet (siehe S. 181, Was zahlen die Krankenkassen?). Guten Erfolg haben meist Nachfragen bei Beratungsstellen der Gemeinden, Kirchen oder Wohlfahrtsorganisationen. Diese Institutionen stehen unter den Stichwörtern Ehe-, Familien- oder Lebensberatung im Telefonbuch. In größeren Städten gibt es auch Frauentherapiezentren (Adressen stehen im Telefonbuch).

Wer einen Therapeuten einer bestimmten Therapierichtung sucht, erkundigt sich am besten bei der Geschäftsstelle des jeweiligen Verbandes. Adressen der wichtigsten Fachgesellschaften und Verbände finden Sie ebenfalls auf Seite 215ff.

Schließlich gibt es auch noch die Möglichkeit, sich einen Diplom-Psychologen oder noch besser klinischen Psychologen aus dem Branchenbuch zu suchen, sie stehen dort unter Psychologen oder Psychotherapeuten. Wer Freunde oder Bekannte mit Therapieerfahrung hat, kann sich natürlich auch einen Therapeuten empfehlen lassen. Aber Vorsicht: Es kann für den Erfolg der Therapie von Nachteil sein, den Therapeuten mit einem Familienmitglied oder engen Freund zu »teilen«. Und: Ein Therapeut, der für den einen geradezu ideal ist, muß noch lange nicht zu einem anderen Menschen passen.

Bis vor einiger Zeit gab es im übrigen die Möglichkeit, sich vom Berufsverband Deutscher Psychologen (BDP) einen Therapeuten in der Nähe vermitteln zu lassen. Das ist dem BDP inzwischen gerichtlich verboten worden. Ein Psychologe, der nicht Mitglied im BDP ist, hatte dagegen geklagt, daß der BDP nur seine Mitglieder vermittelte. In der Zukunft will der BDP eine Liste aller klinischen Psychologen erstellen, unabhängig von der Mitgliedschaft im Berufsverband. Diese Liste wird aber noch länger auf sich warten lassen.

Was beachten beim Erstgespräch?

Bevor die Therapie beginnt, führen Klient und Therapeut ein »Erstgespräch«, das mindestens eine Stunde dauert. Es dient beiden Seiten dazu, einander kennenzulernen und festzustellen, ob eine Therapie in dieser Konstellation möglich ist. Bei einem von der Kasse zugelassenen Therapeuten zahlt die Kasse auch das Erstgespräch. Stellt sich heraus, daß Therapeut und Klient gar nicht miteinander auskommen, so kann sich der Klient einen anderen Therapeuten suchen. Manche Psychologen bieten auch kostenlose Erstgespräche an.

An den Ausgaben für ein oder mehrere Erstgespräche sollte man aber auf keinen Fall sparen. Schließlich hängt der Erfolg einer Therapie wesentlich davon ab, ob der Therapeut und der Klient eine gute, vertrauensvolle Beziehung miteinander aufbauen können. (Siehe S. 183, Abschnitt: Welche Methode ist die beste?) Und – so Bärbel Schwertfeger und Klaus Koch in ihrem Buch *Der Therapieführer*: »Eine gute Therapeut-Klient-Beziehung ist nicht nur Voraussetzung für therapeutischen Erfolg, sie ist gleichzeitig auch ein Modellfall dafür, wie der Klient sich anderen Personen gegenüber verhält. Über die therapeutische Beziehung werden so Veränderungen im sozialen Verhalten des Klienten ermöglicht. Hier kann er z. B. die Erfahrung machen, seine Schwächen offen eingestehen zu können, ohne – wie in seiner bisherigen Erfahrung – automatisch abgelehnt zu werden.« Es schadet nicht, sich auf das Erstgespräch ein wenig vorzubereiten. Ein guter Therapeut wird möglichst viel über die Art der Beschwerden wissen wollen. Er will nicht nur wissen, *daß* der Klient Angst hat, sondern auch, wie seine Angst beschaffen ist. Dr. Lydia Hartl vom Münchner Max-Planck-Institut für klinische Psychologie hat einen Angstfragebogen entwickelt, den man täglich ausfüllt, ein »Angst-Tagebuch« sozusagen. Ursprünglich ist er dazu da, den Erfolg der Therapie im Lauf der Behandlung zu überprüfen. Er eignet sich aber auch gut dazu, sich über die eigene Angst klar zu werden, um sie im Erstgespräch besser schildern zu können. Den Fragebogen finden Sie auf Seite 174f.

Im übrigen sollte man den Therapeuten fragen, welche Ausbildung er hat – er sollte Diplom-Psychologe sein und eine zusätzliche Ausbildung in mindestens einer Therapieform haben. Außerdem sollte er in der Lage sein zu erklären, wie seine Form der Angstbehandlung aussieht. Äußerstes Mißtrauen ist angebracht, wenn ein Therapeut

- seine Methode marktschreierisch als besonders neu, sensationell oder wunderwirkend anpreist,
- unrealistische Versprechungen macht oder droht, etwa »In ein paar Stunden sind Sie Ihre Angst los« oder »Wenn ich Ihnen nicht helfen kann, kann Ihnen niemand helfen«,
- sich weigert (oder ausweicht), klare Informationen über Therapiemethode und -verlauf zu geben, etwa nach dem Motto »Das werden Sie dann schon sehen«,
- Vorauszahlungen oder Barzahlung ohne Quittung fordert.

(Diese Warnungen sollen kein allgemeines Mißtrauen gegen Psychotherapeuten wecken. Aber es gibt schwarze Schafe wie in jedem Berufsstand – und das kann hier besonders schwerwiegende Folgen haben.)

Nach dem Gespräch sollte man sich die Zeit nehmen und die eigenen Gefühle prüfen. Hier einige Fragen, die dabei helfen können:

- Habe ich mich ernstgenommen gefühlt? Durfte ich sein, wie ich bin?
- Hat er sich Zeit genommen und mir sein Interesse auch durch Nachfragen gezeigt?
- Hatte ich das Gefühl, ständig auf der Hut sein zu müssen?
- Kann ich menschliches und fachliches (soweit das zu beurteilen ist) Vertrauen zu ihm haben?
- Welche Gefühle habe ich bei dem Gedanken, ein zweites Mal dorthin zu gehen?

Zweifel am Therapeuten oder eine gewisse Abneigung müssen noch nicht bedeuten, das es der falsche ist. Man sollte statt dessen Zweifel und Vorbehalte möglichst offen aussprechen, sehen, wie er darauf reagiert – wehrt er sie ab oder geht er darauf ein? – und dann noch einmal nachfühlen, ob man Vertrauen fassen kann. Ein negatives Gefühl dem Therapeuten gegenüber kann aber auch bedeuten, daß die Übertragung von Gefühlen auf den Therapeuten, die man eigentlich anderen Menschen gegenüber hat, schon begonnen hat. Ein guter Therapeut sollte das allerdings schneller merken als der Klient.

Von manchen Panikpatienten mag es zuviel verlangt sein, auf der Suche nach einem Therapeuten so kritisch und wählerisch vorzugehen. Sie empfinden den Leidensdruck einfach als zu groß. Trotzdem sollten sie es tun – um einer erfolgreichen Therapie willen. Das betont auch der Psychotherapeut und Schriftsteller Tilmann Moser in seinem Buch *Kompaß der Seele – ein Leitfaden für Psychotherapiepatienten*: »Du gehst doch auch nicht, wenn du ein Auto braucht, in den nächstbesten Laden und kaufst eines! Du hast ein Recht und die Pflicht zur Sorgfalt, du brauchst ein Rücktrittsrecht, gerade gegenüber deiner eigenen Gier, jetzt endlich anzukommen. Wenn du vor lauter Torschlußpanik ganz wirr im Kopf bist und die Schnauze vom Suchen voll hast, dann erst recht. Noch ein paar Monate Elend sind besser als eine Hals-über-Kopf-Verbindung...«

Was ist besser: Gruppen- oder Einzeltherapie?

Darauf gibt es keine eindeutige Antwort, denn in der Wirksamkeit scheinen sich die beiden Therapieformen nicht zu unterscheiden. Allerdings haben sie unterschiedliche Vor- und Nachteile: In der Einzeltherapie kann der Therapeut eine klare Diagnose stellen, er kann die Behandlung genau auf die Bedürfnisse des einzelnen Patienten ausrichten, und beide können sich ein besseres Vertrauensverhältnis aufbauen. In der Gruppentherapie ist der Behandlungserfolg nicht so sehr von der Person des Therapeuten abhängig, denn alle Gruppenmitglieder wirken bei der Behandlung aller mit. Die Patienten machen die oft sehr entlastende Erfahrung, daß sie mit ihrem Problem nicht allein sind. Sie können zusammen üben und eventuell die Gruppe später als Selbsthilfegruppe weiterführen.

Wahrscheinlich ist es am besten, beide Möglichkeiten zu kombinieren: Einzelsitzungen als Einstieg, und wenn besondere

Angst-Tagebuch

1. Heute hatte ich einen Angstanfall, in dem ich plötzlich erschrokken bin oder mich unerwartet sehr unwohl fühlte.

2. Ich hatte Angst, allein das Haus zu verlassen, mich in Menschenmengen zu befinden oder an bestimmten öffentlichen Plätzen (z. B. Tunnels, Brücken, U-Bahn, Aufzüge).

3. Ich war sehr besorgt, daß ich einen Angstanfall bekommen könnte, und habe deshalb bestimmte Situationen oder Orte vermieden.

4. Den ganzen Tag über mache ich mir schon viele Sorgen über Dinge, die passieren können, bin unsicher und angespannt.

5. Ich hatte folgende unangenehme körperliche Erscheinungen:

6. Ich hatte folgende unangenehme Gedanken:

7. Ich hatte Angst vor folgenden Tätigkeiten, Menschen, Objekten oder Tieren:

8. Ich hatte heute folgende besondere Belastungen oder Kränkungen erlebt:

Bitte beurteilen Sie am Ende jedes Tages:

1. Durchschnittliche Angst (0–10): ....

2. Durchschnittliches Befinden
   (0 = sehr schlecht – 10 = sehr gut): ....

3. Wie viele Stunden Schlaf hatten Sie? ....

4. Wie viele Stunden haben Sie gearbeitet? ....

   Waren Sie allein außer Haus? ....

   Waren Sie in Begleitung außer Haus? ....

		Datum
		....

Uhrzeit (von – bis)	Situation	Angststärke (0–10)
....	....	....
	....	
....	....	....
	....	
....	....	....
	....	

Art der Befürchtung	Stärke (0–10)
....	....
....	....
....	....
....	....
....	....

Probleme vorhanden sind, etwa eine vorher verdeckte Depression, Gruppentherapie. Wichtiger noch als diese theoretischen Überlegungen ist aber das Gefühl, das Sie bei dem Gedanken an Gruppen- oder Einzeltherapie haben. Haben Sie schon im voraus eine Abneigung gegen eine der beiden Therapieformen, so sollten Sie sich davon leiten lassen und die andere Form wählen.

Was ist besser: Stationäre oder ambulante Behandlung?

Grundsätzlich ist es nicht nötig und sinnvoll, sich wegen Panikattacken im Krankenhaus behandeln zu lassen. Im Gegenteil, es kann sogar Nachteile haben. Zum Beispiel, wenn jemand ins Krankenhaus geht, um auch nur das geringste Angstgefühl zu vermeiden, und damit seine Angst nur noch verfestigt. In vielen psychiatrischen Kliniken besteht außerdem die Gefahr, daß die Patienten auch dann Medikamente bekommen, wenn es eigentlich gar nicht nötig ist. Sie geraten dann leicht in die Routine des Klinikbetriebs, ob sie wollen oder nicht. Bevor Sie sich in eine psychiatrische Klinik aufnehmen lassen, sollten Sie deshalb auf jeden Fall klären, ob es dort ein besonderes Behandlungsmodell gegen Panikattacken gibt, wie lange die stationäre Behandlung voraussichtlich dauern wird, und ob die Klinik hinterher auch ambulante Kontaktmöglichkeiten bietet. Sie sollten sich aber möglichst nicht als Notfall in irgendeine psychiatrische Klinik einweisen lassen. Besser wäre es, sich von einer auf Panikattacken eingestellten Ambulanz beraten zu lassen und dann eine psychosomatische Klinik zu suchen. Hier noch einige Hinweise, wann eine stationäre Behandlung sinnvoll sein kann:

- Bei besonders schwerem Krankheitsverlauf mit mehreren Anfällen am Tag, die ein Leben zu Hause zumindest momentan unerträglich machen.
- Wenn eine starke Depression dazukommt.
- Wenn noch nicht sicher ist, ob die Angst nicht organische oder psychotische Ursachen hat, die notwendigen Untersuchungen aber ambulant nicht durchgeführt werden können.
- Wenn die Patientin oder der Patient medikamenten- oder

alkoholabhängig ist und ein Entzug mit ärztlichem Beistand notwendig ist.

Was tun, wenn man sich vor Angst nicht mehr aus dem Haus traut?

Wer längere Zeit unter Panikattacken gelitten hat, weiß es aus eigener Erfahrung: Die Angst vor der Angst kann sich so steigern, daß es unmöglich ist, noch das Haus zu verlassen. Solch ein Maß an Angst ist natürlich ein Hindernis auf der Suche nach einem geeigneten Therapeuten. Zum einen kann man nicht einfach Erstgespräche vereinbaren. Zum andern lehnen viele Therapeuten es ab, außerhalb ihrer Behandlungsräume zu arbeiten. Das ist keine Bequemlichkeit der Therapeuten, sondern eine der Grundvoraussetzungen für die therapeutische Situation. Was also tun?

Es gibt zwei Möglichkeiten: Sie können sich von einem erfahrenen Arzt – eventuell auch vom Hausarzt – für eine klar begrenzte Zeit Benzodiazepine oder trizyklische Antidepressiva verschreiben lassen, die die Angst soweit reduzieren, daß sie sich auf Therapeutensuche begeben können. In diesem Fall sollten Sie so bald wie möglich und in Absprache mit dem Arzt die Medikamentenbehandlung beenden. (Übrigens: Konfrontative Verhaltenstherapie ist unter Benzodiazepinen sinnlos, ob am Anfang der Behandlung noch trizyklische Antidepressiva eingenommen werden können, muß der Verhaltenstherapeut entscheiden.) Die andere Möglichkeit ist, telefonisch einen Psychotherapeuten zu finden, der bereit ist, mit der Therapie in der Wohnung des Patienten zu beginnen. Am besten wäre es hier, mit einem Verhaltenstraining zu beginnen, das Ihnen ermöglicht, den Therapeuten aufzusuchen. Denn die Fähigkeit, die Praxis des Therapeuten aufzusuchen, ist ein erster und sehr wichtiger Schritt zur Heilung.

Hier noch ein Tip aus den Erfahrungen Betroffener: Manchen fiel es leichter, aus dem Haus zu gehen, wenn sie im Taxi fahren konnten, wenn es dunkel war oder wenn es regnete und sie einen Schirm aufspannen konnten.

Kann man vom Psychotherapeuten abhängig werden?

Der Klient, der vor jeder auch noch so kleinen Entscheidung des täglichen Lebens zu seinem Therapeuten/Analytiker rennt, ist eines der verbreitetsten Zerrbilder der Psychotherapie. Leider ist es nicht völlig aus der Luft gegriffen, denn während einer Therapie können verschiedene Abhängigkeitsgefühle beim Klienten entstehen. Da ist einmal die ganz normale Abhängigkeit, die vor allem am Anfang einer Therapie auftreten kann. »In der ersten Zeit habe ich nur noch von Woche zu Woche, von Behandlungsstunde zu Behandlungsstunde gelebt«, sagen viele Betroffene, wenn sie von ihrer Psychotherapie erzählen. Dieses Gefühl ist verständlich. Denn nach einer Zeit des intensiven Leidens, der Angst und Unsicherheit ist da auf einmal ein Mensch, der sich voll auf das Problem und auf die Person einstellt, der menschliche Wärme, Verständnis und Zuversicht vermittelt. Und der etwas tut, was es in den Alltagsbeziehungen praktisch nicht gibt: Er akzeptiert einen, ganz gleich, was man tut oder sagt, ohne Werturteil. Kein Wunder, daß man meint, davon gar nicht genug bekommen zu können.

Hier entsteht die Gefahr von zu großer Abhängigkeit. Denn manche Klienten tun sich schwer, diesen künstlichen, schönen Schonraum wieder zu verlassen. Und es gibt auch schlechte Therapeuten, die die Abhängigkeit des Klienten mißbrauchen. Sei es, weil sie dadurch eigene seelische Bedürfnisse befriedigen oder weil sie einfach etwas länger an diesem Klienten verdienen wollen. Aber eine Therapie ist mehr als menschliche Wärme und Akzeptieren. Ein guter Therapeut wird deshalb immer dafür sorgen, daß der Klient oder die Klientin an seinen Problemen arbeitet und dabei auch unangenehme Gefühle durchlebt. Und er wird von Anfang an die Trennung beabsichtigen. Denn ein guter Therapeut will sich selbst so schnell wie möglich überflüssig machen. Und das ist relativ einfach, wenn die Klientin oder der Klient in der Therapie gelernt hat, sich selbst etwa so anzunehmen, wie es der Therapeut vorher getan hat.

Wer Angst hat, in der Therapie in Abhängigkeit zu geraten, der sollte folgende Dinge beachten:

– Machen Sie von Anfang an gemeinsam mit dem Therapeuten ein klares und realistisches Ziel aus. Es reicht zum Beispiel nicht zu sagen »Ich will keine Angst mehr haben« oder »Es soll mir besser gehen«. Überprüfen Sie von Zeit zu Zeit, ob Sie dieses Ziel auch nicht aus den Augen verlieren. Sprechen Sie es auch in der Therapie an, wenn Sie es für notwendig halten.
– Lassen Sie sich vom Therapeuten auch zwischendurch klare Informationen über den Verlauf der Therapie geben.
– Wenn Sie keine Verhaltenstherapie machen: Gehen Sie neben der Therapie aktiv gegen Ihre Angst vor, indem Sie immer mal wieder angstbesetzte Situationen aufsuchen. So proben Sie Ihre Unabhängigkeit im Alltag.
– Und wenn Sie schon Angst haben, in zu große Abhängigkeit geraten zu sein: Lassen Sie es den Therapeuten wissen.

Was tun, wenn man mit dem Therapeuten nicht zufrieden ist?

Psychotherapie ist eine zwar künstlich hergestellte, aber lebendige Beziehung zwischen zwei Menschen. Sie hat ihre Höhen und Tiefen. Zu den Tiefen gehören Zeiten, in denen der Klient mit dem Therapeuten nicht zufrieden ist. Diese Unzufriedenheit kann ganz natürliche Gründe haben: So kann es sein, daß der Klient unangenehme Gefühle gegenüber dem Therapeuten hat, die sich eigentlich auf eine andere Person (z. B. Vater oder Mutter) beziehen, aber auf den Therapeuten übertragen werden. Es kann auch sein, daß die Therapie gerade in einer schwierigen Phase ist, in der es scheint, als ob sich nichts mehr verändert und nichts besser wird. Es kann sogar sein, daß man das Gefühl hat, die Angst verschlimmere sich zeitweilig. All das ist in Ordnung, solange man daneben das Gefühl hat, daß man dem Therapeuten vertrauen kann, und immer noch ernsthaft an den Problemen gearbeitet wird. Dazu der Psychotherapieforscher Prof. Klaus Grawe: »Richtige Veränderung geht nicht auf angenehmem Wege. Ärger oder Enttäuschung über den Therapeuten gehören dazu. Das ist wie in einer Freundschaft: Die Beziehung wächst daraus. Auf jeden Fall aber sollte man die

Unzufriedenheit in der Therapie ansprechen, denn sie kann ein wichtiger Hinweis sein.«

Es gibt aber auch Situationen, in denen die Unzufriedenheit ein Alarmzeichen ist. Wenn man zum Beispiel das Vertrauen in den Therapeuten verloren – oder nie gewonnen – hat. Wenn der Therapeut ständig ungeduldig, abschätzig oder abgelenkt ist. Wenn sich zwischen Therapeut und Klient ständig kleine Machtkämpfe abspielen. Auch in solch schwerwiegenden Fällen sollte man, wenn irgend möglich, noch versuchen, dem Therapeuten seine Unzufriedenheit mitzuteilen. Denn auch ein Psychotherapeut ist nur ein Mensch, der Fehler machen kann – er muß eine Chance haben, diese Fehler zu erkennen und wiedergutzumachen. Meistens ergibt sich schon aus der Reaktion des Therapeuten auf die Kritik, ob es sich lohnt, die Therapie fortzusetzen, oder ob es besser ist, den Therapeuten zu wechseln. Man sollte sich einen anderen Therapeuten suchen, wenn man den Eindruck hat, daß er sich gegen die Zweifel oder Kritik gänzlich abschottet und keine Vertrauensbasis mehr herzustellen ist.

Es gibt eine Situation, in der es keinen Sinn mehr hat, eine neue Basis zu suchen: Wenn der Therapeut versucht, eine Klientin sexuell zu belästigen. Dies ist ein solch gravierender Mißbrauch der therapeutischen Situation, daß eine Therapie unter diesen Umständen nicht mehr möglich ist. Sexuelle Übergriffe von Therapeuten sind zwar selten, sie kommen aber vor. In diesem Fall sollte auch der BDP (Berufsverband Deutscher Psychologen) unterrichtet werden, damit andere Frauen vor solch einem Übergriff geschützt werden.

Kann eine Therapie die Partnerschaft kaputtmachen?

Das kommt auf die Partnerschaft an. Eine gelungene Psychotherapie bedeutet immer, daß ein Mensch sich weiterentwickelt. Nun gibt es Partnerschaften, deren Stabilität vor allem darauf beruht, daß die Defizite der beiden Partner zueinander passen. Ein sehr eifersüchtiger (Ehe)Mann etwa wird vielleicht gar nicht so traurig über die Angstzustände seiner Frau sein, die sie ans

Haus fesseln. Lernt sie nun in der Therapie, wieder allein das Haus zu verlassen, so könnte es zwischen den Partnern zu ernsten Konflikten kommen. Hier wäre es wichtig, daß der Ehemann ebenfalls bereit ist, an sich zu arbeiten – eventuell mit Hilfe des Therapeuten –, sonst könnte die Partnerschaft tatsächlich in Gefahr geraten.

In lebendigen, gesunden Partnerschaften kann die Veränderung eines Partners zu einer Krise führen – und zugleich eine Chance für das Wachstum beider Partner und der Beziehung sein.

So berichtet eine Betroffene, wie die Psychotherapeutin ihren Mann von Anfang an mit einbezog. Dabei nahm sie beiden Partnern das Versprechen ab, sich nicht zu trennen, solange die Therapie dauerte. Beide Partner wunderten sich darüber, aber versprachen es – sie fühlten sich ihrer Ehe vollkommen sicher. Ein halbes Jahr später waren sie sich ebenso sicher, daß eine Trennung unvermeidlich sei – so viele verdeckte Konflikte waren ans Licht gekommen. Und wieder ein halbes Jahr später war ihre Ehe besser als je zuvor – sie hatten die Chance der Krise genutzt. Es gibt noch eine Situation, in der kann tatsächlich die Therapie zu einer Gefahr für die Partnerschaft werden. Dann nämlich, wenn ein Partner in einer mißlungenen Therapie in Abhängigkeit vom Therapeuten gerät. Das ist allerdings selten (siehe S. 178).

Was zahlen die Krankenkassen?

Dies ist ein trauriges Kapitel. Denn während es sehr einfach ist, ein Rezept auch über die stärksten Benzodiazepine zu bekommen, stehen Patienten oft vor großen Schwierigkeiten, wenn sie eine Psychotherapie suchen, die von der Krankenkasse bezahlt wird. Grundsätzlich werden nur drei Verfahren von den Krankenkassen anerkannt: die psychoanalytische Therapie, die Verhaltenstherapie und tiefenpsychologisch fundierte Therapie.

Diese Verfahren bezahlt die Kasse aber nur, wenn sie von einem Arzt ausgeführt wird, der eine entsprechende Ausbildung hat. Man erkennt solch einen Arzt an den Zusatztiteln »Psychoanalyse«, »Psychotherapie« oder »Verhaltenstherapie«. Solche Ärzte sind zum allergrößten Teil Psychiater. Der Arzt kann die Psychotherapie an einen Diplom-Psychologen übertragen, der eine entsprechende Ausbildung in einem oder mehreren der anerkannten Verfahren hat. (Hier ein »ungesetzlicher« Einschub: Es kann von Vorteil sein, an einen Psychologen überwiesen zu werden, der in mehreren Verfahren ausgebildet ist, zum Beispiel in Verhaltens- und Gestalttherapie. So kann er, wenn es nötig ist, in die anerkannte Methode der Verhaltenstherapie auch Elemente der noch nicht anerkannten Gestalttherapie mit einflechten.)

In einem Antrag auf Psychotherapie an die Krankenkasse muß der Arzt Gründe, Heilungschancen und voraussichtliche Dauer der Behandlung angeben. Die Kasse läßt diesen Antrag von einem unabhängigen Gutachter anonym prüfen. Genehmigt werden im allgemeinen bei tiefenpsychologischer Psychotherapie 40 bis 50 Einzelstunden oder 40 bis 50 Doppelstunden in der Gruppe. Bei analytischer Psychotherapie sind es 160 Stunden oder 80 Doppelstunden in der Gruppe. Die Verhaltenstherapie teilt sich in Kurz- und Langzeittherapie. Bei der Kurzzeittherapie werden zumeist 30 Stunden ohne Gutachten bewilligt, bei der Langzeittherapie 40 Stunden. Hier gibt es eine Schwierigkeit in der Praxis: Verhaltenstherapie bei Panikattacken bedeutet ja praktisches Üben in der gefürchteten Situation. Und solche Ausflüge dauern mehrere Stunden, Verhaltenstherapeuten dürfen aber normalerweise nur zwei Stunden pro Behandlungstag abrechnen.

Das langwierige, für die Patienten oft mühsame und manchmal sogar demütigende Delegationsverfahren zwischen Krankenkasse, Arzt und Psychotherapeut wird vom Berufsverband Deutscher Psychologen abgelehnt. Er beansprucht für die klinischen Psychologen das Recht, in eigener Verantwortung psychotherapeutische Behandlung mit den Krankenkassen abzurechnen. Bisher gibt es aber nur eine Kasse, die das Delegationsverfahren abgeschafft hat: die Technikerkrankenkasse. Hier genügt eine Überweisung des behandelnden Arztes, um von einem klinischen Psychologen behandelt zu werden.

Ein zusätzliches Problem ist, daß es gerade in kleineren Orten oft nicht genügend Ärzte gibt, die zur Psychotherapie zugelassen sind. Oder aber alle ärztlichen Psychotherapeuten sind überlaufen und bieten nur einen Platz auf der ellenlangen Warteliste an. Panikpatienten aber können nicht lange auf einen Therapieplatz warten: Zum einen ist das Leiden viel zu quälend, zum anderen kann sich die Störung noch verfestigen, wenn sie zu lange unbehandelt bleibt. In diesem Fall ist es das beste, sich selbst einen Psychotherapeuten zu suchen – einen Diplom-Psychologen oder klinischen Psychologen –, der bereit ist, die Behandlung zu übernehmen (siehe S. 169, Abschnitt: Wie finde ich den richtigen Therapeuten?). Dann sollte man der Krankenkasse die Notlage schildern und sie bitten, die Behandlungskosten zu übernehmen. Manche Krankenkasse machen in dringenden Fällen mehr oder weniger großzügige Ausnahmen. In problematischen Fällen ist der BDP bereit, den Patienten bei den Verhandlungen Hilfestellung zu geben. Diese Möglichkeit gibt es übrigens auch, wenn der einzige zur Psychotherapie zugelassene Arzt am Ort zwar einen Therapieplatz frei hat, die Patientin oder der Patient aber mit dem Arzt überhaupt nicht zurechtkommt. Denn es sollte inzwischen auch Krankenkassen bekannt sein, daß der Erfolg einer Psychotherapie wesentlich von einer guten Beziehung zwischen Therapeut und Patient abhängt.

Welche Methode ist die beste?

In den letzten Jahrzehnten entwickelten sich mit dem Psychoboom viele verschiedene Methoden der Psychotherapie. Laufend kamen neue hinzu, teilten sich Therapieschulen, verschwanden Methoden wieder, weil sie wirkungslos oder unattraktiv waren.

Inzwischen ist weitgehend Ruhe eingekehrt auf dem Psychomarkt. Aber unter den übriggebliebenen »Methoden« gibt es manche, die diesen Namen nicht verdient haben: Sie verfügen über keinen theoretischen Unterbau und keine geordnete Ausbildung für die »Therapeuten«. Sie sind im besten Fall wirkungslos, manchmal sogar gefährlich. Dann nämlich, wenn sie gehirnwäsche-ähnliche Prozeduren einsetzen und womöglich

Gefühlsstürme auslösen, die besonders empfindsame Menschen seelisch krank machen können. Andere therapeutische Methoden sind nicht in erster Linie dazu da, echte Störungen wie etwa Panikattacken zu behandeln, sondern um Linderung für die seelischen Wehwehchen des Alltags zu bringen. Solche Methoden sind zwar im allgemeinen nicht gefährlich, aber in der Angstbehandlung auch nicht sonderlich wirksam.

Folgende Therapierichtungen sind auf jeden Fall seriös, theoretisch fundiert und geeignet, bei seelischen Störungen eingesetzt zu werden: die Gesprächstherapie, die Psychoanalyse, die Verhaltenstherapie und die Gestalttherapie.

Die Verhaltenstherapie

Die Verhaltenstherapie will in der Angstbehandlung den Klienten dazu veranlassen, sich in die gefürchtete Situation zu begeben und mit der Unterstützung des Therapeuten die Angst zu erleben, bis sie von selbst abflaut. Dieser Therapieform nimmt im Hinblick auf Panikattacken eine Sonderstellung ein: Sie ist die einzige, bei der besondere Behandlungsprogramme für Menschen mit Panikattacken entwickelt wurden. Deswegen wird sie im Anschluß in einem eigenen Kapitel dargestellt.

Die klassische Psychoanalyse

Die klassische Psychoanalyse war das erste psychotherapeutische Verfahren überhaupt. Ihr Begründer Sigmund Freud ging davon aus, daß seelische Störungen ihren Ursprung in Konflikten der frühen Kindheit haben. Diese Konflikte sind dem Menschen oft nicht mehr bewußt, sondern liegen im Unbewußten verborgen. Ziel der Psychoanalyse ist es, diese verborgenen Konflikte und Erfahrungen wieder ans Licht zu bringen, so daß der Patient sie mit Hilfe des Analytikers verarbeiten kann. Eine Psychoanalyse ist das längste und anspruchsvollste Verfahren, sie dauert mehrere Jahre bei drei bis vier Behandlungsstunden in der Woche. Der Patient liegt auf einer Couch, der Analytiker sitzt hinter ihm und ist so seinem Blick entzogen. Die Grundregel für den Patienten lautet, spontan alles zu äußern, was ihm in den Sinn kommt. Dabei soll er nichts zurückhalten, auch wenn es ihm noch so absurd, unangenehm oder lächerlich vorkommt.

Der Analytiker verhält sich »abstinent«, das heißt, er bemüht sich, die destruktiven Szenen aus der Kindheit des Patienten nicht einfach mit diesem zusammen zu wiederholen, sondern sie deutlich zu machen. Er hört zu, deutet verschlüsselte Botschaften und versucht so gemeinsam mit dem Patienten, dessen persönliche Geschichte zu rekonstruieren. Eine wichtige Rolle spielt die Gefühlsbeziehung, die der Patient zu dem Analytiker entwickelt. Hier wiederholen sich Beziehungsmuster aus der Kindheit des Patienten. Durch diese »Übertragung« hat der Patient die Möglichkeit, diese Muster zu erkennen, sie noch einmal zu empfinden und sie dann zu verarbeiten.

Aus dieser klassischen Psychoanalyse haben sich im Laufe der Zeit viele verschiedene Verfahren entwickelt. So gibt es Verfahren mit weniger Zeitaufwand, die sich zum Beispiel nur auf ein bestimmtes Symptom konzentrieren. Außerdem bildeten sich verschiedene Schulen der Psychoanalyse, deren Lehrmeinungen zum Teil erheblich von der Freuds abweichen. Aber auch die klassische Psychoanalyse ist modifiziert worden. So wird im populären Verständnis die Psychoanalyse immer noch automatisch mit dem Liegen auf der Couch in Verbindung gebracht. Dabei gehören nur noch etwa ein Zehntel aller Patienten auf die Couch, für Angstpatienten zum Beispiel ist eine Analyse im Sitzen weit besser geeignet. Viele Analytiker halten sich im übrigen auch nicht mehr streng an die Abstinenzregel, wie sie zu Freuds Zeiten formuliert wurde. In der letzten Zeit wurden neue Vorstellungen über die Abstinenz des Analytikers entwickelt. Die Aufmerksamkeit liegt heute mehr auf dem, was in der therapeutischen Beziehung passiert, und nicht mehr nur darauf, was der Analytiker sagt.

Panikattacken versteht die Psychoanalyse als Signale für ungelöste Konflikte, die – aus der Geschichte des Patienten stammend – sich in seinem Leben ständig wiederholen.

Die Gesprächspsychotherapie

Die Gesprächspsychotherapie oder klientenzentrierte Psychotherapie findet – wie die Bezeichnungen schon sagen – im Gespräch zwischen Therapeut und Klient statt. Denken und Fühlen des Klienten stehen ebenfalls im Mittelpunkt. Aufgabe des Therapeuten ist es, den Klienten so anzunehmen, wie er ist, ihm aufmerksam zuzuhören und sich in seine Gedanken- und Gefühlswelt hineinzuversetzen. Dabei teilt er dem Klienten mit, was er davon wahrnimmt. So kann der Klient sein eingeengtes und verkrampftes Bild von sich selbst erweitern und im Einklang mit sich selbst neue Kräfte und Lösungsmöglichkeiten entwickeln. Gesprächspsychotherapeuten legen besonderen Wert darauf, daß die therapeutische Beziehung zwischen Therapeut und Klient einen heilenden Effekt hat. Der Therapeut baut dabei keine Expertenfassade auf, sondern stellt sich als der dar, der er wirklich ist, auch mit seinen Grenzen und Fehlern. Da der Patient erlebt, wie der Therapeut sich selbst mit seinen Schwächen akzeptiert, kann er auch lernen, sich selbst genauso zu akzeptieren.

Die Gestalttherapie

Die Gestalttherapie gehört wie auch die Gesprächspsychotherapie zur sogenannten »humanistischen« Psychologie. Das heißt, sie kümmert sich besonders um den gegenwärtigen Zustand des Klienten und will ihm daraus persönliches Wachstum ermöglichen. Zwar sieht sie den Ursprung vieler seelischer Störungen wie die Psychoanalyse in der Kindheit, ihr Schwerpunkt liegt aber darauf, die gegenwärtigen Probleme des Klienten zur Erfüllung seiner Bedürfnisse einzusetzen. Der Begriff »Gestalt« stammt aus der Wahrnehmungspsychologie. Danach nehmen Menschen die Dinge im Leben möglichst so wahr, daß sie eine »Gestalt«, einen Sinn ergeben. Nach der Gestaltpsychologie besteht das Leben aus einer stetigen Folge von Gestalten, die geschlossen werden wollen. (Ein stark vereinfachtes Beispiel für solch eine Gestalt: Ein Mensch liest ein Buch und merkt dabei plötzlich, daß er Hunger bekommt. Holt er sich jetzt einen Apfel, so ist die Gestalt geschlossen. Holt er sich nichts zu essen, so kann er sich nicht mehr richtig aufs Lesen konzentrieren. Die Gestalt wird nicht geschlossen und behindert so auch andere Bereiche, in diesem Fall das Lesen.)

Im Gespräch mit dem Therapeuten spürt der Klient die Bereiche seines Lebens auf, in denen er den Kontakt zu seinen wahren Bedürfnissen verloren hat und so bestimmte Gestalten nicht mehr schließen kann. Das Besondere an der Gestalttherapie: Genauso wichtig wie das Gespräch sind körperlicher Ausdruck, Rollenspiele, Malen, Phantasien und Bewegungen. Der Gestalttherapeut bleibt dabei nicht »abstinent« wie der klassische Analytiker, sondern nimmt als Persönlichkeit am Erleben und Fühlen des Klienten Anteil.

Und welche Methode ist nun die beste? Diese Frage läßt sich kaum beantworten. Das hat im wesentlichen vier Gründe:

Erstens: Analyse ist nicht gleich Analyse, Gestalt ist nicht gleich Gestalt. (Dasselbe gilt auch für die anderen Methoden). Das heißt: Kaum ein Therapeut führt heute noch eine Methode so aus, wie sie im Lehrbuch beschrieben wird. Und das ist auch gut so: Denn je mehr Erfahrung ein Therapeut hat, desto eher wird er seinen eigenen Stil entwickeln und eventuell auch Elemente anderer Therapieformen mit einflechten, wenn er es für notwendig hält.

Zweitens: Jede Methode ist nur so gut wie der Therapeut, der sie anwendet. So kann etwa auch die beste Methode keine Erfolge bringen, wenn der Therapeut uninteressiert, borniert oder böswillig ist. Andererseits kann eine Methode, die eher als weniger wirksam beschrieben wird, in der Hand eines erfahrenen, engagierten und begabten Therapeuten beste Heilungserfolge haben.

Drittens: Es gibt zwar schon sehr viele Forschungsergebnisse zur Wirksamkeit von Psychotherapie, aber es ist schwierig, einen Überblick zu gewinnen. Am größten und ehrgeizigsten Projekt, einen solchen Überblick zu schaffen, arbeitet zur Zeit noch eine Forschergruppe um Prof. Klaus Grawe in Bern. Die Wissenschaftler untersuchen seit Jahren Hunderte von Studien zur Wirkung von Psychotherapie. Das wichtigste Ergebnis bisher: Psychotherapie wirkt.

Aber welche Methode für welche Störungen und welche Klienten am besten ist, konnte bisher erst für wenige Bereiche sicher geklärt werden. Zu diesen Bereichen gehören gerade die Agoraphobien. So gibt es zwei Erkenntnisse, die Menschen mit Panikattacken auf der Suche nach der richtigen Therapie helfen können: Zum einen weiß man, daß das Dreieck Methode, Therapeut und Klient stimmen muß. Praktisch heißt das: Man muß zu dem Therapeuten ein vertrauensvolles Verhältnis aufbauen (siehe S. 169, Abschnitt: Wie finde ich den richtigen Therapeuten?) und die Methode zumindest im Ansatz sympathisch finden können. Zum anderen gilt heute als sicher, daß die Therapie bei Panikattacken mit Agoraphobie zumindest eine verhaltenstherapeutische Komponente haben sollte. Denn es kann sehr lange dauern, bis ein stark eingeschliffenes Vermeidungsverhalten durch eine aufdeckende Psychotherapie von selbst überflüssig wird. Durch verhaltenstherapeutische Übungen lassen sich hier schnellere Erfolge erzielen.

Der Psychotherapieforscher Prof. Grawe geht in seinem Urteil noch weiter: »Angstzustände mit Agoraphobie sind die bestuntersuchte Störung und im ganzen Psychobereich vielleicht die einzige mit klarer Indikation zu einem bestimmten Verfahren. Patienten mit agoraphobischen Störungen können zwar auch von anderen Verfahren profitieren. Aber für die Besserung der Angstsymptome hat sich die verhaltenstherapeutische Methode der Reizkonfrontation als die weitaus wirksamste erwiesen.« Dazu eine Randbemerkung: Die Ansicht von Prof. Grawe ist wissenschaftlich fundiert. Wir, die Autorinnen dieses Buches, haben allerdings durch Briefe und Berichte von Hunderten von Betroffenen die Erfahrung gemacht, daß vielen auch mit Therapien ohne verhaltenstherapeutische Komponente geholfen werden konnte. Allerdings stellten sich die Betroffenen an einem Punkt der Therapie meist von selbst wieder den gemiedenen Situationen, was ja verhaltenstherapeutischen Übungen entspricht.

Kann man die Angst »wegzaubern«? – Eine Bemerkung zur Hypnose

Wohl kaum eine Therapietechnik gab je zu so wilden Spekulationen Anlaß, wurde in so vielen Spielfilmen verwandt und mit unwahrscheinlichen Erfolgen verknüpft wie die Hypnose. Man sieht schwebende Jungfrauen vor sich oder willenlose menschliche Marionetten, die, ohne es zu merken, einen Mord begehen.

Oder Gelähmte, die plötzlich wieder gehen können. Klischees wie diese haben dazu geführt, daß die meisten Menschen mit sehr unrealistischen Erwartungen an die Hypnose herantreten.

Das kann besonders auf Menschen zutreffen, die unter Angstzuständen leiden. Weil viele von ihnen nämlich die Angst als eine Störung empfinden, die mit ihrer Persönlichkeit eigentlich gar nichts zu tun hat und deshalb etwa wie ein Geschwür oder eine Warze »weggeschnitten« gehörte. So erhoffen sie sich vom Hypnotiseur, daß er die Angst einfach »weghypnotisieren« kann. Sowohl die Angst vor der Hypnose als auch die übertriebenen Hoffnungen sind sehr verbreitet. Warum sie beide unrealistisch sind und was Hypnose bei Angstsymptomen wirklich leisten kann, soll in diesem Abschnitt geklärt werden. Noch eine Vorbemerkung: Wenn im folgenden von Hypnotherapeuten die Rede ist, so sind damit nicht alle gemeint, die sich so bezeichnen. Ein seriöser Hypnotherapeut sollte wie alle Psychotherapeuten eine solide psychologische und psychotherapeutische Grundausbildung haben. Hypnotherapeut wird er durch eine zusätzliche Ausbildung in Hypnose. Anschriften solcher seriöser Hypnotherapeuten vermitteln die Deutsche Gesellschaft für Hypnose (DGH) und die Milton-Erickson-Gesellschaft (MEG), Anschriften siehe S. 216.

Das Spezifische am Hypnoseverfahren ist die Trance, ein Zustand besonders intensiver Konzentration. Fast jeder Mensch kennt etwa den Zustand, wenn er so intensiv mit etwas beschäftigt ist, daß er seine Umgebung praktisch vergißt und vielleicht sogar erst einmal nicht antwortet, wenn man ihn anspricht. Fast jeder Autofahrer kennt auch das Gefühl, wenn er auf einer besonders eintönigen oder ihm wohlbekannten Strecke plötzlich nicht mehr weiß, wie er die letzten Minuten eigentlich gefahren ist. Beide Zustände sind Beispiele für Trancen, die Menschen im Alltag erleben. In der Hypnotherapie nun bringt der Therapeut dem Patienten bei, besonders wirksame Trancen zu erzeugen, um mit ihrer Hilfe sein Problem in einem neuen Licht zu sehen. Der Diplom-Psychologe Burkhard Peter, Psychotherapeut und Ausbilder für klinische Hypnose in München: »Der Patient erlebt zum Beispiel seine Angst als schreckliches Durcheinander, das er nicht durchschauen und erst recht nicht beherrschen kann. Im Gegenteil: Die Angst beherrscht ihn. Hier bringt die Trance die Möglichkeit einer neuen Sichtweise auf das Problem.« Mit der Trance lernt der Patient auch zu »dissoziieren«, das heißt, das Problem für eine Weile von sich abzuspalten und es aus gewisser Entfernung zu betrachten. Er steht sozusagen neben sich.

Darüber hinaus ist der Patient in Trance seelisch wesentlich flexibler und entspannter als sonst. Das gestattet ihm, in diesem Zustand Lösungen für sein Problem zu finden, die ihm sonst verstellt blieben, weil er etwa sonst immer wieder im Kreis denkt. Peter: »Meist sind für diese Zeit der Trance die gewöhnlichen Einstellungs-, Gefühls- und Denkschemata, die unser normales oder auch neurotisches Alltagsleben bestimmen, entweder ganz außer Kraft gesetzt oder haben zumindest an Rigidität verloren.«

Für Menschen, die unter Panikattacken leiden, kann die Hypnose allerdings einen Haken haben. Denn gerade sie fürchten oft, die Kontrolle zu verlieren. So scheuen sich manche vor der Trance, weil sie genau das fürchten, wenn sie sich der Trance überlassen. Hier ist es wichtig, so Burkhard Peter, daß der Therapeut dem Klienten zeigt, daß er durchaus noch Herr seiner selbst ist. Denn in Trance sind zwar tiefere Schichten der Seele zugänglich, aber auch sie haben ihre eigenen Kontrollen. Deshalb tut ein Mensch auch in Trance nichts gegen seinen Willen.

Verhaltenstherapie: Mehr als Wegüben der Angst

Die Verhaltenstherapie unterscheidet sich von allen anderen Psychotherapieformen vor allem darin, daß in erster Linie das Verhalten des Patienten verändert werden soll. Dies brachte der Verhaltenstherapie den – schlechten – Ruf ein, den Menschen nur »dressieren« zu wollen, an seinen eigentlichen Problemen aber nichts zu verändern. Inzwischen ist das Bild der Verhaltenstherapie wesentlich differenzierter geworden. Das liegt zum einen daran, daß man weiß, wie Einstellungen und Verhalten sich gegenseitig beeinflussen. Man verhält sich also nicht nur anders, weil man eine andere Einstellung hat. Man kann auch seine Einstellung verändern, weil man durch neue Verhaltensweisen zusätzliche Erfahrungen gewonnen hat. Dazu ein praktisches Beispiel: Nach einem Hundebiß hat ein Mensch Angst vor Hunden. Aber er kann sich einem großen Hund wieder nähern, weil der Besitzer ihn überzeugt hat, daß das Tier nicht ohne Vorwarnung beißt. Es geht auch anders herum: Er hat sich dazu durchgerungen, den großen Hund kennenzulernen und dabei die Erfahrung gemacht, daß er ungefährlich ist. Danach hat er auch keine Angst mehr vor ihm.

Auch die Verhaltenstherapie hat sich geändert und weiterentwickelt. Ausschließlich übende Verfahren gehören der Vergangenheit an. Verhaltenstherapeuten kümmern sich heute um die Ursachen, die zum Problemverhalten geführt haben. Sie klären die Hintergründe, die dazu führen, daß die plötzlich aufgetretenen Symptome nicht von allein wieder verschwinden. Das heißt nicht immer, daß sie auch eine aufdeckende Therapie einleiten. Aber es stellt sicher, daß der Klient das bekommt, was er braucht: Eine Verhaltenstherapie, eine aufdeckende Therapie oder eine Kombination von beidem.

Es gibt unterschiedliche verhaltenstherapeutische Verfahren. In der Angstbehandlung beruhen sie alle auf dem Prinzip, den Patienten direkt mit dem in Kontakt zu bringen, was die Angst auslöst. Dabei kann man in der Vorstellung üben oder im wirklichen Leben. Man kann gleich mit dem anfangen, was einem am meisten Angst macht, oder fein gestuft mit der harmlosesten Situation beginnen, bis man über viele immer schwieriger werdende Übungen die am meisten gefürchtete erreicht.

Bei einer einfachen Phobie, einer Spinnenangst zum Beispiel, setzen Verhaltenstherapeuten meist ein gestuftes Angstbewältigungstraining ein. Bevor die Übungen in der Realität beginnen, fertigen Therapeut und Klient zunächst eine Liste der angstauslösenden Situationen an. Aufgeschrieben werden beängstigende Alltagserlebnisse. Zunächst müssen diese Situationen nach der Höhe der Angst bewertet und geordnet werden. Vor den Übungen klärt der Verhaltenstherapeut zunächst allgemein über Spinnen auf. Der Klient macht sich mit ihren Eigenschaften und Lebensarten vertraut; lernt zum Beispiel, daß auch Spinnen ermüden und nicht völlig unkontrollierbar sind. Dann beginnen die Übungen. Die leichteste wäre das Betrachten von Bildern, dann folgt die Beobachtung einer Spinne im geschlossenen Glas, dann wird das Glas berührt, im nächsten Schritt der Deckel geöffnet. Der Therapeut zeigt modellhaft, wie man mit der Spinne umgeht, der Klient wiederholt die Übungen und wird so Schritt für Schritt in die Lage versetzt, sich selbständig und aktiv mit dem Problem auseinanderzusetzen, statt sich jeder kleinen Hausspinne ausgeliefert zu fühlen. Nachdem das Übungsziel erreicht ist, beispielsweise: »Ich möchte eine Spinne mit Handfeger und Kehrschaufel aus meinem Wohnzimmer entfernen«, müssen die neu erworbenen Fähigkeiten auch zu Hause eingesetzt werden.

Bei Panikattacken, die sich meist auf viele Alltagssituationen beziehen, wie den Aufenthalt im Supermarkt, beim Frisör oder in öffentlichen Verkehrsmitteln, wird der Klient ebenso mit den angstauslösenden Situationen direkt in Kontakt gebracht. Wendet man ein einübendes Verfahren an, sind die Heilungschancen bei Panikattacken und Vermeidungsagoraphobie sehr gut. Dazu der Psychotherapieforscher Prof. Klaus Grawe: »Bei der Behandlung von Angstzuständen ist es unbedingt notwendig, die Patienten draußen Erfahrungen machen zu lassen. Denn bei Angststörungen sind die verhaltenstherapeutischen Methoden allen anderen so überlegen, daß ich es geradezu für einen Kunstfehler halte, jemanden mit Angstzuständen nicht *auch* verhaltenstherapeutisch zu behandeln.«

Wie alle Psychotherapeuten arbeiten auch Verhaltenstherapeuten sehr unterschiedlich. So haben wir uns für die Darstellung eines gestuften Angstbewältigungstrainings entschieden, das Verhaltenstherapeuten extra für Patienten mit Panikattakken entwickelt haben.

Dieses Programm wurde an der Verhaltenstherapeutischen Ambulanz der Universitätsklinik Hamburg-Eppendorf überprüft. An dieser Untersuchung war die heute in freier Praxis tätige Diplom-Psychologin und Verhaltenstherapeutin Cornelia Wilke entscheidend beteiligt. Sie stand im folgenden Interview Rede und Antwort.

Wie wirkt Verhaltenstherapie bei Panikattacken?
Cornelia Wilke: Verhaltenstherapie wirkt im allgemeinen, indem sie Selbsthilfefähigkeiten fördert, verbessert oder neu aufbaut und dabei das gesamte soziale Umfeld, die allgemeinen Lebensumstände und Interessen des Patienten in Betracht zieht. Dazu gibt es bei Panikattacken und Agoraphobie zwei Möglichkeiten: Das Angstbewältigungstraining bewirkt entweder ein Nachlassen der Angst durch langandauernden Aufenthalt in sehr stark angsterzeugenden Situationen oder – bei einem gestuften Vorgehen – eine Schritt für Schritt einsetzende Gewöhnung an die Situation.

Was passiert nun genau bei einem Angstbewältigungstraining?
Cornelia Wilke: Zunächst klären Therapeut und Patient folgende Fragen: Ist ein übendes Verfahren zum jetzigen Zeitpunkt sinnvoll und entspricht es den Bedürfnissen des Patienten? Welchen Stellenwert sollte es im Rahmen des gesamten Therapieplanes einnehmen?

Die Übungen selbst finden grundsätzlich in den beängstigenden Situationen statt, etwa in Kaufhäusern, öffentlichen Verkehrsmitteln und Fahrstühlen. Angstvermindernde Medikamente müssen zuvor unter Kontrolle des zuständigen Arztes abgesetzt werden. Nur so ist sichergestellt, daß man sich die Erfolge der Therapie persönlich zuschreiben kann. Man unterscheidet nun zwei unterschiedliche Standardverfahren: Übungen in kleinen Schritten oder konfrontativ, gleich in den schwierigsten Situationen.

Gestufte Übungen finden häufig direkt am Wohnort des Patienten statt und erfordern ein vierwöchiges Intensivtraining mit täglich einer Übungsstunde, auch wenn keine Stunden mit dem Therapeuten stattfinden. Angehörige können bei den Übungen mitmachen, bis die Patienten die Übungen allein bewältigen. Nachdem die Situationen nach ihrem Schwierigkeitsgrad aufgelistet sind, wird mit der leichtesten Übung begonnen, wie zum Beispiel Einkäufe in einem kleinen Laden. Übungen im Supermarkt beginnen die Patienten erst, wenn sie die vorherige Situation erfolgreich bewältigt haben. Der Therapeut nimmt nur ein- bis zweimal an den Übungen teil, um die Übungsdurchführung zu überprüfen. Im Manual zur Angstbewältigung können Patienten und Helfer alle notwendigen Informationen jederzeit nachlesen.

Während der Therapiestunde steht der Therapeut beratend zur Verfügung. Ziel ist eine Gewöhnung an die Situationen. Dies wird dadurch bewirkt, daß das Angstniveau durch die Auswahl der jeweils leichtesten Übungen möglichst gering gehalten wird. Wollen sie eine völlige Bewegungsfreiheit erreichen, müssen die Patienten auch langfristig nach der Intensivphase weiterüben.

Eine andere verhaltenstherapeutische Methode ist die »Reizüberflutung«. Dieses Verfahren kann nur unter der direkten Anleitung eines Therapeuten durchgeführt werden. Die Behandlung dauert ca. zehn Tage und besteht aus drei bis vier Übungstagen mit jeweils mindestens vier Übungsstunden. Hinzu kommt die Vor- und Nachbereitungszeit. Es wird sofort in den schwierigsten Situationen geübt, wie beispielsweise die Benutzung von Bus und U-Bahn zum Geschäftsschluß oder der Kinobesuch am Freitagabend. Die Übungen finden direkt im Stadtzentrum statt. Auf jeden Therapietag folgt ein Ruhetag. An diesen Tagen soll man sich nur entspannen und die neuen Erfahrungen nachwirken lassen. Am fünften Tag besteht während der Übungen nur noch ein regelmäßiger Telefonkontakt zum Therapeuten. Am letzten Therapietag unternimmt man einen Übungsausflug in eine nahe gelegene Kleinstadt. Bei erfolgreichem Verlauf gelingt es, das Vermeidungsverhalten aufzugeben und sich in der fremden Umgebung angstfrei zu bewegen oder wenigstens die auftretenden Ängste zu bewältigen, so daß die Bewegungsfreiheit nicht eingeschränkt wird. Wird die Behandlung in der Gruppe durchgeführt, so können die Betroffenen sich gegenseitig unterstützen und modellhaft am Verhalten der anderen lernen. Dieses Verfahren wird zum Beispiel an der Hamburger Verhaltenstherapie-Ambulanz unter der Leitung von Prof. Iver Hand regelmäßig für Agoraphobiker mit und ohne Panikattacken angeboten.

Ähnliche Reizüberflutungsprogramme bieten zum Beispiel auch die Angst-Ambulanzen der Christoph-Dornier-Stiftung in Dresden, Marburg und Münster an (Adressen siehe Anhang). Die Erfolgsquote der Verhaltenstherapien mit Reiz-Konfrontation können sich sehen lassen: Bei einer Untersuchung an 104 Agoraphobikern 1990 waren fast 80 Prozent der Patienten noch nach fünf Jahren beschwerdefrei, fast alle übrigen berichteten zumindest von einer Besserung. Kritiker der Reizüberflutungsmethode merken allerdings an, daß die Angstsymptome bei solchen Crash-Kursen zwar wegtherapiert werden, die Patienten aber plötzlich unter einer großen Leere leiden, weil sich ja bisher ihr ganzer Alltag um die Angst drehte. Wichtig ist also, daß auch die Reizüberflutung in ein psychotherapeutisches Programm eingebettet wird.

Für den niedergelassenen Verhaltenstherapeuten ist es leider aufgrund der derzeitigen Bestimmungen zur Kostenübernahme durch die Krankenkassen nicht möglich, mehr als zwei Behandlungsstunden pro Tag und Patient abzurechnen. Beide Methoden wurden in langjähriger Forschungsarbeit gründlich auf ihre Wirksamkeit untersucht. Der Therapeut muß mit dem Patienten nach Abschluß der Problemanalyse diskutieren, welche Methode geeigneter ist und seiner Motivation eher entspricht.

Wie lange dauert die Behandlung?
Cornelia Wilke: Die Dauer einer Verhaltenstherapie hängt von den Fähigkeiten zur Problemlösung, also von den Selbsthilfemöglichkeiten des Betroffenen ab. Hierbei ist auch bedeutsam, ob die Ängste kurzfristig oder seit mehreren Jahren bestehen. Viele Agoraphobiker kommen erst vier bis acht Jahre nach dem Erstauftreten zur Therapie. Für die alleinige Durchführung eines konfrontativen Angstbewältigungstrainings werden ca. 20 Therapiestunden benötigt, da die Motivations- und Problemanalyse ebenso zu jeder Therapie gehört. Handelt es sich um eine umfangreiche Hintergrundproblematik, so sind neben dem Trainingsprogramm zusätzliche Therapiestunden notwendig. Wichtig ist natürlich auch, wie viele Stunden von der Krankenkasse bezahlt werden. Nach den aktuellen Bestimmungen genehmigen die Kassen zunächst bis zu 15 oder im Rahmen eines Gutachterverfahrens bis zu 40 Therapiestunden. Die Anzahl der zu beantragenden Stunden sowie die Antragsstellung spricht der Therapeut mit dem zuständigen Arzt ab. Weitere Stunden können mit zusätzlichen Gutachten beantragt werden.

Ist man nach solch einer Behandlung geheilt?

Cornelia Wilke: Das vorrangige Behandlungsziel ist die Hilfe zur Selbsthilfe. Statt passiv auf eine Heilung zu warten, lernen die Betroffenen, sich aktiv mit ihren Ängsten auseinanderzusetzen sowie die Hintergrundprobleme zu verstehen, die zur Angstentwicklung geführt haben. Beabsichtigt ist, daß die Patienten nach Abschluß der Verhaltenstherapie erneut auftretende Angst als Alarmzeichen für Fehlverhalten in der Lebensführung oder in der Konfliktbewältigung erkennen und nicht erneut in das alte Vermeidungsverhalten zurückfallen. Damit ist auch gemeint, daß sie die Fähigkeit zur selbständigen Anwendung einer Problemanalyse erlernen. Auf diese Weise soll erreicht werden, daß sie die Ängste nicht mehr als überraschendes, unkontrollierbares Symptom verstehen. Die Panikattacken haben jedoch nach einer Behandlung für die meisten Patienten ihren großen Schrecken verloren, das heißt, die Angst, durch eine Panikattacke den Verstand zu verlieren, am Herztod zu sterben oder auf offener Straße aufzufallen, wird abgebaut. Um die Langzeiterfolge zu prüfen, führen wir nach Abschluß der Behandlung im Rahmen der Nachuntersuchungen Gespräche, mit Hilfe von Angstlisten werden zusätzlich die Erfolge überprüft. Stellt sich heraus, daß die Ängste wieder zugenommen haben und der Betreffende sich nicht mehr zu helfen weiß, so analysieren wir gemeinsam mit dem Patienten diesen Mißerfolg. Die Verhaltenstherapie muß dann fortgesetzt werden. Das Angsttraining wird allerdings nicht wiederholt. Hat es keine positive Wirkung gezeigt, so muß zunächst intensiver an anderen Problembereichen gearbeitet werden. Erst wenn diese gelöst sind, beispielsweise die Verbesserung der sozialen Fertigkeiten, kann auch mit einem Übungserfolg gerechnet werden. Da die Übungen einfach zu erlernen sind, können die Betroffenen sie bei Bedarf jederzeit selbständig wiederholen.

Viele Frauen, die einmal unter Panikattacken gelitten haben, sagen später, daß die Angst für ihr Leben einen Sinn gehabt hat. Wird dieser Aspekt nicht außer acht gelassen, wenn man die Angst einfach »wegübt«?

Cornelia Wilke: Da muß ich Ihnen Recht geben. Dieses Vorgehen gab es, aber da steckte die Verhaltenstherapie noch in den Kinderschuhen. Das Wegüben oder Abtrainieren von Ängsten entspricht jedoch nicht dem heutigen Verständnis von Verhaltenstherapie.

In der Therapie wird zunächst überhaupt nichts »geübt«, bis gemeinsam mit dem Patienten durch die ausführliche Problemanalyse ein Modell, eine Idee über die Hintergründe und Zusammenhänge entstanden ist. Es muß zuvor plausibel erklärt werden können, warum die Probleme auftraten und wodurch sie aufrechterhalten werden. Ganz wichtig ist, daß der Patient diese Zusammenhänge ebenso verstehen kann. Weiter muß geklärt werden, welchen Zweck die Panikattacken erfüllen, auch wenn vielen Patienten dieser Gedankengang zunächst fremdartig erscheint. Beispielsweise könnten die Angstanfälle dazu geführt haben, daß eine zuvor bestehende Einsamkeit oder Überforderung durch die Ängste überdeckt werden. Der Ehemann kommt nun früher von der Arbeit, um seine Frau zu unterstützen, statt bis spät in den Abend aushäusig zu sein. Auf diese Weise verbringen die Eheleute die Freizeit wieder gemeinsam. Verschwindet die Angst, wäre der Kontakt zwischen den Eheleuten wieder auf ein Minimum beschränkt. Also muß erst eine neue gemeinsame Freizeitgestaltung entstehen. Unbedingt geklärt werden muß allerdings zuvor, warum der Partner so viel arbeitet, ob er mit einer gemeinsamen Freizeit einverstanden ist.

Es würden sich nur Nachteile für die Patientin ergeben, wenn sie sofort mit einem Angstbewältigungstraining begänne. Zunächst sind andere Therapieschritte erforderlich. Die Patientin muß lernen, ihre Wünsche und Bedürfnisse wahrzunehmen und Wege zu finden, diese allein oder mit dem anderen zu verwirklichen. Dabei sind auch Ängste und Hemmungen zu überwinden, unrealistische Erwartungen an andere abzubauen. So ist es durchaus möglich, daß Übungen im Verlauf der Behandlung überflüssig werden, sobald die Hintergrundprobleme gelöst sind. Ergibt die Problemanalyse, daß es für die Patientin am allerwichtigsten ist, baldmöglichst die Phobie loszuwerden, dann beginnen wir selbstverständlich auch mit einem

Angstbewältigungstraining. Und bei ausreichenden Selbsthilfefähigkeiten belassen wir es dabei.

Was ist das Charakteristische an der Verhaltenstherapie?
Cornelia Wilke: Der Begriff »Verhalten« meint heute neben den sichtbaren Verhaltensweisen ebenso nicht sichtbares Verhalten sowie für den Patienten nicht durchschaubare Bereiche wie Denkmuster, Wertvorstellungen und Gefühle.

Die Gestaltung der zwischenmenschlichen Beziehungen sowie des gesamten sozialen Umfeldes einer Person – Familie, Beruf, Freizeit – ist ebenso Hauptbestandteil der Diagnostik und Therapie. Charakteristisch ist weiter, daß der therapeutische Prozeß für den Betroffenen möglichst transparent und nachvollziehbar sein sollte. Zu jeder Therapieplanung gehört eine genaue Festlegung der Therapieziele. Entscheidend ist, daß der Patient die gesteckten Ziele auch in seinem Alltag umsetzen kann. Dabei wird ebenso die Auswirkung der Therapie auf Bezugspersonen, etwa Ehepartner oder andere Familienangehörige, beachtet. Der Verhaltenstherapeut, der sich ausschließlich für das Symptom Platzangst interessiert und lediglich ein übendes Verfahren durchführt, gehört heute der Vergangenheit an. Dennoch ist das Angstbewältigungstraining ein zentrales Behandlungsverfahren bei Agoraphobie.

Bei vielen Menschen, die unter Panikattacken leiden, geht das Therapieangebot über ein Angstbewältigungstraining hinaus. Das Charakteristische an der Verhaltenstherapie sind somit nicht die vielen therapeutischen Verfahren, die im Laufe der Jahrzehnte entwickelt wurden, sondern die umfassende Planung und Strategie des gesamten therapeutischen Vorgehens. Das bedeutet, zunächst muß geklärt werden, welche unterschiedlichen Faktoren dazu geführt haben, daß der Patient heute unter Panikattacken leidet. Die Suche nach den Ursachen für Panikattacken kann auch bis in die frühe Kindheit führen. Es ist möglich, daß Defizite bereits seitdem bestehen und erst durch eine veränderte Lebenssituation, zum Beispiel Heirat oder Arbeitsbeginn, deutlich werden. Plötzlich sehen sich die Betroffenen neuen Anforderungen gegenüber, mit denen sie nicht mehr fertig werden und als Folge panisch reagieren. Die

Panikattacke kann nun auf dem Weg zur Arbeit auftreten und wird dann von dem Betroffenen mit dem Transportmittel in Verbindung gebracht.

Beispielsweise kann aber die Unfähigkeit dahinterstecken, sich mit den Arbeitskollegen auseinanderzusetzen, seinen Ärger unverzüglich zu zeigen und sich von den Forderungen anderer mit gutem Gewissen abzugrenzen. Diese Hintergründe sind den Betroffenen meist nicht deutlich. Aufgrund einer allgemeinen Hilflosigkeit und Überforderung tritt dann Angst auf.

Erst wenn die Entstehung und die aufrechterhaltenden Bedingungen der Symptomatik geklärt sind, kann eine individuelle Therapieplanung und Festlegung der Therapieziele erfolgen. Diese wird mit dem Patienten gemeinsam erarbeitet und im Verlauf der Therapie immer wieder auf ihre Richtigkeit überprüft. Das Beispiel zeigt, daß neben dem Angstbewältigungstraining dann zusätzliche Fähigkeiten im Bereich der sozialen Fertigkeiten wie zum Beispiel bewußtes Wahrnehmen und Durchsetzen der eigenen Bedürfnisse und Interessen erarbeitet werden muß.

Dabei ist Verhaltenstherapie eine kurzzeit-orientierte Behandlung. Trotzdem nimmt der Kontakt zum Therapeuten für diese begrenzte Zeit (ca. sechs bis 24 Monate) eine wichtige Bedeutung im Leben des Betroffenen ein. Das Hauptziel ist nicht die Veränderung der Persönlichkeit, sondern der Aufbau von Selbsthilfefähigkeiten, damit in Zukunft eigenständig die Probleme analysiert und bewältigt werden können.

Für wen ist Verhaltenstherapie geeignet, für wen nicht?
Cornelia Wilke: Ob eine Verhaltenstherapie geeignet ist, muß der zuständige Verhaltenstherapeut in Absprache mit dem verantwortlichen Arzt entscheiden und begründen. Ein starker Wille, etwas an seinem Leben zu verändern, ist dringend erforderlich oder müßte während der Therapie aufgebaut werden. Wer zur Therapie kommt, nur weil der Ehepartner es will, wird mit Sicherheit nicht von einer Verhaltenstherapie profitieren. Auch andere wichtige Bezugspersonen wie Eltern oder Kinder sollten von der Notwendigkeit der Behandlung überzeugt sein.

Wer allerdings eine längerfristige intensive Beziehung und Bindung zum Therapeuten benötigt oder eine erlebnisorientierte, längerfristige Gruppentherapie für sinnvoll hält, wird mit einer Verhaltenstherapie nicht zufrieden sein, da diese Therapieform problem- und kurzzeit-orientiert ist.

Am besten wendet man sich an den zuständigen Sachbearbeiter der Krankenkasse und bittet um die Zusendung einer Liste der niedergelassenen Verhaltenstherapeuten. Die kassenärztliche Vereinigung kann auch Auskunft geben. Auf diese Weise ist gewährleistet, daß man einen Diplom-Psychologen mit der notwendigen fachlichen Qualifikation findet. Leider fehlt bisher im Telefon-Branchenbuch eine eingetragene Kategorie »Verhaltenstherapie«, die die Verhaltenstherapeuten mit Kassenzulassung ausweist. Die Betroffenen sollten dem Therapeuten frühzeitig ihren Wunsch mitteilen, an einem Verhaltenstraining zwecks Abbau der Ängste und Panikattacken teilzunehmen. Besteht ein Verhaltenstherapeut allerdings darauf, daß der Klient vor der Behandlung zuerst ein Entspannungsverfahren lernt, so ist es möglich, daß er nicht auf dem neuesten Stand der Forschung ist. Denn es hat sich herausgestellt, daß Entspannungsübungen bei der Verhaltenstherapie von Panikattacken keinen Vorteil bringen, dafür aber das Erlernen wertvolle Behandlungsstunden kostet. Im übrigen sollte man auf sein Gefühl vertrauen und sich ehrlich fragen, ob man sich diesem Therapeuten vertrauensvoll öffnen kann.

Verhaltenstherapie sollte man nicht auf eigene Faust beginnen

Betroffene können aber ein Trainingsprogramm selbständig ausprobieren, das im Rahmen langjähriger verhaltenstherapeutischer Forschungsarbeit entwickelt wurde. Praktisch alle, die unter Panikattacken leiden, haben natürlich irgendwann versucht, die Angst einfach auszuhalten. Meist sind sie kläglich gescheitert und haben danach noch mehr Angst vor einer erneuten Angstattacke entwickelt. Solche Mißerfolge entstehen dadurch, daß man bestimmte Fehler bei der Übungsplanung und Übungsdurchführung macht. Wer zum Beispiel nicht lange genug – meist ist eine Stunde Übungszeit erforderlich – in einer angstauslösenden Situation, zum Beispiel in einem Kaufhaus, bleibt, um zu erleben, daß die Angst tatsächlich abflaut, kann kein Erfolgserlebnis haben. Die Betroffenen müssen sogar damit rechnen, daß die Angst dadurch noch größer wird. Unklug ist es auch, das gesteckte Ziel ungenau zu formulieren, etwa: »Ich will wieder angstfrei das Haus verlassen können«. Die Betroffenen müssen ihre Ziele genau benennen, beispielsweise: »Ich will wieder allein mit dem Bus fahren« oder »Ich möchte in Begleitung ins Kino gehen können«. Auch stellt sich die Frage, wann das Ziel erreicht ist. Wenn man drei Stationen bewältigt, oder wenn man ohne Bedenken wieder in jeden Bus steigt?

Um die Angst selbst erfolgreich durch Übungen bekämpfen zu können, braucht man also ein genau ausgearbeitetes Programm. Ein entsprechendes Trainingsprogramm für Menschen, die unter Platzangst leiden, wurde von Psychiatern der Universität Oxford in England bereits Ende der siebziger Jahre entwickelt. In langjähriger Forschungsarbeit wurde das Übungsprogramm hinsichtlich der Anwendbarkeit und der Erfolgsaussichten in Hamburg an der Verhaltenstherapie-Ambulanz von Prof. Iver Hand und Dipl.-Psych. Cornelia Wilke überprüft, dann für Betroffene in Deutschland übersetzt und überarbeitet.

Das Buch besteht aus zwei Anleitungen, eine für die Betroffenen und eine für Familienangehörige, zum Beispiel den Ehepartner, die alles enthalten, was man zum Üben braucht: allgemeine Erklärungen zum Krankheitsbild, genaue Übungsanleitung für Betroffene und deren Angehörige, Anweisungen für den Umgang mit der Angst vor der Angst, Fragebögen zur Kontrolle des Trainingserfolges. Für behandelnde Therapeuten gibt es einen gesonderten Band mit zusätzlicher Behandlungsanweisung. Die Übungen sind nach dem Konzept der gestuften Konfrontation aufgebaut, das heißt, die Betroffenen üben direkt in der angstauslösenden Situation, fangen aber mit den leichtesten Übungen an. Im Rahmen der Übungsplanung wird eine Angsthierarchie ausgearbeitet, die Betroffenen beginnen mit der leichtesten Übungssituation: Wer zum Beispiel nicht mehr in der Lage ist, spazierenzugehen, könnte sich im Schwierigkeitsgrad ansteigende Übungen zusammenstellen. Die erste und leichteste Übung könnte darin bestehen, mit einer vertrauten Person gemeinsam spazierenzugehen. Die schwierigste Übung könnte ein Spaziergang ohne Begleitung in einer bisher vermiedenen Umgebung, etwa der Innenstadt, sein. Bis zum Ziel sind viele Zwischenschritte erforderlich. So könnte man zum Beispiel gemeinsam mit dem Helfer eine Strecke spazierengehen, die Hilfsperson bleibt aber immer etwa 20 Meter zurück. In der Folgezeit können beide getrennt losgehen und sich an einem fest vereinbarten Ziel treffen.

Es gibt verschiedene Möglichkeiten, dieses Übungsprogramm durchzuführen:

- Mit einem Therapeuten oder Arzt, der die Übungen beratend begleitet, und einem Partner, der an der Übungsplanung und Durchführung entsprechend der Anweisung für Angehörige teilnimmt.
- Nur mit einem Therapeuten, ohne Einbeziehung von Angehörigen.
- Ohne Therapeuten, aber gemeinsam mit dem Partner.

Die Autoren empfehlen, die Übungen im Rahmen einer Verhaltenstherapie anzugehen. Ob es besser ist, mit oder ohne Partner zu üben, sollte man nach Lektüre des Buches entscheiden. Die wichtigsten Vorteile dieses Übungsprogramms:

- Es wurde von Fachleuten ausgearbeitet, die auf die Behandlung von Panikattacken mit Platzangst spezialisiert sind.
- Es ist bei konsequenter Anwendung unter Therapeutenanleitung erfolgreich. Viele Untersuchungen deuten darauf hin, daß auch eine Eigenanwendung erfolgreich sein kann, hierzu stehen jedoch noch weitere Forschungsarbeiten aus. Ein Anwendungsversuch kann auf keinen Fall schaden.
- Es ist einfach und verständlich aufgebaut.
- Es kostet kaum etwas. Schaltet man einen Therapeuten ein, so werden die Behandlungskosten bei Panikattacken und Agoraphobie in der Regel von der Krankenkasse übernommen.
- Die Übungen können vor der Haustür beginnen.
- Die Betroffenen können ihre Übungszeiten frei wählen.
- Die Übungen und Übungsziele können ganz nach den eigenen Bedürfnissen zusammengestellt werden.
- Der Partner nimmt – wenn er und der/die Betroffene dazu

bereit sind – eine wichtige Rolle im Rahmen der Übungsplanung und Durchführung ein. Es ist jedoch nicht zum Nachteil, wenn sich der Patient dafür entscheidet, den Partner nicht miteinzubeziehen.

Das Übungsprogramm hat allerdings auch einige Nachteile:
- Es berührt die zugrundeliegenden Konflikte nicht, sondern kann nur die Symptome reduzieren.
- Es erfordert enormes Durchhaltevermögen, denn zumindest in den ersten vier Wochen muß mindestens täglich eine Stunde geübt werden. Aber auch nach dieser Zeit müssen die Betroffenen ständig weiterüben, damit sie nicht in das alte Vermeidungsverhalten zurückfallen. Erst wenn in den Übungssituationen Langeweile auftritt, kann die Übung als überflüssig gelten.

Wer gegen seine Ängste und Panikattacken etwas unternehmen oder sich zunächst über ein Angstbewältigungsprogramm genauer informieren möchte, benötigt das folgende Buch:

A. Mathews / M. Gelder / D. Johnston: *Platzangst. Ein Übungsbuch für Betroffene und Angehörige.* Deutsche Bearbeitung Iver Hand und Cornelia Wilke, Springer-Verlag, 1988. Es kostet etwa 20 Mark.

Der Therapeut oder Arzt benötigt von denselben Autoren: *Agoraphobie. Eine Anleitung zur Durchführung einer Exposition in vivo unter Einsatz eines Selbsthilfemanuals.* Springer-Verlag, 1988. (Preis: etwa 80 Mark). Beide Bücher sind erschienen in der Reihe »Springer Manuale zur Verhaltenstherapie«.

Richtige Entspannung kann die Angst mildern

Entspannungstechniken liegen zwischen den Psychotherapien und der Selbsthilfe. Zwar muß man sie unter der Leitung eines Fachmannes lernen, man kann sie dann aber selbst dort einsetzen, wo man sie braucht. Mit den im folgenden beschriebenen Entspannungsmethoden ist man – wenn man sie wirklich beherrscht – in der Lage, die vegetativen Funktionen des Körpers wie etwa Herzschlag, Blutdruck, Atmung zu regulieren. Damit kann man Panikattacken zwar nicht heilen, aber die Betroffenen haben damit etwas in der Hand, um den typischen Symptomen wie Herzrasen, Atemnot, hohem Blutdruck und Verkrampfungen nicht hilflos ausgeliefert zu sein. Drei Techniken haben sich besonders bewährt: autogenes Training, Biofeedback und progressive Muskelentspannung. Wichtig bei allen drei Verfahren: Wer unter Panikattacken leidet, sollte solch ein Verfahren nur unter fachkundiger Anleitung oder nach Absprache mit dem behandelnden Arzt oder Diplom-Psychologen lernen. Sonst besteht nicht nur die Gefahr, daß man die Technik falsch lernt und sie wirkungslos bleibt. Es könnte auch sein, daß jemand, der sich seiner Angst noch völlig ausgeliefert fühlt, durch die Konzentration auf den eigenen Körper und seine Funktionen eine Panikattacke geradezu herbeidenkt.

Das *autogene Training* arbeitet mit Selbstsuggestionen. Selbstsuggestionen benutzen fast alle Menschen im Alltag, zum Beispiel, wenn sie sich bei einer schwierigen Aufgabe selbst Mut zusprechen. Die Suggestionen, die beim autogenen Training eingesetzt werden, beziehen sich auf die vegetativen Funktionen des Körpers, sie können zum Beispiel lauten: »Mein Herz schlägt ruhig und gleichmäßig« oder »Meine Arme sind warm und schwer«. Solche Suggestionen entfalten nicht sofort ihre Wirkung, sondern nur durch regelmäßiges Üben, am besten mehrmals täglich etwa fünf Minuten und das über einige Monate. Am Anfang ist es wichtig, daß sich die Patienten zum Üben eine möglichst ruhige Umgebung und bequeme Lage suchen. Später, wenn die Patienten die Übungen beherrschen, lernen sie, sie auch in Alltagssituationen anzuwenden.

Wenn der behandelnde Arzt das autogene Training befürwortet und ein von der Kasse zugelassener Arzt oder Diplom-Psychologe das Training übernimmt, werden die Kosten eventuell von der Kasse getragen. Auf jeden Fall sollte man vorher bei seiner Krankenkasse anfragen.

Das *Biofeedback* ist eine neuere Methode, mit der man lernen kann, vegetative Funktionen zu steuern. Feedback ist das englische Wort für Rückmeldung, und darum geht es auch: Der

Patient wird an ein oder an mehrere Geräte angeschlossen, die körperliche Funktionen, zum Beispiel den Herzschlag, durch optische oder akustische Signale für den Patienten deutlich machen. Nun wird der Patient angeleitet und ermutigt, zum Beispiel den Herzschlag zu verlangsamen oder die Hauttemperatur zu erhöhen. Da auch der geringste Erfolg durch das Gerät sofort gemeldet wird, lernt der Patient sehr schnell, die Funktionen willentlich zu steuern, die er vorher für unsteuerbar hielt. Diese Erfahrung vermittelt dem Patienten mehr Sicherheit und Vertrauen dem Körper gegenüber. Nach einigen Übungsstunden kann der Patient lernen, auch ohne Übungsgerät auszukommen. Schließlich beherrscht er die Technik so gut, daß er sie auch in Streßsituationen einsetzen kann, um etwa das Herzrasen zu lindern oder die Hände zu wärmen. Für ein Biofeedback-Training sollte man sich am besten an einen Arzt wenden, der mit dieser Methode vertraut ist. Die Übungsstunden werden bisher nicht von den Krankenkassen bezahlt.

Die dritte Entspannungsmethode, die *progressive Muskelentspannung,* ist so einfach, daß man sie notfalls sogar aus einem Buch oder mit einer Tonkassette lernen kann. Sie wird aber auch in Volkshochschulen und anderen Bildungseinrichtungen gelehrt. Die progressive Muskelentspannung beruht nicht wie das autogene Training auf Suggestionen, sondern auf dem leicht spürbaren Unterschied zwischen An- und Entspannung der Muskeln. Die Übungen beginnen bei den Händen, dann werden die Arme mit einbezogen, danach Gesicht und Schultern, der Leib, die Arme und schließlich der gesamte Körper. Jeder Körperteil wird erst willentlich angespannt und danach entspannt. Der Unterschied, zum Beispiel von der erst verkrampften Faust zu der dann warm und schwer hängenden Hand, ist schon beim ersten Üben spürbar. Voraussetzung für langandauernden Erfolg ist wie bei den beiden anderen Methoden, daß der Patient oft und regelmäßig übt. Dann läßt sich die progressive Muskelentspannung auch schnell und unauffällig im Alltag einsetzen.

Noch eine Schlußbemerkung zu den Therapien:

Die meisten Panik-Patientinnen wünschen sich als Ziel der Therapie, nie mehr Angst zu haben. Dieser Wunsch ist verständlich, aber unrealistisch. Zum einen gehört Angst als Schutzmechanismus zu jedem erfüllten Leben. Zum anderen ist es auch durchaus normal, sich vor manchen Tätigkeiten zu ängstigen, die anderen Freude machen. Niemand *muß* etwa tauchen, Bergsteigen oder mit dem Fallschirm abspringen. Aber kann es nicht auch zu einem normalen Leben gehören, nicht selbst Auto zu fahren oder kein Flugzeug zu besteigen? Das muß jede(r) für sich selbst entscheiden. Dazu Prof. Dr. S.O. Hoffmann von der Klinik für Psychosomatische Medizin und Psychotherapie der Universität Mainz in einem Aufsatz: »Gesund wäre somit nicht der nur Angstfreie, sondern der, der seine Ängste kennt, mit ihnen umgehen kann und weiß, daß Angst zuerst und vor allem ein Teil der ›condition humaine‹ ist.«

SELBSTHILFE
UND
SELBSTHILFEGRUPPEN

»Ich traue mich ja schon kaum mehr aus dem Haus. Wie soll ich mir denn da selbst helfen«, werden manche Leser verwundert und wahrscheinlich auch leicht verärgert fragen. Doch Selbsthilfe bedeutet nicht, »sich allein helfen«. »Selbst«-Hilfe heißt, ohne ständige therapeutische Betreuung durch Ärzte oder Psychologen die eigenen Probleme lösen. Dazu gibt es für Angstpatienten und Agoraphobiker grundsätzlich zwei Möglichkeiten: erstens unter Anleitung eines schriftlichen Selbsthilfeprogramms, eines sogenannten »Manuals«, zweitens durch Teilnahme an einer Selbsthilfegruppe.

Selbsthilfe mit Manual

Die Selbsthilfe mit Manual gehört mit zur Verhaltenstherapie und wurde bereits ab Seite 201 ausführlich dargestellt. Wir fassen daher nur noch einmal kurz zusammen: Die Selbsthilfe mit Manual unterscheidet sich von der klassischen Therapie nur dadurch, daß die Patienten statt unter der Anleitung eines professionellen Therapeuten unter Anleitung des schriftlichen Selbsthilfeprogrammes üben.

Die Entscheidung, ob die Arbeit mit einem Manual im Einzelfall sinnvoll und erfolgversprechend erscheint, sollte immer ein verhaltenstherapeutisch ausgebildeter Arzt oder Psychologe treffen. Er wird auch die Patienten in das Programm einführen, in regelmäßigen Abständen gemeinsam mit ihnen die Fortschritte besprechen und bei Schwierigkeiten Rat geben. Selbsthilfe mit einem Manual auf eigene Faust, das heißt ohne jegliche vorherige Beratung, ist für Angstpatienten und Agoraphobiker *nicht* zu empfehlen.

Selbsthilfegruppen

Spezielle Selbsthilfegruppen für Angstpatienten und Agoraphobiker gibt es nicht nur in Deutschland (u. a. in Berlin, Hamburg, München und Düsseldorf), sondern inzwischen auch in der Schweiz und in Österreich (Adressen siehe S. 216f). Die Erfahrungen sind durchweg positiv, auch wenn es natürlich – wie bei allen Selbsthilfegruppen – bestimmte Probleme gibt (siehe weiter unten). Wie groß das Bedürfnis nach Austausch mit Leidensgenossen ist, zeigt das Beispiel Berlin: Dort wurden bis Ende 1993 insgesamt 35 Gruppen von einer Psychologin angeleitet, 13 Gruppen stehen noch auf der Warteliste. In Hamburg arbeiten derzeit acht Gruppen, in München 13.

Selbsthilfegruppe statt Therapie: möglichst nicht!

Die Vorteile von Selbsthilfegruppen für Panikpatienten und Agoraphobiker sind zahlreich. Nur eines können Selbsthilfegruppen in der Regel nicht: eine Therapie ersetzen. Deswegen rät die Psychologin Ulla Borchert, die in Hamburg acht Gruppen begleitet, daß vor der Teilnahme an einer solchen Gruppe abgeklärt werden sollte: Handelt es sich wirklich um eine Panikstörung und/oder eine Agoraphobie? Ist diese Diagnose durch eine umfassende organische Untersuchung beim Internisten oder Neurologen abgesichert? Wurde eine Therapie eingeleitet, wenn ja, welche? Dabei ist nicht entscheidend, welche Therapieform, die Hauptsache ist, daß sich die Teilnehmer der Selbsthilfegruppe auf professionelle Hilfe stützen können. Denn, so weiß die Psychologin aus Erfahrung: »Auch das Sprechen über die eigenen Erfahrungen und das Aufnehmen der Berichte anderer kann akute Angst auslösen. Gerät dadurch ein Teilnehmer in eine Krise, kann die Selbsthilfegruppe keine angemessene Hilfe bieten. Sie ist einfach überfordert.«

Viele Gruppen wünschen sich zwar eine ständige Betreuung, doch fehlt meistens das Geld dafür. Erfreulicherweise ist das jedoch nicht überall so: In Berlin werden alle neuen Gruppen mindestens 30 Stunden lang von Psychologinnen betreut und beraten. Dadurch können auch Patienten ohne vorherige oder begleitende Therapie aufgenommen werden. Wenn notwendig, werden auch Therapien und Therapeuten vermittelt. In Hamburg leitet Ulla Borchert die Gruppen zehn Sitzungen lang an, kommt bei Problemen jederzeit wieder in die Gruppe und ist ansonsten telefonisch erreichbar. Und in München werden die Gruppen von dafür ausgebildeten Laienhelfern (ehemaligen Patienten) angeleitet, zudem steht einmal wöchentlich eine Psychologin zur Verfügung.

Der Idealfall ist noch selten

Die ideale Selbsthilfegruppe für Angst- und Agoraphobiepatienten besteht aus sechs bis zwölf Mitgliedern, die sich regelmäßig einmal wöchentlich in einem Selbsthilfe- oder sonstigen Zentrum treffen, wo sie ungestört sind. Ferner hat die Gruppe im Idealfall einen Psychologen oder psychotherapeutisch ausgebildeten Arzt als Berater und Betreuer zur Seite. Doch leider sind die Bedingungen nicht immer so optimal wie beispielsweise in Berlin. Das liegt vor allem am Geld. Zwar entstehen vor allem in den Städten immer mehr Selbsthilfezentren. Und auch die Sozialbehörden und Krankenkassen haben inzwischen begriffen, welch großen Beitrag Selbsthilfegruppen für die Gesundheit der Bevölkerung leisten. Doch Geld gibt es nur auf Antrag. Und es dauert oft lange, bis es bewilligt ist. Solange bleibt manchen Gruppen nichts anderes übrig, als provisorisch irgendwo Unterschlupf zu finden und in Eigenregie anzufangen.

Gemeinsam einen neuen Umgang mit der Angst lernen

Nicht alle Selbsthilfegruppen arbeiten nach einem festen Plan, dennoch ergibt sich in den meisten Gruppen ein ähnlicher Verlauf. Zunächst kommt die Kennenlernphase, in der sich die Teilnehmer gegenseitig von ihren Beschwerden berichten. Dadurch wird die Isolation aufgebrochen, in der manche Teilnehmer zum Teil seit Jahren oder gar Jahrzehnten leben. Auch der emotionale Druck, nicht »normal zu sein«, verringert sich in dem Maße, wie die Betroffenen feststellen, daß es anderen ganz genauso geht. Nach dieser Anfangsphase steht der Austausch über die verschiedenen Therapiemethoden im Mittelpunkt. »Was hat geholfen?« Die Teilnehmer berichten über ihre eigenen Erfahrungen. Erfolge ermutigen noch zögernde oder »ungläubige« Gruppenmitglieder. Denn viele Angstpatienten und Agoraphobiker, vor allem, wenn sie jahrelang unter der Angst vor der Angst gelitten haben, können sich kaum vorstellen, daß man die Angst wirklich überwinden kann. »Fortgeschrittene« Teilnehmer als lebender Beweis dafür, daß Heilung möglich ist, sind als Gesprächspartner in dieser Phase sehr begehrt. In manchen Gruppen stellen sich die Mitglieder nach einiger Zeit regelrechte Hausaufgaben, zum Beispiel bestimmte verhaltenstherapeutische Übungen zu machen (im Kaufhaus einkaufen, U-Bahnfahren) und berichten beim nächsten Treffen, ob es geklappt hat.

Oft unterstützen sich die Gruppenmitglieder auch in ganz praktischen Dingen: gemeinsame Behördengänge, Fahrgemeinschaften und Abholdienste für Mitglieder, die sich noch nicht alleine auf den Weg zum Gruppentreffen trauen, oder gemeinsame Freizeitgestaltung, vor allem Kino- und Kneipenbesuche. Einwände strenger Verhaltenstherapeuten, die in solchen Aktivitäten schon wieder vermeidungsförderndes Verhalten sehen, teilen viele Gruppenmitglieder und betreuende Psychologen allerdings nicht: »Es geht dabei ja nicht darum, die Angst zu vermeiden, sondern das Erlebnisspektrum zu erweitern«, erläutert die Hamburger Psychologin Ulla Borchert. »Die Begleitung dient dazu, überhaupt erst einmal erleben zu können, was es heißt, wieder draußen zu sein. Sie ist ein erster Schritt auf dem Weg in die Selbständigkeit.«

Ganz normal: Das Tief nach der ersten Hochphase

Nach dem Austausch über die Therapieerfahrungen macht sich in manchen Gruppen Ratlosigkeit breit: »Und was jetzt?« Was man sagen wollte oder konnte, ist gesagt. Dies ist der Zeitpunkt, an dem es sich erfahrungsgemäß entscheidet, ob und in welcher Form die Gruppe weiterbestehen wird. Viele Gruppen aber haben diesen ganz normalen Tiefpunkt ohne große Probleme aus eigener Kraft überstanden. Sie entschieden sich, künftig in ihren Sitzungen thematische Schwerpunkte zu setzen. Bei der Themenauswahl kommt es natürlich auf die Interessen der Gruppenmitglieder an. Denkbar wäre zum Beispiel, Therapeuten einzuladen, die ihre Therapierichtung vorstellen oder das

Thema »Ursachen der Angst« aus psychologischer und medizinischer Sicht vertiefen. Andere Gruppen verlegen sich zunächst darauf, ein verhaltenstherapeutisches Übungsprogramm anzugehen.

Wie findet man eine Selbsthilfegruppe?

Bis vor wenigen Jahren war es bisweilen noch recht schwierig, bestehende Selbsthilfegruppen ausfindig zu machen. Heute ist das jedoch viel einfacher: Vor allem die gerade gegründete Deutsche Angst-Selbsthilfe in München und NAKOS, die »Nationale Kontakt- und Informationsstelle zur Anregung und Unterstützung von Selbsthilfegruppen« in Berlin, vermitteln Kontakte zu bestehenden Selbsthilfegruppen für Angst- und Agoraphobiepatienten (Anschriften auch für Österreich und die Schweiz siehe S. 216f.). Sie können sich aber auch an die örtlichen Krankenkassen, konfessionelle und sonstige Beratungsstellen (Diakonie, Caritas, Pro Familia, AOK, Arbeiterwohlfahrt, Rotes Kreuz, Frauengesundheitszentren und sonstige Therapiezentren) wenden. Alle Organisationen behandeln Ihre Anfragen streng vertraulich.

In Ihrer Nähe gibt es noch keine Gruppe? Dann gründen Sie doch selbst eine. Wie man das macht, erfahren Sie ebenfalls bei NAKOS. Dort können Sie umfangreiches Informationsmaterial anfordern. Besonders hilfreich ist der Ratgeber »Starthilfe«, der alles Wissenswerte über die Gründung von Selbsthilfegruppen enthält. (Unbedingt einen mit 3 Mark frankierten großen Briefumschlag beilegen.)

Auf jeden Fall sollten Sie sich aber auch an die örtlichen Beratungsstellen wenden. Denn die Erfahrung hat – wie bereits erwähnt – gezeigt, daß eine fachkundige Betreuung gerade in der Anfangsphase für Selbsthilfegruppen von Angstpatienten und Agoraphobikern sehr hilfreich ist. Möglicherweise können Sie auch eine der dort tätigen Fachkräfte, meist sind es Psychologen oder Sozialarbeiter/Pädagogen, für eine Mitarbeit in Ihrer Gruppe gewinnen. Wenn Sie mit einer Beratungsstelle zusammenarbeiten, ist außerdem oft auch schon die leidige Raum- und Geldfrage geklärt. Meist verfügen diese Organisationen über Gruppenräume, die sie Selbsthilfegruppen kostenlos zur Verfügung stellen. Und auch die Mitarbeit der Fachkraft wird dann über die Beratungsstelle finanziert.

Ein ebenfalls empfehlenswerter Weg ist der über die örtlichen Selbsthilfezentren. Sie stellen ebenfalls Gruppenräume zur Verfügung. Meist sind ihre Geldmittel aber knapp bemessen. Selbsthilfezentren können Ihnen daher zwar ausführlich bei der Gründung der Gruppe helfen, die fachkundige Betreuung aber nicht finanzieren. Sie wissen jedoch genau, welche Institution am Ort ansprechbar ist, und helfen dabei, den Antrag auf Finanzierung einer Fachkraft zu formulieren. Übrigens lohnt es sich, die örtlichen Krankenkassen anzusprechen. Auch sie geben manchmal Zuschüsse.

Beratungsstellen und Selbsthilfezentren helfen auch beim Wichtigsten: der Suche nach den anderen Gruppenmitgliedern. Die beste Lösung ist eine Kleinanzeige in der örtlichen Presse oder einem Anzeigenblatt. Sie können es aber auch mit einem Aushang, etwa am schwarzen Brett des Supermarktes oder in Arztpraxen, versuchen. Geben Sie in diesem Fall nach vorheriger Absprache die Beratungsstelle oder das Selbsthilfezentrum als Kontaktadresse an. So bleiben Sie anonym und damit vor unerwünschten Anrufen geschützt. Das gilt auch für die Zeitungsanzeigen: Wählen Sie eine Chiffreanzeige. Sie hat zudem noch den Vorteil, daß möglicherweise mehr Menschen antworten. Denn viele Agoraphobiker trauen sich eher zu schreiben als zu telefonieren.

Wer grundsätzlich anonym bleiben möchte, der wendet sich am besten an die »Emotions Anonymous Interessengemeinschaft – Selbsthilfegruppen für emotionale Gesundheit«. Diese Gruppen, die allerdings nicht ausschließlich auf Angst- und Agoraphobiepatienten beschränkt sind, arbeiten nach dem Vorbild der Anonymen Alkoholiker. Auch handelt es sich um reine Gesprächsgruppen ohne festgelegtes Programm. Jeder Teilnehmer kann sprechen oder schweigen, es gibt keinerlei Zwänge, außer der absoluten Diskretion und Anonymität. Die zentrale Kontaktstelle in Berlin vermittelt die Adressen der regionalen Gruppen.

Muster für eine Kleinanzeige

Wer leidet auch an Panikanfällen und Platzangst? Frau/Mann (Altersangabe), sucht Leidensgenossen zum Aufbau eines Gesprächskreises (Selbsthilfegruppe).

oder

Platzangst. Ich (w/m, Altersangabe) traue mich kaum noch aus dem Haus und suche deswegen Kontakt zu anderen Betroffenen zwecks Gründung einer Selbsthilfegruppe. Wem geht es genauso?

Und noch ein Tip zum Schluß:

Hyperventilation: Ein kleiner Trick nimmt ihr den Schrecken
Hyperventilation (wörtlich Überbelüftung) ist eine Form der Atmung, die eine Begleiterscheinung verschiedener Krankheiten sein kann. Tritt sie als akuter Anfall auf, so ist sie allerdings auch ein typisches Symptom von Angstzuständen. Beim Hyperventilieren atmen die Betroffenen zu schnell und zu flach. Dadurch kommt mehr Sauerstoff als nötig ins Blut, der Kohlensäurespiegel des Blutes sinkt. Gehen die Betroffenen nicht auf normale Atmung über, so können sogar Krämpfe in den Händen, Füßen und Lippen auftreten. Die Hände nehmen dabei die sogenannte Pfötchenstellung ein, die Lippen werden wie zum Kuß vorgeschoben. Gerade diese Krämpfe werden von den Betroffenen als bedrohlich empfunden, sind aber medizinisch gesehen wie die Hyperventilation überhaupt völlig harmlos. Mit einem Trick kann man die Hyperventilation stoppen: Es genügt, einige Male möglichst ruhig in eine Plastik- oder Papiertüte, notfalls in ein Taschentuch ein- und auszuatmen. Durch die eingeatmete eigene Atemluft steigt der Kohlensäurespiegel im Blut, der gestörte Sauerstoffhaushalt kommt wieder ins Lot. Ist der Anfall noch nicht so weit fortgeschritten, kann es genügen, sich auf langsames und ruhiges Atmen zu konzentrieren.

Anhang

Adressenverzeichnis

THERAPIEN

Allgemein
Deutschland
Berufsverband deutscher Psychologen (BDP)
Heilsbacher Straße 22
53123 Bonn
Telefon: 0228/6410-54, -55

Schweiz
Föderation der Schweizer Psychologen (FSP)
Cäcilienstraße 26
Postfach 527
3000 Bern 14
Telefon: 031/460466

Österreich
Berufsverband Österreichischer Psychologen (BÖP)
Kegelgasse 6–10
1030 Wien
Telefon: 0222/7128690

Gesprächstherapie
Gesellschaft für wissenschaftliche Gesprächspsychotherapie
Richard-Wagner-Straße 12
50674 Köln
Telefon: 0221/252917

Gestalttherapie
Deutsche Vereinigung für Gestalttherapie (DVG)
Charlottenstraße 1
40210 Düsseldorf
Telefon: 0211/3694638

Deutsche Gesellschaft für Psychoanalytische Gestalttherapie
Riedstraße 34
60388 Frankfurt (Bergen-Enkheim)
Telefon: 06109/35628

Deutsche Gesellschaft für Gestalttherapie und Kreativitätsforschung (DGGK) – Berufsverband der Gestalttherapeuten
Kühlwetter Straße 49
40239 Düsseldorf
Telefon: 0211/632624

Verhaltenstherapie
Christoph-Dornier-Stiftung für Klinische Psychologie
Tibusstraße 7–11
48143 Münster
Telefon: 0251/4810-400

Vereinigung der Kassenpsychotherapeuten
Geschäftsstelle und Bundesvorstand
G. Mehring
Cranger Straße 129
45891 Gelsenkirchen
Telefon: 0209/76330

Psychoanalyse
Deutsche Gesellschaft für Psychoanalyse, Psychotherapie, Psychosomatik und Tiefenpsychologie (DGPT)
Johannisbollwerk 20
20459 Hamburg
Telefon: 040/3192619

Entspannungsverfahren und Hypnose (nur schriftl. Anfragen)

Psychologischer Arbeitskreis für autogenes Training und progressive Relaxation
Koogstraße 96
25541 Brunsbüttel

Milton-Erickson-Gesellschaft für klinische Hypnose (M. E. G.)
Konradstraße 16
80801 München

Deutsche Gesellschaft für Hypnose
Geschäftsstelle: Lindauer Straße 6
86399 Bobingen

SELBSTHILFE

Selbsthilfegruppen

Deutschland

Selbsthilfe Agoraphobie
»Straßen- und Platzangst«
Albrecht-Achilles-Straße 65
10709 Berlin
Telefon: 030/8916085
(Mo 10–13 Uhr und Mi 14–17 Uhr)

Selbsthilfegruppe Agoraphobie
Carl-Mosterts-Platz 4
40477 Düsseldorf
Telefon: 0211/482362
(Mo 14–18 Uhr)

Selbsthilfegruppen Agoraphobie
Fuhlsbüttler Straße 401
22309 Hamburg
Telefon: 040/6311110
(Mo 10–12 Uhr und 18–19 Uhr)

MASH
Münchner Angst-Selbsthilfe e.V.
Bayerstraße 77a Rückgebäude
80335 München
Telefon: 089/5438080
(Mo, Do 15–18 Uhr, Mi 11–14 Uhr)

Österreich

Kärtner Angst Selbsthilfegruppe
c/o Caritas Lebensberatung
Adolf-Kolping-Gasse 6
9010 Klagenfurt
Telefon: 0463/56777

Selbsthilfe Angst und Depression
Postfach 104
1090 Wien
Telefon: 0222/3307719
(Mo bis Fr 16–19 Uhr)

Schweiz

Team Selbsthilfe Aargau
Postfach 298
5200 Brugg
Telefon: 056/419582

Team Selbsthilfe Bern
c/o Hilfsstelle Bern
Hopfenrain 10
3007 Bern
Telefon: 031/3714527

Team Selbsthilfe Berner Oberland
c/o Hilfsstelle Thun
Länggasse 2
3600 Thun
Telefon: 033/222261

Selbsthilfezentrum Hinterhuus
Feldbergstraße 55
4057 Basel
Telefon: 061/6928100

Team Selbsthilfe St. Gallen
Frongarten 16
9000 St. Gallen
Telefon: 071/227554

Team Selbsthilfe Zürich
Postfach 107
8032 Zürich
Telefon: 01/2523036

Offene Tür Zürich
Beethovenstraße 45
8002 Zürich
Telefon: 01/2023036

Kontaktstelle für Selbsthilfegruppen Zug
Postfach
6300 Zug
Telefon: 042/253516

Nationale und regionale Selbsthilfekontaktstellen

Deutschland

Deutsche Angst-Selbsthilfe
c/o MASH (siehe oben)

NAKOS Nationale Kontakt- und Informationsstelle zur Anregung und Unterstützung von Selbsthilfegruppen
Albrecht-Achilles-Straße 65
10709 Berlin
(Nur schriftliche Anfragen)

Emotions Anonymous Interessengemeinschaft – Selbsthilfegruppen für emotionale Gesundheit
Katzbachstraße 33
10965 Berlin
Telefon: 030/7867984

Bundesverband der Angehörigen psychisch Kranker
Thomas-Mann-Straße 49 a
53111 Bonn
Telefon: 0228/632646

Österreich
Selbsthilfewerkstatt
Nachbarschaftszentrum 15
Kardinal-Rauscher-Platz 4
1150 Wien
Telefon: 0222/959594

Schweiz
Zentrale Kontaktstelle
Selbsthilfezentrum Hinterhuus
Feldbergstraße 55
4057 Basel
Telefon: 061/6928100

BERATUNGSSTELLEN UND KLINIK-AMBULANZEN

Wichtig: Wenden Sie sich an die nächstgelegene Universität (Psychiatrische Ambulanz oder Psychologische Beratungsstelle), auch wenn sie hier *nicht* aufgeführt ist.

Deutschland
Psychiatrische Poliklinik der RWTH Aachen
Pauwelsstraße 30
52057 Aachen
Telefon: 0241/808-9638

Psychologische Forschungs- und Beratungsstelle im Institut für Klinische Psychologie der Universität Bamberg
Markusplatz 3
96045 Bamberg
Telefon: 0951/66675

Zentrum für Psychotherapie der Ruhr-Universität Bochum
Universitätsstraße 120
44780 Bochum
Telefon: 0234/700-7788

Angstambulanz der Psychiatrischen Klinik der Universität Bonn
Sigmund-Freud-Straße 25
53105 Bonn
Telefon: 0228/280-3946, -3367, -3082

Verhaltenstherapie-Ambulanz des Psychologischen Instituts der TU Braunschweig
Spielmannstraße 12 a
38106 Braunschweig
Telefon: 0531/391-3604

Angstambulanz der Christoph-Dornier-Stiftung für Klinische Psychologie
Institut Dresden
Hohe Straße 53
01187 Dresden
Telefon: 0351/463-2326

Angstambulanz der Psychiatrischen Universitätsklinik Düsseldorf
Bergische Landstraße 2
40605 Düsseldorf
Telefon: 0211/2801-580

Psychiatrische Klinik der Universität Frankfurt
Klinische Psychiatrie I/II
Heinrich-Hoffmann-Straße 10
60528 Frankfurt am Main
Telefon: 069/6301-7997, -5125, -5991

Verhaltenstherapie-Ambulanz der Psychiatrischen Universitätsklinik Freiburg
Hauptstraße 5
79104 Freiburg
Telefon: 0761/270-6550

Angstambulanz der Psychiatrischen
Universitätsklinik Göttingen
Von-Siebold-Straße 5
37075 Göttingen
Telefon: 0551/39-8451

Verhaltenstherapie-Ambulanz der
Psychiatrischen Klinik im Universitätsklinikum Eppendorf
Martinistraße 52
20251 Hamburg
Telefon: 040/4717-4225

Praxis- und Forschungsstelle für
Psychotherapie und Beratung
Psychologisches Institut der
Universität Heidelberg
Hauptstraße 47–51
69117 Heidelberg
Telefon: 06221/547-350

Psychosomatische Klinik der
Universität Heidelberg
Thibautstraße 2
69115 Heidelberg
Telefon: 06221/56-5888

Angstambulanz der Psychiatrischen
Klinik der Universität Mainz
Untere Zahlbacher Straße 8
55131 Mainz
Telefon: 06131/177-340

Ambulanz des Psychologischen
Instituts der Universität Mainz
Staudinger Weg 9
55099 Mainz
Telefon: 06131/39-4622
(Mo–Do 9–12 Uhr)

Angstambulanz der Christoph-Dornier-Stiftung für klinische
Psychologie
Ernst-Giller-Straße 20
35039 Marburg
Telefon: 06421/285740

Max-Planck-Institut für Psychiatrie
Kraepelinstraße 10
80804 München
Telefon: 089/306220

Angstambulanz der Psychiatrischen
Klinik und Poliklinik der Universität
München
Nußbaumstraße 7
80336 München
Telefon: 089/5160-2760

Institut und Poliklinik für psychosomatische Medizin, Psychotherapie
und medizinische Psychologie der
TU München
Langerstraße 3
81646 München
Telefon: 089/4140-4313

Psychiatrische Klinik und Poliklinik
der Universität
Albert-Schweitzer-Straße 11
48149 Münster
Telefon: 0521/83-6676

Christoph Dornier-Zentrum für
klinische Psychologie
Tibusstraße 7–11
48143 Münster
Telefon: 0251/48100

Psychosomatische Klinik
am Roseneck
83209 Prien am Chiemsee
Telefon: 08051/6010

Tübinger Akademie für Verhaltenstherapie (TAVT)
Waldhäuser Straße 48
72076 Tübingen
Telefon: 07071/610838

Angstambulanz der Psychiatrischen
Universitätsklinik Würzburg
Füchsleinstraße 15
97080 Würzburg
Telefon: 0931/203-290

Institut für Klinische Psychologie der
Universität Wuppertal
Max-Horkheimer-Straße 20
42097 Wuppertal
Telefon: 0202/439-2024, -2722

Patienten in *Österreich* und der
Schweiz wenden sich bitte an die
nächstgelegene Universitätsklinik.

Literaturverzeichnis

Abke, Dieter: Angst, Theorie, Diagnostik, Therapie und Ergebnisse einer psychophysiologischen Untersuchung, in: Europäische Hochschulschriften Reihe VI Psychologie, Band 151, Frankfurt 1985.

Agras, Stewart: Panic. Facing Fears, Phobias and Anxiety, New York 1985.

Barlow, David / Cerny, Jerome: Psychological Treatment of Panic, New York 1988.

Beck, Aaron T.: Cognitive Approaches to Panic Disorder. Theory and Therapy. In: *Rachman, Stanley / Maser, Jack D.:* Panic. Psychological Perspectives, Hillsdale (USA) 1988.

Beck, Aaron T. / Emery, Gary: Anxiety, Disorders and Phobia, New York 1985.

Benkert, Otto / Hippius, Hanns: Psychiatrische Pharmakotherapie, Berlin 1986.

Berufsverband Deutscher Psychologen (Hg): Berufsordnung für Psychologen, Schriftenreihe Heft 4, Bonn 1986.

Birbaumer, Niels: Psychophysiologie der Angst, München 1977.

Brasch, Marie-Anne: Wie man in der Bundesrepublik Hilfe findet. In: *Scarf, Maggie:* Wege aus der Depression, München 1986.*

Buller, R.: Biologie und Pharmakotherapie der Panikattacken. In: Nervenheilkunde 1992; 11; S. 4–7.

Buller, R. / Philipp, M.: Der psychiatrische Notfall: Panik-Erkrankung. In: Münchner Medizinische Wochenschrift 36, 7. September 1984.

Bundesverband der Pharmazeutischen Industrie e. V. (Hg): Rote Liste 1993.

Butollo, Willi / Höfling, Siegfried: Behandlung chronischer Ängste und Phobien, Stuttgart 1984.**

Cambless, Dianne L.: Cognitive Mechanisms in Panic Disorder. In: *Rachman, Stanley / Maser, Jack D. (Hg):* Panic. Psychological Perspectives, Hillsdale (USA) 1988.

Clark, David M.: A Cognitive Model of Panic Attacks. In: *Rachman, Stanely / Maser, Jack D. (Hg):* Panic. Psychological Perspectives, Hillsdale (USA) 1988.

Degen, Rolf: Dramatisierendes Denken verursacht Angst. In: *Die Neue Ärztliche*, 10. 3. 1988.

Dencker, S. J. / Homberg, Gunnar (Hg): Panic Disorders, Proceedings of a Symposium in Gothenburg, Copenhagen 1987.

Dimitriadis, Dimitri: Angst. Theorien, Erscheinungsformen, Zürich 1986.

Dowling, Colette: Der Cinderella-Komplex, Frankfurt 1982.*

Ehlers, Anke: Physiological and Psychological Factors in Panic Disorders, Tübingen 1985.

Ehlers, Anke / Margraf, Jürgen / Roth, Walton T.: Panik und Angst. Theorie und Forschung zu einer neuen Klassifikation der Angststörungen. In: Zeitschrift für klinische Psychologie, 1986, Band XV, Heft 4, S. 281–302.

Faust, Volker (Hg): Angst-Furcht-Panik, Stuttgart 1986.

Freud, Sigmund: Studienausg. Band VI, Hysterie und Angst, Frankfurt 1982.

Fröhlich, Werner D.: Angst. Gefahrensignale und ihre psychologische Bedeutung, München 1982.

Fyer, Abby J.: Agoraphobia. In: *Klein, Donald F. (Hg):* Anxiety, Basel 1987.

Garfield, Sol / Bergin, Allan (Hg): Handbook of Psychotherapy and Behavior Change, New York 1986.

Gesellschaft für Allgemeinmedizin des Kantons Zürich (Hg): Angsterkrankungen – Diagnostik, Epidemiologie, Psychotherapie, Psychopharmakotherapie, 4. Zürcher Psychopharmakotherapie Forum ZPF, 21. 4. 1988.
Giese, Eckhard / Kleiber, Dieter (Hg): Das Risiko Therapie, Weinheim, 1989.
Gittelman, Rachel: Anxiety Disorders of Childhood, New York 1986.
Götze, Paul (Hg): Leitsymptom Angst, Berlin 1984.
Goodwin, Donald W.: Anxiety, Oxford 1986.
Gorman, Jack: Panic Disorders. In: *Klein, Donald F. (Hg):* Anxiety, Basel 1987.
Gorman, Jack / Liebowitz, Michael R. / Klein, Donald F.: Panik-Syndrom und Agoraphobie, Pre-Publication Manuscript o. O. o. Z.
Hallam, Richard S.: Anxiety, Psychobiological Perspectives on Panic and Agoraphobia, London 1985.
Hand, Iver: Psycho-Pharmaka bei Panik. In: psychomed 3 (1991), S. 96–99.
Hand, Iver / Wittchen, Hans-Ulrich (Hg): Panic and Phobias, Berlin 1986.**
Handly, Robert / Neff, Pauline: Anxiety & Panic Attacks: Their Cause and Cure, New York 1985.*
Hartmann, Brigitte / Kropf, Andrea: Psychosomatisch-psychotherapeutische Heilverfahren bei Agoraphobie. In: psychomed 2 (1990), S. 231–235.
Hartmann, Brigitte / Kropf, Andrea / Stoll, Claudia: Agoraphobie und Selbsthilfe. In: Petzold, Hilarion / Schober, Rolf (Hg), Selbsthilfe und Psychosomatik, Paderborn 1991.
Hemminger, Hansjörg / Becker, Vera: Wenn Therapien schaden, Reinbek 1985.
Henly, Arthur: Phobias. The Crippling Fears, Secaucus 1987.
Hippius, Hanns (Hg): Angst, Leitsymptom psychiatrischer Erkrankungen, Berlin 1988.**
Hippius, Hanns / Engel, Rolf / Laakmann, Gregor (Hg): Benzodiazepine. Rückblick und Ausblick, Berlin 1986.
Hoffmann, Nicolas: Einzeltherapie bei Patienten mit Angstanfällen. In: psychomed 3 (1991), S. 87–90.
Hoffmann, S. O. / Bassler, M.: Psychodynamik und Psychotherapie von Angsterkrankungen. In: Nervenheilkunde 1992; 11; S. 8–11.
Höfling, Siegfried: Wirksamkeit und Nutzen psychotherapeutischer Behandlung, Schriftenreihe Heft 8, Deutscher Psychologen Verband, Bonn 1988.
Humble, Mats: Aetiology and mechanisms of anxiety disorders. In: *Dencker, S. J. / Homberg, Gunnar (Hg):* Panic Disorders, Proceedings of a Symposium in Gothenburg, Copenhagen 1987.
Janke, Wilhelm / Nettler, Petra: Angst und Psychopharmaka, Stuttgart 1986.
Katschnig, H. / Nutzinger, D. O., Was ist eine Panikattacke? Sonderdruck aus Psychopathometrie in der Medizin, Ebersberg 1988.**
Klein, Donald F.: Anxiety Reconceptualized. In: *Ders. (Hg):* Anxiety. Modern Problems of Pharmacopsychiatry, Vol. 22, Basel 1987.
Klicpera, Christian: Psychologie der Angst. In: *Strian, Friedrich (Hg):* Angst. Grundlagen und Klinik, Berlin 1983.
König, Karl: Angst und Persönlichkeit, Göttingen 1981.
Kurz, Alexander: Pharmakotherapie von Angststörungen bei älteren Patienten. In: Geriatrie Praxis 11/1992, S. 66–70.

Liebowitz, Michale R.: Antidepressants in Panic Disorders. In: British Journal of Psychiatry (1989), 155 (Suppl 6), S. 46–52.
Lindemann, Hannes: Autogenes Training, München 1989.
Linden, M. / Geiselman, B. / Helmchen, H.: Anxiolytika und Sedation. Aktueller Stand und neuere Entwicklungen. In: Münchner Medizinische Wochenschrift 31/32, 12. August 1988, S. 571 ff.
Luban-Plozza, Boris (Hg): Der Zugang zum psychosomatischen Denken, Berlin 1983.
Margraf, Jürgen: Psychophysical studies of panic attacks, Tübingen 1986.
Margraf, Jürgen: Gibt es eine Panik-Erkrankung? In: Neurologie Psychiatrie 2/3, 1988, S. 267 ff.
Margraf, Jürgen / Scheider, Silvia: Panik – Angstanfälle und ihre Behandlung, Berlin 1989.**
Maslow, Abraham A.: Psychologie des Seins, München 1981.*
Marks, Isaac M.: Fears, Phobias and Rituals, New York – Oxford 1987.**
Mathews, Andrew / Gelder, Michael / Johnston, Derek: Agoraphobie, eine Anleitung zur Durchführung einer Exposition in vivo unter Einsatz eines Selbsthilfemanuals, deutsche Bearbeitung: Wilke, Cornelia / Hand, Iver, Berlin 1988.**
Dies., Platzangst, Ein Übungsprogramm für Betroffene und Angehörige, Deutsche Bearbeitung *Hand, Iver / Wilke, Cornelia*, Berlin 1988.*
Mentzos, Stavros (Hg): Angstneurose, Frankfurt 1984.
Möller, H. J. / Kissling, W. / Wendt, G. / Stoll, K. D.: Psychopharmakotherapie. Ein Leitfaden für Klinik und Praxis, Stuttgart 1989.
Moser, Tilmann: Kompaß der Seele. Ein Leitfaden für den Psychotherapiepatienten. Frankfurt 1984.
Nies, Alexander et al.: Antianxiety Effects of MAO Inhibitors. In: Mathew, Roy (Hg): The Biology of Anxiety, New York 1982.
Pasnau, Robert (Hg): Diagnosis and Treatment of Anxiety Disorders, Washington 1984.
Pschyrembel, Willibald: Klinisches Wörterbuch, Berlin 1993.
Rachman, Stanley / Maser, Jack D. (Hg): Panic. Psychological Perspectives, Hillsdale (USA) 1988.**
Rachman, Stanley: Panics and Their Consequences: A Review and Prospect. In: *Rachman, Stanley / Maser, Jack D. (Hg):* Panic. Psychological Perspectives, Hillsdale (USA) 1988.
Redaktion Psychologie heute (Hg): Welche Therapie? Weinheim 1987.
Richtlinien des Bundesausschusses der Ärzte und Krankenkassen über die Durchführung der Psychotherapie in der kassenärztlichen Versorgung (Psychotherapie-Richtlinien) in der Neufassung vom 3. Juli 1987. In: Deutsches Ärzteblatt 84, Heft 37, 10. September 1987.
Rickels, Karl / Schweizer, Edward E.: Current Pharmacotherapy of Anxiety and Panic. In: Meltzer, H. (Hg): Psychopharmacology: The Third Generation of Progress, New York 1987.
Rief, Winfried / Kohli, Guljit: Die Angstattacke – Von einem organmedizinischen Krankheitsmodell zu einem psychophysiologischen Verständnis. In: psychomed 3 (1991), S. 83–86.
Riemann, Fritz: Grundformen der Angst, München 1986.*/**
Rüger, Ulrich (Hg): Neurotische und reale Angst, Göttingen 1984.

Salkovskis, Paul M.: Phenomenology, Assessment and the Cognitive Model of Panic. In: *Rachman, Stanley / Maser, Jack D. (Hg):* Panic. Psychological Perspectives, Hillsdale (USA) 1988.
Schandry, Rainer: Psychophysiologie, München 1981.
Schultz, Hans Jürgen (Hg): Angst, Stuttgart 1987.*/**
Schulz-Hencke, Harald: Der gehemmte Mensch, 6. Auflage, Stuttgart-New York, 1989.**
Schwabe, Ulrich / Paffrath, Dieter (Hg.): Arzneiverordnungsreport '93, Stuttgart 1993.
Schwertfeger, Bärbel / Koch, Klaus: Der Therapieführer. Die wichtigsten Formen und Methoden. München 1989.
Shear, Katherine M.: Cognitive and Biological Models of Panic: Toward an Integration. In: *Rachman, Stanley / Maser, Jack D. (Hg):* Panic. Psychological Perspectives, Hillsdale (USA) 1988.
Spiegel-Titel: »Dieser Bärenkram muß aus dem Verkehr«. In: *Der Spiegel* Nr. 35/1988, S. 160f.
Strian, Friedrich (Hg): Angst. Grundlagen und Klinik, Berlin 1983.**
Strian Friedrich: Neurophysiologie der Angst. In: *Ders. (Hg):* Angst. Grundlagen und Klinik, Berlin 1983.
Strian, Friedrich: Klinik der Angst. In: *Ders. (Hg):* Angst. Grundlagen und Klinik, Berlin 1983.
Swede, Shirley / Jaffe, Seymour Sheppard: The Panic Attack Recovery Book, New York 1987.
Tuma, Hussain / Maser, Jack D. (Hg): Anxiety and the Anxiety Disorders, Hillsdale (USA) 1985.
Vereinbarung über die Anwendung von Psychotherapie in der kassenärztlichen Versorgung. In: Deutsches Ärzteblatt 85, Heft 22, 2. Juni 1988.
Walsh, Roger N. / Vaughan, Frances (Hg): Psychologie in der Wende, Bern 1985.
Weekes, Claire: Selbsthilfe für Ihre Nerven. Ein ärztlicher Ratgeber zur Überwindung der Angst und Wiedererlangung seelischer Kräfte, Bergisch Gladbach 1986.*
Wenzel / Liebold: Handkommentar BMÄ, E-GO und GOÄ, St. Augustin 1989.
Westenberg, Herman G.-M. / den Boer, Johan A.: Klinische und biochemische Wirkung selektiver Serotonin-Wiederaufnahme-Hemmer bei Angststörungen. In: Adv. Biol. Psychiatry Vol. 17 (Karger Basel 1988), Übersetzung, S. 1–19.
Whitmore, Bob: Living with Stress and Anxiety: A Self-Help Guide, Manchester 1987.
Winokur, George (Hg): Biological Systems, Their Relationship to Anxiety, Philadelphia 1988.
Wittchen, Hans-Ulrich / Zerssen, v. D.: Verläufe behandelter und unbehandelter Depressionen und Angststörungen, Berlin 1987.
Zimmer, Dieter: Für alle ein Preis und ein Dämpfer. Psychotherapie ist wirksam, aber warum eigentlich. In: *Die Zeit*, Nr. 30, 22. Juli 1988.

Anmerkung:

* Weiterführende Literatur für Patienten und ihre Angehörigen
** Weiterführende Literatur für Therapeuten

Register